社員全員をファシリテーターに

学び合う会社に育てる研修設計

日能研ファシリテーション・トレーナー・トレーニングのすべて

武石 泉　川瀬 雅子　川嶋 直

みくに出版

はじめに

「社員全員をファシリテーターに」大公開！
学び合う会社を育てる研修設計
日能研ファシリテーション・トレーナー・トレーニングのすべて

本書のタイトルは、「社員全員をファシリテーターに」とした。ん？　と思われる方がいるのも当然だろう。日能研は中学受験をする子ども達を応援する学習塾。なのに子どもの話じゃなく、社員の話？　しかもファシリテーター??

ファシリテーターと聞くと、会社の会議での司会役のような人を想起する方が多いだろう。が、小学生が集まる塾にファシリテーター？　なーんだ教員向けの本か、と思われるかもしれない。しかし、これは授業担当者だけでなく、タイトルにあるように、社員全員をファシリテーターに！　という大それた目標をたてて始まった研修、つまり社員研修や社員教育について書いた本だ。では、なぜ社員全員がファシリテーターになることを目指す必要があるのだろうか。

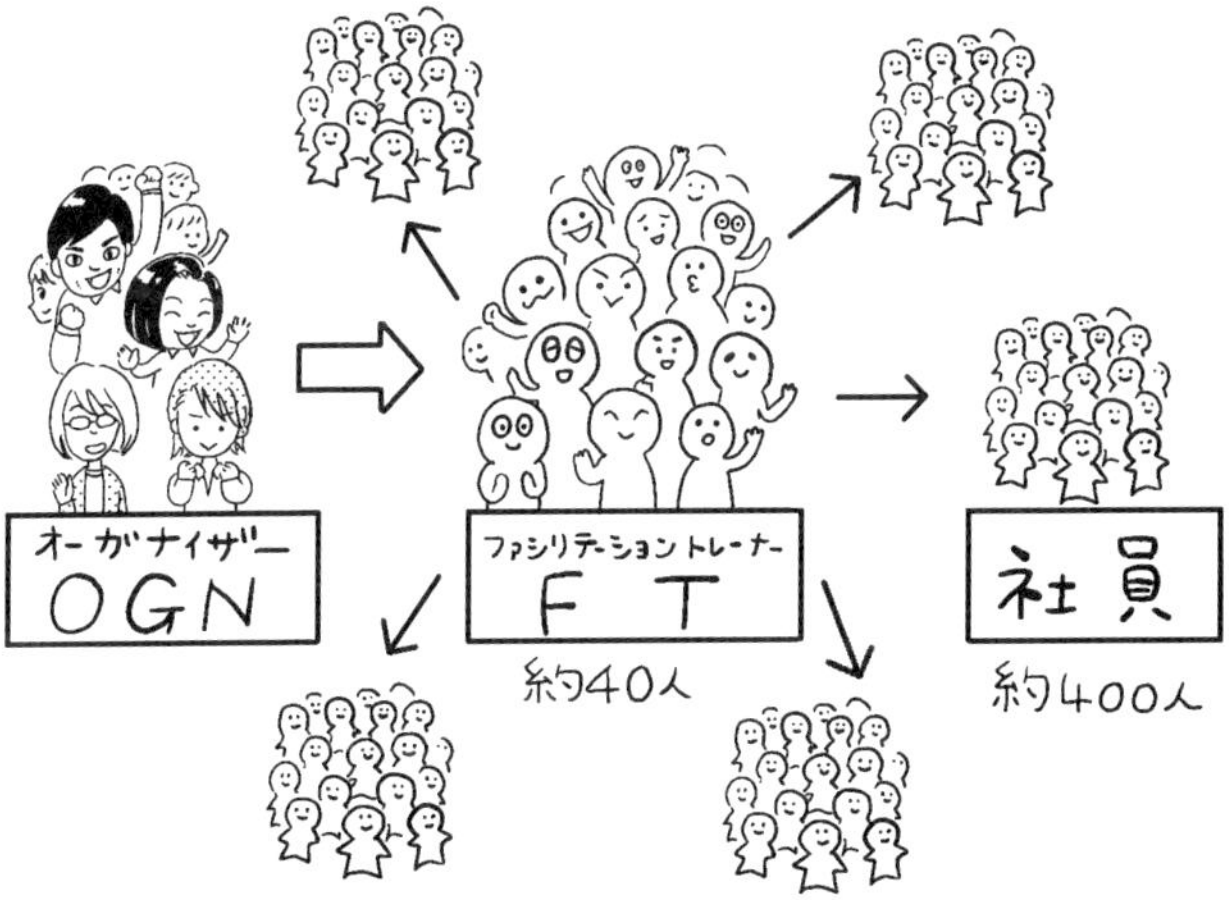

ファシリテーションを広める人(FT)を育て、社員全員に広めていく、という設計図

文部科学省の中教審答申で「アクティブ・ラーニング」が初めて取り上げられたのは２０１２年８月の「質的転換答申」にさかのぼる。それを元に２０１７年には学習指導要領が改訂された。教育界ではアクティブラーニングとは何か？　その効果は？　今やっている授業とどう違うの？　といった話題でもちきりとなり、学習者の能動性が大きく注目された。

日能研では、〝子ども自らが主体的に学ぶ人になるために我々大人はどのように手を差し伸べたら良いか〟ということを２０００年前後から真剣に考え続けていた。今小学生の子ども達が大人になった時にどのような力を持っている必要があるだろうか。そのためには、子どもを支える大人はどのようにかかわるのが効果的か、社内にどんな変化を起こしていったら良いのだろうか…。

その結果、最も大きな変化のひとつと言っていいのが、〝ティーチャーからファシリテーターへ〟、という動きだ。知識の伝達だけに終始せず、子ども達自身の学びを促進するファシリテーターとして授業担当者がかかわることが大切だという方向にかじを切りつつ、授業改革が行われ始めたのは2000年前後。そして、授業担当者をモデレーター（促進者）と呼ぶようになったのは2012年（本書でご紹介する研修がスタートした翌年）だ。

授業担当者の存在の意味が変われば授業が変わる。授業が変わるためには授業担当者、そして子どもにかかわるすべてのスタッフ（他に授業を持たず、各教室で子どもの学び全体にかかわる学習スタッフ、教材開発をするスタッフがいる）が変わる必要がある、ということで、社内研修を立ち上げることになった。こうした背景があり、環境教育という分野を飛び越えて広くファシリテーターという肩書で活躍されている川嶋直さんに顧問としてお手伝いいただくことになった。

こうして、川嶋さんの力をお借りしながら、前途多難なお手製社内研修計画がスタートしたのが2010年冬。そこから5年間ほどで42人の社員が、社内認定ファシリテーショントレーナー（以下FT）となった。FTは、主にファシリテーション講座（以下F講座）の実施を通して、社内でのファシリテーターの育成を担う（現在までF講座受講者はのべ286名）。42人の社員は全体からすると1割にも満たないが、人数以上の影響力があり、私見だが5年で会社はかなり変わった。例えば会議。一方的な伝達の場から、生み出す場へとシフトした。会議の「主催者」と「参加者」という線引きも薄くなってきた。これで会社のすべてがうまくいっているということではないが、人と人とのかかわり方が実感として変わってきた。子どもと創り上げるスタイルの授業に着実に変わってきた。

こうした変化を生み出す原動力となったファシリテーション・トレーナー・トレーニング(以下FTT研修)について、「ぜひ出版してみないか？　可視化することは色々なメリットがあるよ。ファシリテーター的マインドを社内により一層定着させるためにも是非やってごらんよ」、と川嶋さんに言われたことがこの本を出すきっかけとなった。

この本は、私たちが5年間かけて進化させてきた研修の(現時点での)最終型を記したものだが、自前で社内研修を企画してみようと試みている方に、何かしらのヒントになれば、という思いで書いた。内容については、塾だからでしょ、教育の世界の話でしょ、ということではなく、研修を通して会社全体が人を通して変わっていく様を描いたつもりだ。なので、広く一般の企業の研修担当の方に是非読んでいただきたい。

お金をかけて有名講師を呼び、研修を丸投げしてうまくいっていた時代は去った。研修予算が削減される昨今、当事者である社員が自社の社員に必要なスキル等は何かを考え、企画し実践することが、ある意味での組織開発になり、会社にとって大きなメリットになる。この可能性を、少しでも感じていただければ幸いである。

FTT研修＆F講座の４期全体の設計図

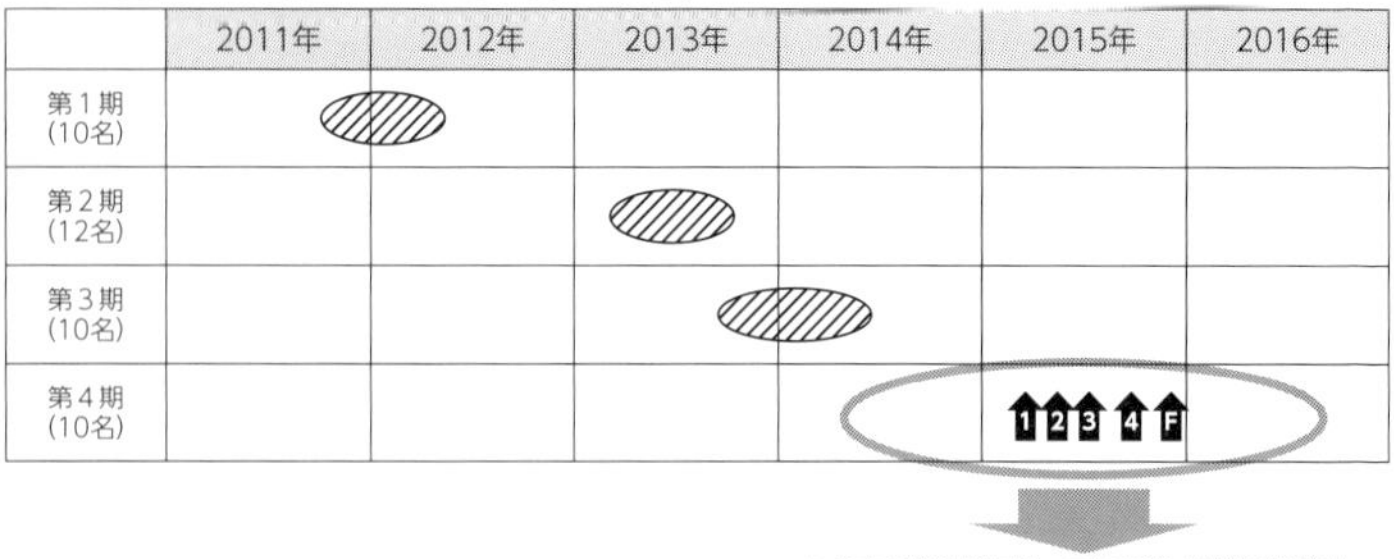

この本の第１章で扱っている第４期FTT研修は、2015年３月にスタートし、同年９月に終了した。一般社員に向けて、トレーナーがその後、F講座を行っている。

〈この本の構成〉

この本では、最新の第４期ＦＴＴ研修を主にとりあげている。研修は２０１５年３月に始まり、９月に終わった。半年のうちに、集合研修が４回あり、その一部始終をストーリー風に書いたのが第１章である。文中に登場する10名は８ページに紹介している。いずれも第４期ＦＴＴ研修参加者であり、研修終了後トレーナーとなった10人を中心に物語は進んでいく。また１章の最後には、ＦＴＴ研修からＦ講座を実施するまでの道のりを描いた。ここまででこの本の半分を費やしてしまったが、じっくりと目を通すと、ＦＴＴ研修を受講した人が、トレーナーとなり、ファシリテーション講座を開講する、という大まかな流れとしくみがわかるようになっている。

第２章以降は、この研修で得られたさまざまなものを多様な切り口で提供している。

第４期FTT研修の設計図

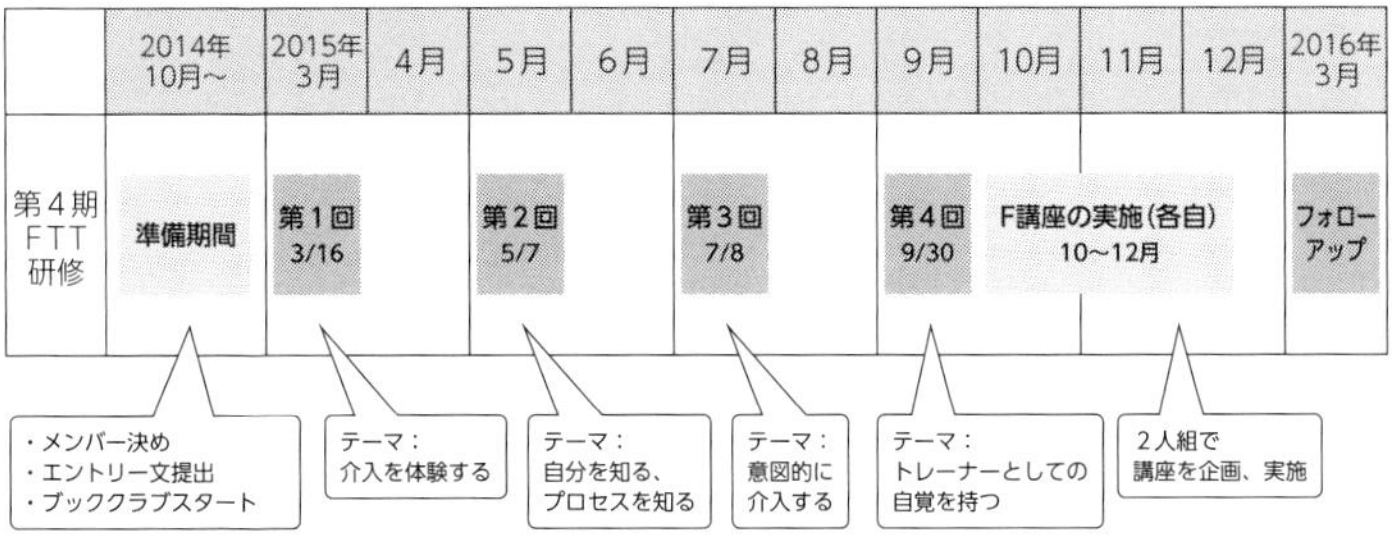

第２章は、道具箱編として、ファシリテーションにすぐに使えそうな技を抜粋して載せた。

第３章は、研修で学んだことを日常業務のどのような場面で、どのように活かしているか、ということをＦＴＴ研修の第１期生、２期生に取材した。

第４章は、ＦＴＴ研修を始めた理由について、日能研代表高木と川嶋直さんとの対談をまとめた。

各章の間に６つのコラムを配した。コラムと称しているが、この研修のベースになっている、参加型の研修の場づくりをする上で大切な項目をまとめた。

この本は、研修の設計側であるオーガナイザーのうちの２人である武石と川瀬および一部は川嶋氏が、研修の記録を元に執筆した。

川瀬　雅子

この本の登場人物

10人の研修参加者

※10名は実在の社員ですが、十二支を使い仮名としました。

モーさん　1996年入社／学習スタッフ／エリア共同代表
自分が動ける人だけにマネージャーとしての役割に悩みを持つ。表現力や聞く力を磨きたいと参加。

テリーさん　2000年入社／モデレーター／授業力改善担当
常に淡々と穏やかなキャラ。授業やミーティングでのファシリテーション方法を求め参加。

メイちゃん　2010年入社／学習スタッフ／低学年の学び担当
理想が高い頑張り屋。子ども向け科学講座にかかわる中、協働する体験を持ちたいと参加。

ハムくん　2005年入社／学習スタッフ
真面目で言葉は少ないが、自ら手をあげてこの講座に参加。内なる情熱を秘めている。

トラさん　2002年入社／学習スタッフ
気は優しくて(繊細で)力持ち。6年生の参加型講座でディレクターをしたことがきっかけ。

コッコちゃん　2010年入社／5年目／教材開発スタッフ
クリティカルなのに天然系。教科を超えて、学びを生む視点を求めて参加。

イノさん　1997年入社／グループ会社スタッフ／部長
なぜ日能研がファシリテーション？と疑問を持ちつつ関連会社から参加。率直な自己開示で場を進めるタイプ

タツさん　1998年入社／学習スタッフ／パフォーマンスクリエーター
ポーカーフェイスでクールなタイプ。ファシリテーターとして自分を変える転機として参加。

ピョンちゃん　2006年入社／教材開発スタッフ
ポジティブで動き出しが早い皆の活性剤。授業内でもファシリテーションを活用したいと参加。

ニョロさん　1991年入社／教材開発スタッフ
響くいい声で説明上手。研修を実施する機会が多く自分の「居方」を考えたいと参加。

名前　入社年／研修当時の職種／当時の役職、担当など　一言紹介

主なオーガナイザー(OGN)と直さん

タケちゃん：武石 泉（たけいし いずみ）　1988年入社
教室スタッフを経験後、採用や研修のサポート、体験学習のプログラム作りに携わる。

まこさん：川瀬 雅子（かわせ まさこ）　1997年入社
モデレーター・教材開発部門を経験後、体験型講座のプログラム開発ならびに人材育成に携わる。

あっちゃん：山路 歩（やまじ あゆむ）　2001年入社
モデレーターとして入社後、野外教育プログラムや冒険教育を社内外で実施。NPO法人体験学習研究会の代表理事を務める。

ぽんちゃん：西坂 美紀（にしさか みき）　2005年入社
教室スタッフを経験後、本部に異動、体験型プログラム（学習応援教室）にスタッフとして関わる。FTT講座第2期修了生。

直《ちょく》さん：川嶋 直（かわしま ただし）
KP法（紙芝居プレゼンテーション法）、「えんたくん」などのファシリテーションの技術を駆使して、研修、ワークショップを行う。2011年より日能研体験的学び室顧問。

OGN：日能研本部の社内部門で体験型プログラムを担当するスタッフ7～8名が、この研修の設計ならびに運営を担当。「ファシリテーショントレーナー」のトレーナーであり、事務局を兼ねるため「オーガナイザー」という名称をとった。
オーガナイザーを担当した数名は、1990年代終わり頃から、子ども達に「体験型プログラム」を提供できるよう、様々な外部団体の研修や体験型プログラム、グループワークに参加*。現在は社外からのオーダーでファシリテーターとしてワークショップの設計や提供等も行っている。

＊ 冒険教育の指導者ワークショップ（Project Adventure Japan）、人間関係トレーニング（Tグループ：南山大学人間関係研究センター）、野外教育企画担当者セミナー（文部省）、GEMSリーダー&アソシエイトワークショップ（Japan GEMSセンター）、自然体験型プログラム指導者研修（Project Wild、Project Wet、Nature Gameリーダー等）、野外体験リスクマネージメント研修（CONE主催）、ファシリテーション講座（Be-Nature School）、コミュニケーション・心理学関連講座（親業訓練協会・アサーショントレーニング・交流分析ならびにエゴグラム解読講座）等である。

社員全員をファシリテーターに
学び合う会社に育てる研修設計
日能研ファシリテーション・トレーナー・トレーニングのすべて

目　次

第2章　ファシリテーション・トレーナー・トレーニングから生まれた道具箱 —— 175

本文イラスト　杉沢杏
カバーデザイン　グラフィクス アンド デザイニング
本文ＤＴＰ　サン・ブレーン

第 1 章

これがファシリテーション・トレーナー・トレーニングの実際だ

第４期ファシリテーション・トレーナー・トレーニング全４回の俯瞰図

※主なプログラムの大まかな時間を示している。実際の時間は多少前後する。

各回の最初の図は約８カ月にわたるＦＴＴ講座の時間軸を示す

12月　11　10　9　8　7　6　5　4　3月

第４期メンバーが揃い、１年間の研修がスタートする

ファシリテーション・トレーナー・トレーニング（FTT）　第1回

川瀬雅子（まこさん）

桜のつぼみがほころび始めた、３月中旬に研修スタート

　１月から２月に行われた中学入試に関する業務がひと段落した３月中旬、今日は第４期ＦＴＴ研修（全４回研修）の第１回研修日。今回集う10人は日頃仕事をしている場所も業務内容もバラバラな人たち。これからこのメンバーでどんな化学反応が起こるんだろう？　とわくわくしつつ、数名のスタッフで会場セッティングを始める。

　今日が初日、というのは厳密な意味では正しくない。というのも今回はすでに社内メール上で、１冊の本（『ワークショップ』中野民夫著）[1]を読んでの感想や質問などを交換している。初めて集う不安もあるだろうが、ブッ

1　今回最初の課題本として『ワークショップ』（中野民夫著　岩波新書、2001年）を選んだのはワークショップのルーツをひも解くような部分もあるので、研修スタート前にファシリテーションの背景を知っておくことで自分の立ち位置をつかみやすいだろう、という意図からのセレクト。今回は2チームに分かれて、読む範囲を決め、社内メールでコメントをやりとりするようなスタイルをとった。
➡道具箱19「ブッククラブ」参照。

ククラブを先に進めていたので、文通（古い！　チャットか?）をしていた友達と今日やっと会える！　という気持ちのほうが強いのではないか。参加者本人たちの気持ちは聞いてみないとわからないが、事前にブッククラブをしなかった1〜3期の研修と比べてだいぶ最初のハードルは下がっているという感触がある。そんなことを思いつつ、会場のセッティングを終えスタッフ全員での最終打ち合わせ。今日の流れの確認などを行う。

ウォーミングアップとして、今の自分の課題を一文にまとめる

9時20分、メンバーが揃いいよいよ研修のプレスタート。事前課題[2]では、この研修に参加するにあたってのエントリー動機を各々が８００字程度の文章にしている。その文章にメンバー2人から赤・緑コメント[3]をもらうというのが今日最初に行うこと。20分後、仲間数人からもらったコメントを踏まえて改めてみんなに伝えたいことを一文程度で考え、Ａ４の紙にプロッキー[4]で大きく書く。書かれたものをいくつかあげると…「最初が肝心、つかみを磨く」、「気づきを行動に移す」、「やらされる、ではなく、やる！」など。研修スタート前にして、自分の課題が10〜20字程度の言葉に凝縮さ

2 研修が始まる前に取り組む課題を提示し、当日持参してもらう。何を事前課題とするかは参加者の個性や状態、そして研修の全体像とにらめっこしなければならない。事前課題のメリットは、研修当日の時間短縮と、課題を考えることを通して研修へのマインドセットをするということの2つがある。事前や事後課題は日常と研修とのリンクをつくる上でも大事な役割を持っている。

馬蹄形に座る参加者と川嶋直さん

れ、いい感じでスタートラインに立てた様子。

第４期FTT研修、スタート！

10時。研修スタート。この研修のメイン講師は川嶋直さん（以下直《ちょく》さん）。環境教育の世界では超有名人。ファシリテーターとして全国を飛び回っている方である。直さんからファシリテーター遍歴も含めた自己紹介。異分野で活躍する直さんの歩んできた、ファシリテーターという切り口の人生物語を皆興味深そうに聞いている。その後、今回の研修対象者であるトレーナ

3 相手の文章に赤ペンと緑ペンで自分の思ったことをコメントとして書き入れること。共感を感じたものは緑色で、違和感を感じたものは赤色のペンでコメントを記入する。どんなメンバーと組んでも、そして赤色でも緑色でも、自分の思い込みに気づかせてくれる。日能研では、職員も子ども達もよく行う。

➡**道具箱17**「赤・緑コメント（ピア・レビュー）フィードバックとその方法③」参照。

4 水性マーカーの「プロッキー」（三菱鉛筆）は、川嶋直さんのKP法が社内に広まったことにより、社内に急増したグッズのひとつ。社員の何割かはマイプロッキーセットを持っている。替えインクを何度も使うことでペン先を書きやすいように育てる（カスタマイズする）のもちょっとしたブーム。他に急増したグッズとしてはKPマグネット、タイマーなどがあげられる。

➡**道具箱９**「KP法」参照。

ー候補10名の自己紹介。といっても1人は体調不良で欠席だったので…9名は、先ほど書いた自分の課題を読み上げつつ、この研修に期待すること、研修終了時点での自分の成長イメージなどを語る。最後に、研修を支える私たちスタッフ、オーガナイザー（以下ＯＧＮ）の紹介。この研修にかかわる人たちが互いに顔を合わせ言葉を交わし、緊張のスタートからちょっと一息といった雰囲気。チェックイン[5]はこれにて終了。後ろで見ていたミッキィ[6]（弊社代表。かわいらしい名前がフィットしないところが面白い）は、A4にまとめられた言葉を見て、皆一言で自分の課題がよく抽出できていると満足げ。思わぬお褒めの言葉ももらい、若干緊張を帯びているが、でも和やかなスタートを切れたようだ。

本人がいるのに、「代表（社長）」からのビデオメッセージ!?

チェックイン後は、毎回決まって「ミッキィ（代表）からのビデオメッセージ」。過去のこの研修で、ご本人の都合が悪い日があり…でも伝えて欲しいメッセージがある。どうしよう??　というところからスタートしたこのビデオメッセージ。今ではすっかり定番となっている。時間がタイトな研

5 ワークショップ開始時に、参加者が自分の「今の気持ち」や「状態」について短く発する機会を設けること。声を出すことで緊張を緩和したり、主体的に参加するマインドセットになったりという効果がねらい。主催者側にとっても、参加者の状態やモチベーションなどがわかる機会となる。
⬇道具箱5「チェックイン・チェックアウト」参照。

6 株式会社日能研代表取締役・高木幹夫。普段は「代表」と呼ばれる。
研修の場で偉い人に介入されるのって、社員にとっては結構ドキドキするもの。グランドルールとして「偉い人の意見も『絶対』ではない！」「一人の参加者として役職者もそうでない人も同様に大切に扱う」ということをメンバーや役職者に事前に伝えておくことがのぞましい。弊社の場合は「メンバーとしての僕（だって一緒にやりたいんだもん♪）に慣れてね！」という代表の言葉に、それなりに対応できる社員の皆さんが参加者なので何とかなってますが…。

修スケジュールの中、このパートを予定通りの時間で終わらせられるのは大きなメリットとなる。過去にミッキィ(代表)の熱い想いを直接語り、10分の予定が結局30分…のように、何度も失敗している。弊社の場合、この失敗とKP法[7]とが掛け合わされてできたのが、このビデオメッセージだ。また、メッセージの受け取り手でもあるメンバーも、余計な気遣いをせずに(いきなり指名されたり、質問を強要されたりした過去にまつわるあれこれ…)安心してメッセージを受け取ることに集中することができる。また、社内LANから動画にアクセスすれば後日何度でも見ることができる。と、このやり方、今のところメリットがデメリットをはるかに上回っている。

　今回のメッセージのタイトルは、「4期FTT研修開催にあたり」、「トレーナーになるとは」、「介入しましょう」の3本。1本6分程度のビデオメッセージを各々がリラックスした状態で受け取り、見終わった後、隣の人と一言二言感想を言い合う。なんとなく研修の大きなねらいもわかり、全体的に緊張がほどけてきたよう。

　ちなみに、このビデオを1本撮るのに2~3時間はかかる。スタッフ数人でミッキィ(代表)を囲み、まずはヒアリング。何を伝えたいか、どのような形で伝えたいか、1本あたり6分程度という時間の制約もあるので、何

7 ➡道具箱9「KP法」参照。

本人が後方にいるのに「社長」からのビデオメッセージ

を強調するか、研修の内容とどうリンクさせるか等を決めていく。その後ＫＰ作成。そして１〜２回練習をして、撮影。ここまで相当の時間がかかってしまうが、研修当日の時間の節約のためには欠かせないプロセス。

ビデオメッセージについてのＰＫＴ[8]（ペチャクチャタイム）後、「ここまでで何か質問ありますか？」と直さんがやさしく問うが、誰も声をあげず…まだまだ堅い殻をまとった９人の参加者たち。まあそのうちほどけてくるので、それを待ちましょう。

8 ➡道具箱12「ＰＫＴ（ペチャクチャタイム）」参照。

社内研修としては珍しく、第4期まで続いてきたFTT研修

ところで、FTT（ファシリテーション・トレーナー・トレーニング）研修は全4回（4日間）の社員向け研修を指す。この研修をすべて終えた後、自分で社員向けの4時間程度のファシリテーション講座（F講座）を開催することによって、社内認定ファシリテーショントレーナーとなる。

2011年に第1期がスタートし今回で4期目。当初はこんなにやるつもりはなかったが、私も研修に参加したい！　という声があったり、この人を推薦したい！　というような声があり4期まで回数を重ねてきた。結果、この4期も含めて42人のトレーナーが誕生した。この数字は総社員数からすると1割程度となる。ミッキィ（代表）が言うには、会社としての目標は〝社員全員がファシリテーターになろう〟であり、これを促進するためにトレーナーの存在があるとのこと。

思い返してみると1期生、2期生、3期生とそれぞれのトレーナー集団が放つカラーは大きく異なる。当然ながら、研修の設計図もメンバーの様子を見つつ毎回手直ししている。今回はどうなることやら…。ただ全体的

に言えるのは、期を重ねるごとに社内にロールモデルが増えて成長イメージがつきやすくなったようで、良くも悪くも参加者に予想外の行動をとる人が少なくなった。私たちOGNも経験を積み、こうしたらこうなるだろうという予想的中率が相当上がってきたというのも間違いない。プログラムもそれほど大幅な変更はなくなっている。

さて、今回は用意した設計図とプログラム、そして4期生10人とが化学反応を起こし、どんな場がつくられていくのだろうか…。

ファシリテーションって？　介入って？　いよいよ本題に突入！

開始から小一時間経っているが、ここで研修全体の流れと、今日の流れの確認。KPの紙に書いてあることをささっと貼っていく形式なので、目にもやさしい。大切なキーワードを聞き逃しても、貼ってあるから安心。直さんのギャグも入り交じりながら楽しく進行。これらの流れを書いた紙は、終日会場の片隅に貼っておく。[9]

研修全体のテーマについても触れられた。今回の全体テーマは「介入」。これをさらに各回にブレイクダウンしていくと、第1回目は「介入を体験

9 毎回研修を行っている本社の会議室は、壁一面マグネットがつくようになっているので、研修の一日の流れやビデオメッセージのKP等を掲示しておき、研修中にいつでも参照できるようにしている。
➡コラム4「研修を行う場所の環境設定」参照。

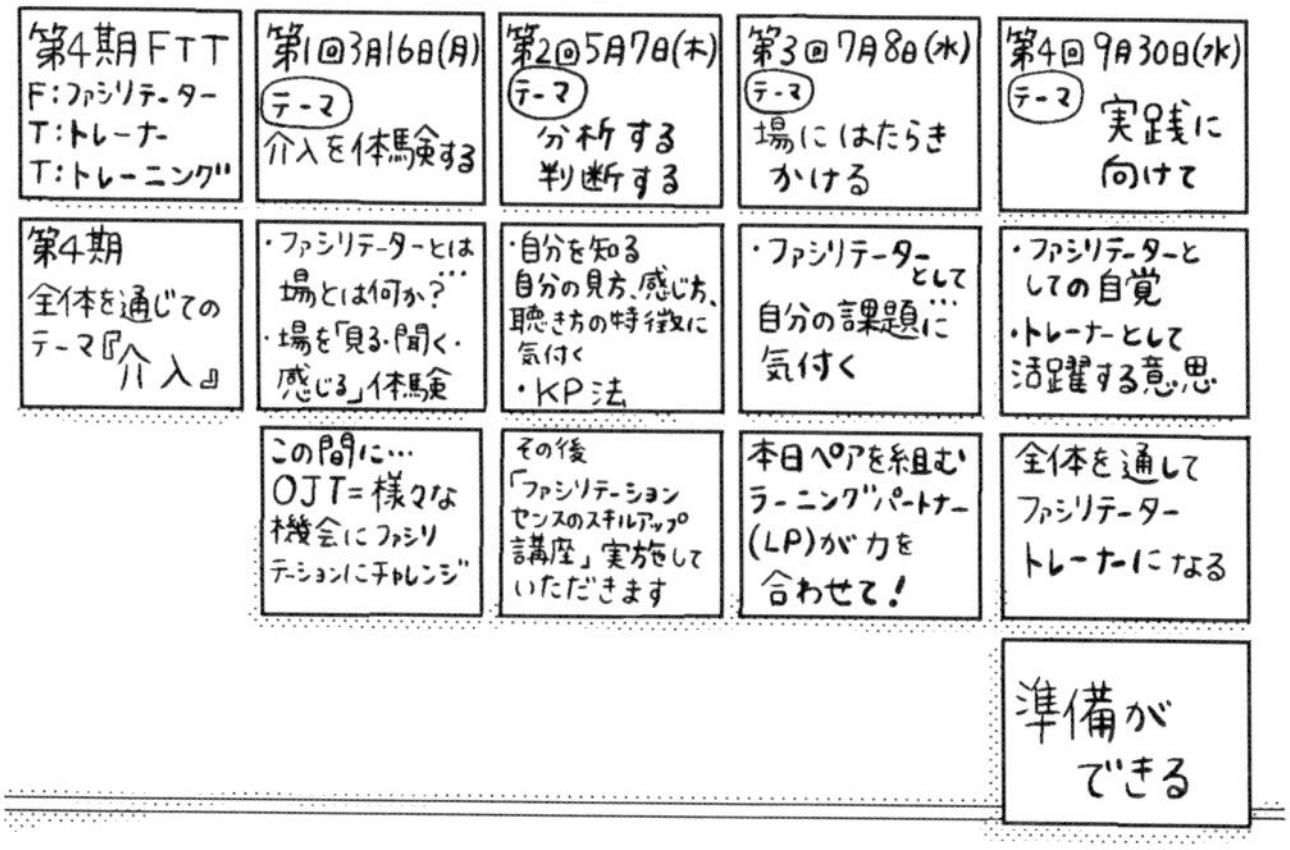

FTT研修の全体像KP

する」、第2回目は「（状況を）分析する・判断する」、第3回目は、「場に働きかける」、第4回目は「実践に向けて」という構造だ。

その後、F（ファシリテーション）の地図[10]という巨大なポスターの前に皆で移動。ファシリテーションの介入には、「観察→分析→判断→働きかけ」というプロセスがあるということなどを具体例とともに伝える。「この一瞬にも、僕は皆さんの様子を見て（観察）、分析して、そして判断したことを元に行動している、これの繰り返しをしているんですよ」という直さんの話にメンバーの多くがうなずく。また、地

10 Fの地図は、FTT研修が始まるにあたり、私たちSOGNが話し合ってつくった、ファシリテーションのイメージ図だ。

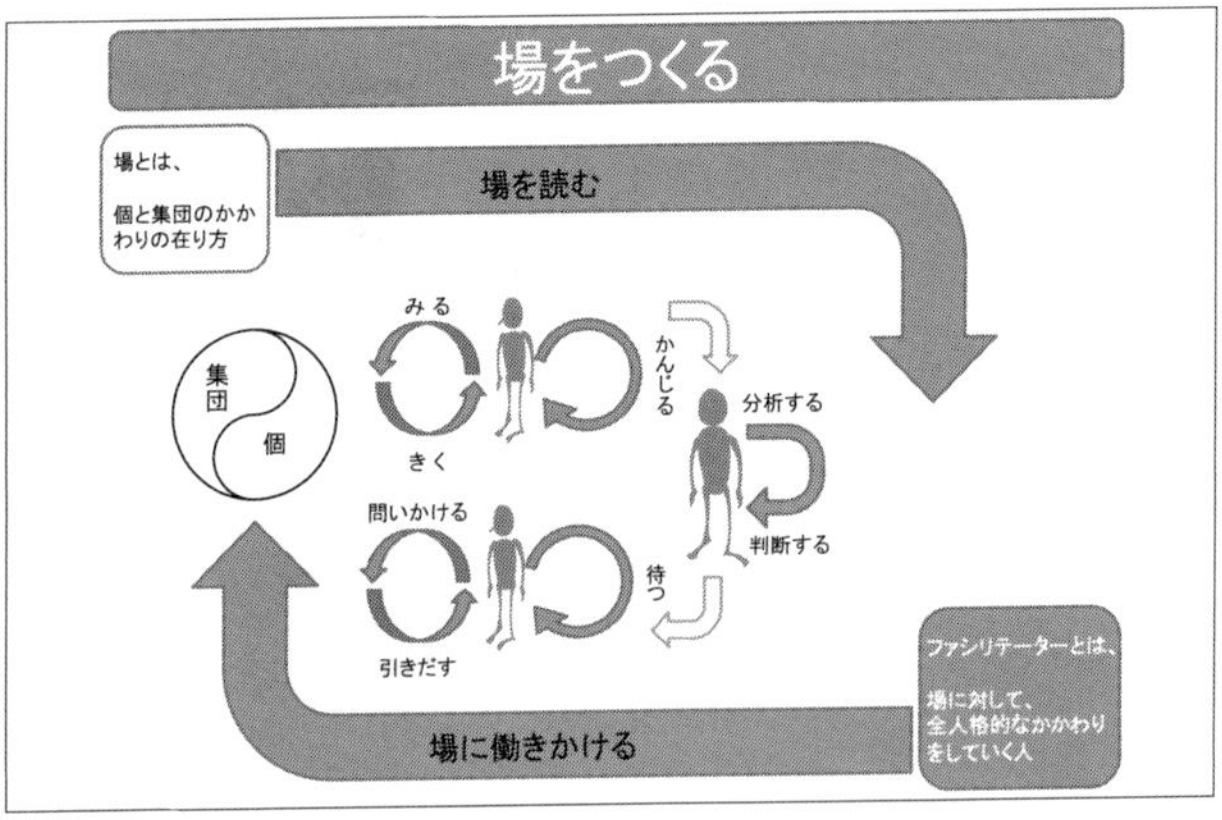

Ｆ（ファシリテーション）の地図

図右下の「ファシリテーターとは、場に対して全人格的なかかわりをしていく人」のところは、何をするか、つまりto-doではなく、どのようにその場にいるか、つまりto-be、居方（あり方）そのものが場に何かしらの影響を与えていくんだよ、という話もされた。皆わかったような、わからないような難しそうな顔をしていたが、まだ何もやっていないのだからあたりまえ。実習等をやっていくうちに、少しずつその感覚は肌でつかんでいくようなものだから、ここはこの程度で先に進みましょう、というメッセージも添える。

アイスブレイクで、心と身体をほぐす

アイスをブレイクして参加者同士の関係をつくりやすくする

今度は、隣の会議室に移動してアイスブレイク。その名の通り、自分の心の中のアイスを少しずつ壊していく（ブレイクする）時間。机も椅子もない会議室。一体何が始まるんだろう？　進行役が直さんからＯＧＮのあっちゃんに代わって、まずは「自分はアイスメイカーなのか、アイスブレイカーなのか？」という投げかけからスタート。初めから、かなりどきっとする質問だなぁ…。アイスメイカー寄りだと思う人は部屋の左側へ、アイスブレイカー寄りだと思う人は部屋の右側へ、というかけ声で皆自問自答しながら、右に左に移動し、互いの位置を確認。これが案外おもしろい結果に。次に、「今の体調は？」ということで右手の親指をメーターに見立てて、自分の体調を表現。親指下向き気味の人をささっとチェック。「睡眠時間バッチリ？」「今の緊張度は？」などと、こちらがリサーチしておきたいこともさりげなくすべり込ませておく。そして、中盤から後半にいくにつれ、「手遊び」、「進化じゃんけん」、「前後左右」などネーミングだけからは想像しづらいが、いろいろな遊びをしながら、徐々に身体の動きの大きい活動にシフト。身体を動かしつつ心の緊張もほぐれていくと、だんだんと声も出てくる。

こうした活動を初日の午前中に入れたのは、互いによく知り合い、本音で話ができるような関係になるきっかけをつくりたいというのがそのねらい（過去に、社内研修だから…ということで、アイスブレイクにきちんと時間をかけなかったために、あとからフォローが必要になってしまったという失敗あり）。また、この研修のメンバー同士で安全な場所をつくること。その中で自分を成長させるためにおもいっきりチャレンジしましょう！　というメッセージも同時に伝える。身体を動かし、言葉を交わし、最後は皆で一つの課題を解決することを通して、距離が近づいてきたようす。
最後に、呼ばれたい名前[11]を各々言い、その呼び方で呼び合うことを確認。

ラーニングパートナーを決める

午前中の最後は、元の会議室に戻り2人1組のラーニングパートナー[12]（以下LP）づくり。ダイビングでいうところのバディを決める。LPは、お互いの成長のために時には見つめ合い、相談し、励まし合い、切磋琢磨するパートナー。この講座の卒業制作ともいえる「F講座」を作る仲間でもある。バディの組み合わせはこちらで指定しようとも考えたが、結局本人たちに委ねることになった。ただし、なるべく自分とは違う視点で物事を見ているような人とペアを組んでね、という断りは入れた。

しかし…数分経っても皆お見合い状態。誰もペアを組もうとしない状態を見て、直さんが介入。「時間は無限にはないよ。あとKPに書いた〝マイナス要因の少ない〟っていう言葉が効きすぎちゃったかな?」と。それを受けて、1分とかからないうちに、性別や普段の業務が異なる多様な5組のラーニングパートナーができた。さすが社会人。小学生とは違いますね。

11 参加者も実施者も皆自分が呼ばれたい名前で呼びあうことで、フラットな関係であることを示し合う。名前は人と人の関係を表すという考えからこういう呼び方をし合っている。実際に立場に関係なく意見を出し合うような場面も多々あるし、風通しが良い社風だと外部の方に言われることも多い。

12 初回研修時にパートナーを決め、研修が終わってF講座を実施するまで共に学び進む仲間のこと。第2期からこのパートナー制度を取り入れている。パートナーとは物理的に離れていることが多いため、やりとりの大半は社内メールとなる。F講座の企画・実施を経ると、長年の友のような親しい関係になることもしばしばある。
➡**道具箱18**「ラーニングパートナー（LP）」参照。

今回生まれた５組のラーニングパートナー

やはり直さんの発した「マイナス要因の少ないペア」というフレーズが話し合いを進めるための大きな障害になっていたらしい。直さんは、「何気なく言った一言がその場を硬直させることもある」ということを、その場で隠さずメンバーに伝えることによって、生きた学びの場に変化させている。使えるものはすべて使って学びを進めていくその姿勢、恐れ入ります。

LPという学びのパートナーを得て、自己紹介をし合い、悩みも語り合い、ここに居ることになじんできた様子。緊張がほぐれてそろそろおなかもすいて

13 メンテナンスタイムは、一般的に「休憩時間」と呼ぶもの。研修の継続性を考え、思考や気持ちの動きはそのまま続けて行ってほしいというこだわりを持ってあえて「休憩」と呼ばないようにしている。子ども達とのプログラムを行うとき、「休憩」と言ってしまったばっかりに「休み時間だ楽しいな♪これまでの時間は終了～！次は何の時間～？」と明らかな学びの分断を生じさせた苦い経験からあえて「自分の体や心の状態を整え、次につなげる時間」という意味で「メンテナンスタイム」と呼んでいる。言葉を変えるだけで子ども達の反応は結構変わってきています。もちろん大人も。

きたな。お昼の前に午後に行う介入実習の簡単な説明をして、お昼のメンテナンスタイム[13]へ。

介入実習の準備

午後は隣り合う2つの会議室に分かれてひたすら介入実習。[14]といっても、初回はあくまで「介入を体験する」がテーマ、なので、実習を始めるにあたり特に何の指示もない。とにかく一度やってみよう！　そこから学ぼう！というのがここでのねらい。早速各ＬＰがＡ・Ｂチームに分かれ、それぞれ５人×２グループで別の会議室に入る。５人の内訳はファシリテーター役１人、観察者１人、参加者３人。提示されたテーマについて話し合う３人に対して介入実習をする。事前情報として実習を行うということは伝えていたし、ファシリテートする相手が３人だからそれほどハードルは高くないと予想していたが、皆かなり緊張しているようす。最初のテーマは「社会人になっても活かせる小学生の〝学び〟って何だろう？」。このテーマを選んだのは、前提知識がなくても自分の経験を元に話に参加しやすいことと、小学生のための学習塾の職員だから、小学生をテーマにした話は親近

14 介入を実際に行うためにメンバーを２つのグループに分けて、１グループが話し合いの参加者として話している時、もう１グループはファシリテーター役をやったり、観察者として観察すること。マニュアルを嫌う社風のため、実習で起こったことを使って、ファシリテーターとして必要な見方やスキルを身につけていく。

介入実習の配置

感があるだろう、という理由から。この場の全体進行役&ファシリテーターである直さんは、2つの会議室[15]の間の扉をあけっぱなしにしておき、そこを行ったり来たりしつつ、全体の様子を把握する。さあスタート。だが、いきなりの実習だしビデオで撮られている[16]という緊張感もあり、雰囲気が固い。

緊張の1ラウンド目

初回のファシリテーターはそれぞれ、Aチームはトラさん、Bチームはコッコちゃん。20分の実習がスタートした。Aチーム

15 日能研本部のA会議室は大変使い勝手が良い。４部屋あるが壁となるパーテーションを取り除いて大きな1部屋にすることもできるし、半分ずつの2部屋にすることもできる。このときは部屋を2つに区切って、一番端のパーテーションをあえて1枚入れない状態で実習を行った。ちなみに、部屋を区切っているパーテーションは、全面マグネットがつくようになっていて、部屋の四方、どこでも貼り放題だ。

➡コラム４「研修を行う場所の環境設定」参照。

16 第４期の実習は、大半をビデオ録画し、社内ＬＡＮであとから見られるようにした。事後課題として、自分の動画を見てふり返りをしてくる、などというものもある。1期生のときには考えられなかった技術の進化だ。

介入実習中、床に置いた紙を皆で見合う。なんとなく目が合わせづらい

のトラさんは「テーマを受けて、自分が思うことや感じたことを場にあげていきませんか？」という問いを投げるところからスタート。トラさんに向かって答える参加者。それについてトラさんが確認の言葉を入れたり、質問したりするので、どうしても参加者VSファシリテーターという構図になっている。学校の先生モデルに近いかな。でも、自分が小学生だったときのことベースで話が進んでいるので、自分の過去を語ることによって、メンバーが互いを知り合う、という効果が出ているの

が面白い。皆自分の小学生の頃の思い出をひっぱりだしつつ、仲間の思い出話を聞いているというような時間が長く続いた。

一方、Ｂチームのコッコちゃんは「テーマについてまずは各々の意見を紙に書く[17]ところから始め、その後意見を共有するというようなイメージで進めたいのですが、いかがでしょうか？」と投げかけるところからスタート。グッドアイデアだったが、書いた紙を次々に床に置いてしまったために、その後皆ずっと下を向いたまま話をすることになった。そのせいか、なんとな〜く目を合わせづらい雰囲気[18]に。

どちらのチームにも共通して言えるのは、なんとかみんなをひっぱっていこうと司会進行役をがんばってやっているファシリテーターと、それに合わせて話す参加者たちという構図だ。この状態を見て、進行役とファシリテーターの相違点についてはどこかで触れたほうがいいね、というＯＧ同士でのこそこそ話が起こる。

20分経ち、次のファシリテーターへバトンタッチ。今回は話題を変えずにファシリテーターが入れ替わっていくというリレーファシリテーション形式[19]をとっているので、20分経つと次のファシリテーターに交代する。だが、今のファシリテーターへのフィードバックは、忘れないうちにここで

17 議論を紙とペンを使って可視化するのが直さん流。
➡道具箱８「Ａ５カクハル」参照。

18 各自が書いた紙を床に置かずに、壁に貼ったらきっと話し合いの雰囲気は違っていただろう。

19 話し合いは続くが、ファシリテーターが次々に入れ替わるというスタイル。短時間で多くの人にファシリテーター役を体験してもらいたいというときによく行うやり方。

３分を使って各々が紙に書く。書き終わったタイミングで、ＯＧＮから、「進行役とファシリテーターの違いって何？」という投げかけを入れる。こ

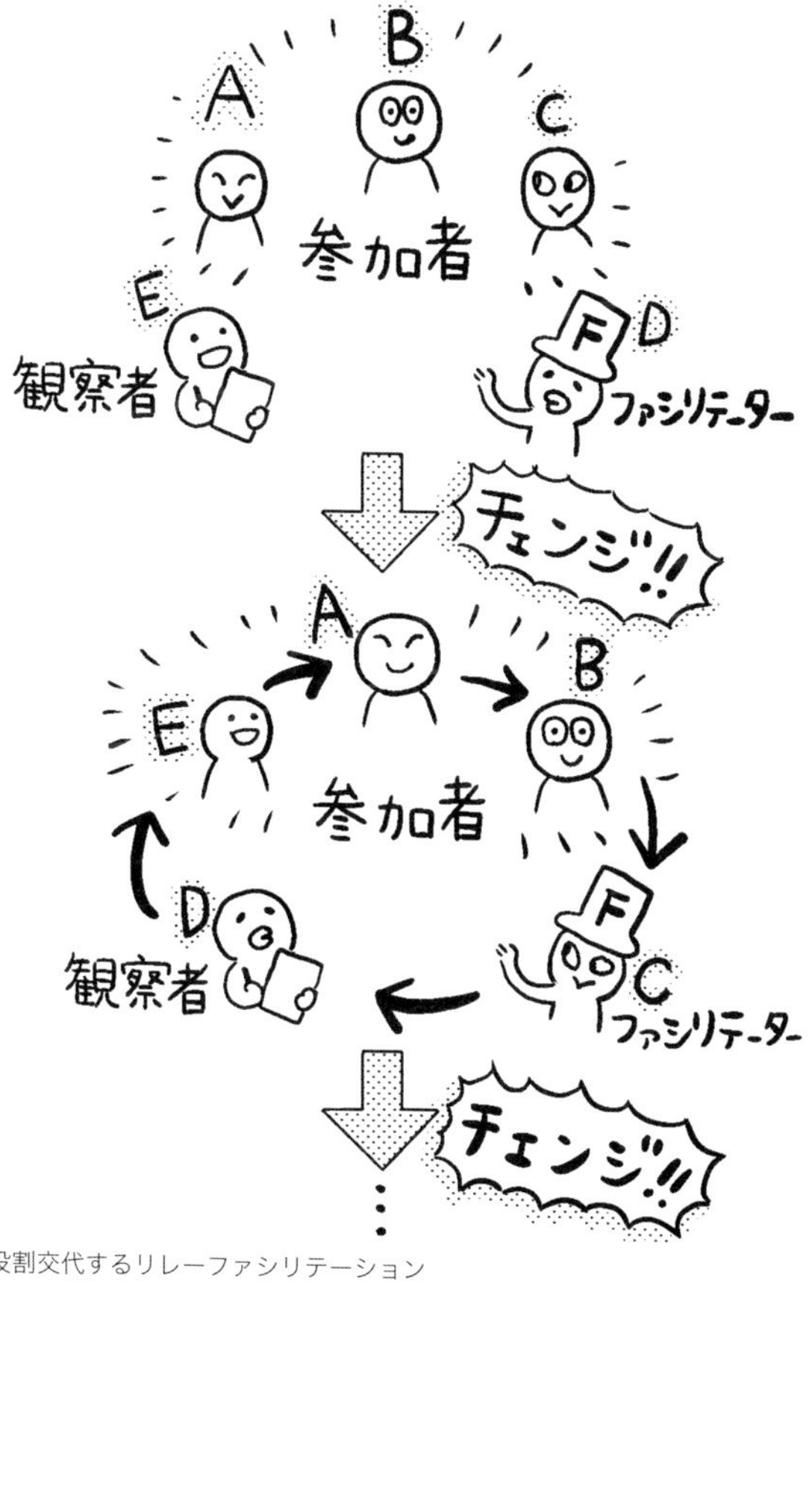

役割交代するリレーファシリテーション

れもひとつの介入を見せたということになるのだが…。何かしら、受け取ってくれるかな？　と期待を持って次のラウンドへ。

なんとなく様子がつかめてきた2ラウンド目

実習2ラウンド目。Aチームはモーさん、Bチームはタツさんがファシリテーター。Aチームのモーさんは「自分が小学生だったときのことを想像してみよう」という問いを投げかけるところからスタート。モーさんは、みんなの話を一生懸命聞こうとしている。うなずきも多い。一方、Bチームのタツさんは開始数分後からホワイトボードを使って、話を整理することにチャレンジ。終始、表情が堅いままだったが、タツさん、なんとか話し合いを活性化しようとしていることが見て取れる。どちらも積極的にファシリテーションしようという気持ちが感じられる。いいね！　いいね！きっとチャレンジした分だけ、学べることも多くなるはず！

３ラウンド目、切り口を変えていきましょう

実習３ラウンド目。Ａチームのイノさんは、今までを踏まえて、「エピソードネタは出尽くした感じがするので、先ほどと違った切り口でやりたい」と宣言。「小学生の頃にあんなことをやっとけばよかったな、ということを、社会人になった私たちの視点で活かせることについて話をしましょう」と、問いを再設定するところからスタート。口火を切ったのはトラさん。「今思うと、内輪のメンバーだけでなく、もっといろんな人と言葉を交わせばよかったなあ。というのも、大人になって言葉がなかなか出てこないという苦労をしているから」と笑いを交えて話す。続くピョンちゃんは、「私も同意見。同じ子とばかり仲良くして、話の合わない人と付き合ったり、言葉を交わすということの意味をそもそも見出してなかったなあ」と。その後も自分の小学生時代の話は尽きない。イノさんがエピソードから脱しようとしてテーマを小学生から社会人へと再設定したにもかかわらず、結局過去のエピソードベースの話になってしまった。残念…。

Ｂチームのハムさんは、先ほどまでの話し合いの流れを簡単にレビューし、その続きからスタート。自分ではなく日能研生にとって、という視点

でいきましょうと、フォーカスを絞る提案をする。Ａ５サイズの白紙（Ａ５用紙）を配り、各自の意見を記入するところからスタート。数分後、書いた紙を見ながら各参加者が補足説明。参加者からは、大人になって活かせる学びとは「ただやるのではなく、目標を持って計画を立てること」、「家でもっとやってみたいこと、わからないところを自分で調べたりする」などの意見が出た。ハムさんは、頻繁にうなずき、良き聞き手という感じ。聞き出しつつなんとか方向性をつくろうとしている。その後、記入したＡ５用紙をグループ分けすることを提案したが、ここで時間終了。結果はどうあれ、ハムさんもイノさんも自ら動きを起こしてどうにかしようとしているところが素敵。一方で皆話し合いへの疲れも出てきた様子。

４ラウンド目、話し合うテーマを変更

ここで参加者の様子を見て、テーマを変えようとＯＧＮが判断。気分転換も兼ねて次の話し合いのテーマ[20]を「エンカウンタースペース（ＧＥＳ）[21]で相手を引き込むごあいさつ」に変更することを伝える。また、話し合いをさらに活性化するために、両グループにＯＧＮから１名メンバーを追加し、

20 介入という、話し合いのプロセスに焦点があたっているとはいえ、話し合いのテーマ、つまり、コンテンツは慎重に選びたい。介入のチャンスを増やすために参加者の価値観が表に出やすいテーマをあえて選んだり、互いに意見を出すこと自体にためらいがあるのであれば、皆が自分の考えを口に出しやすいテーマを選んだりするなど。

21 日能研の各教室にある学習エンカウンタースペース（ＧＥＳ）のこと。授業担当者に質問をしたり、仲間と教えあったり、自習したり、やりとりが生まれる学びの空間。一般的には、事務スペースとロビーが混ざったような空間と言える。

参加者の人数を増やした状態で再スタート。メンバーを追加したのは、やりとりをもっともっと増やして、介入するチャンスを広げようという意図からだが…さてどうなるか。

Ａチームファシリテーターのピョンちゃんは終始表面的な「こと」（いわゆるコンテンツ）についてかかわっていて、ファシリテーターの立ち位置がよくわからないままとにかく進行している、という感じに。

一方、Ｂチームのテリーさんは、各自の意見をＡ５用紙に書く作業からスタート。ウエルカム感を出す、楽しく見せるなどの意見を皆でシェア。テリーさんはファシリテーターというより一人の参加者として意見を出す、というような居方をしている。うーん、何か自分では違うと思いつつも、どう行動したらよいかわからず…参加者のようにふるまうことに終始していた。テリーさんはそれほどしゃべらないまま、皆で紙を眺めたまま時間終了。いつもはもっとしゃべるのに…。ファシリテーターという役を背負いこんでしまい、かえって、「何をしたらよいのだろうか？」という迷いがテリーさんにあるようにも見える。

あっという間にラストの5ラウンド目

最後、Ａチームは欠席者の代わりにと自ら手をあげてファシリテーター役を買って出たピョンちゃん、そしてＢチームはニョロさん。テーマは引き続き、「エンカウンタースペース（ＧＥＳ）で相手を引き込むごあいさつ」。Ｂチームのニョロさんはホワイトボードの前に立ち、他のメンバーはそれを取り囲むように馬蹄形に座る。ニョロさんはお題が書いてある紙を貼り、発言のいくつかをホワイトボードに記入している。話の筋をホワイトボードで見える化するのかな？　その後紙とペンをメンバーに配り、テーマについてどんなことが考えられるかを2分で各自が何枚かの紙に書く。時間になったらホワイトボードに貼り、しばらく眺めたあとに、紙を時系列にレイアウトし直した。ホワイトボードの前に立って、紙を動かしているのはメンバーで、ニョロさんはグループメンバーの後ろで全体を俯瞰している。ファシリテーターの定位置とも言える少し後ろにいつつ、場をホールドする、というこの段階では意外と難しい技を普通にやっている。社内研修の企画・実施にかかわることの多いニョロさんは、やはり場馴れしている感じ。

こうして20分×5回の100分に及ぶリレーファシリテーション形式での介入実習が終わった。皆ヘトヘトな様子のため、フィードバック用紙をメンバーで渡し合った後20分間の長めのメンテナンスタイムを入れる。

実習の熱をクールダウン

メンテナンス後、まずは話し合ったチームごとに実習についてのPKT。その後、全員でその場で出たことをやや一般化した形で共

介入実習中、F（右端）は話し合いの場を見て、かかわる

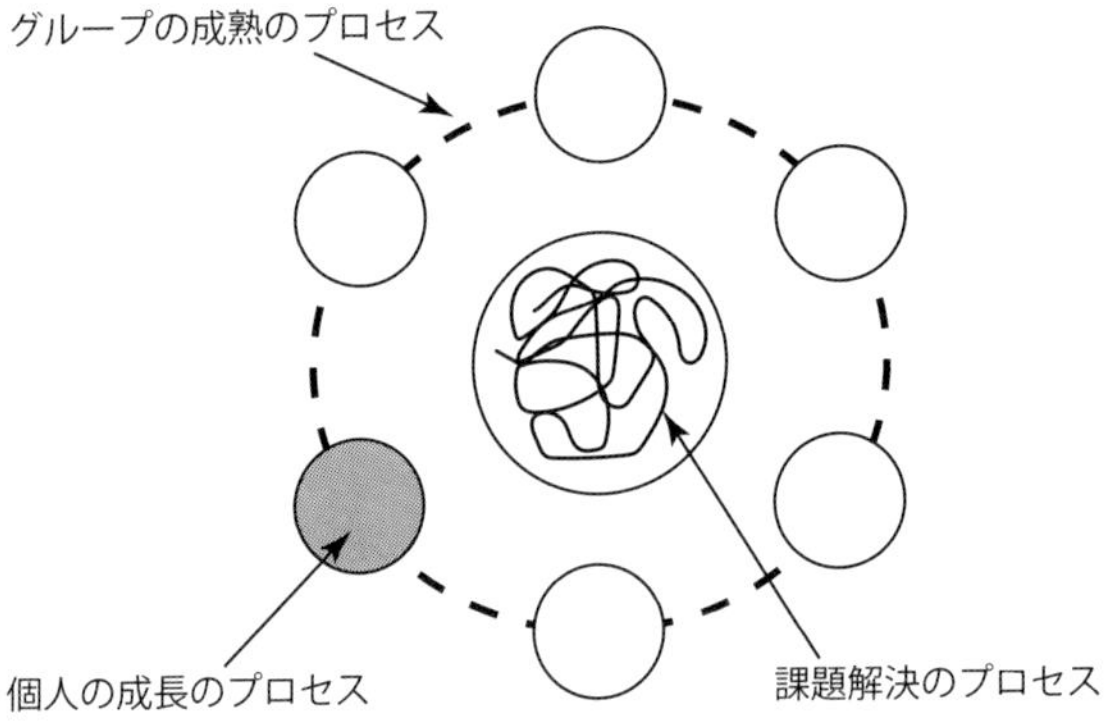

グループワークにおける３つのプロセス

有した。最後にLP同士で話をした。ラストは2人組のほうが話しやすいだろうという配慮で、このようなステップをとった。実習で起きたあれこれが、話をする度に少しずつ各自の中で言語化されたり、一般化されたりして、実習の興奮が落ち着いてきつつあるようだ。

ここで3つのプロセスについてOGNのタケちゃんから補足。コンテンツ(ラボラトリーメソッドではコンテント)とプロセスの両輪が大切だという話と、3つのプロセス(課題解決、個人の成長、グループの成熟)[22]について説明があった。この視点を持って

22 ここで取り上げている「プロセス」とは、ラボラトリーメソッドの体験学習グループ等で取り上げられる、グループワークの「プロセス」を指す。グループワーク等で「何を」やっているか=取り組んでいる課題や、話し合いの議題・内容(いわゆるコンテンツ)ではなく、「どのように」やっているか=各個人の感情や気持ちの動き、グループとしての関わりや関係などを含み大きく「プロセス」として示している。さらに日能研のグループワークのモデルでは、いわゆるプロセスを3つに分け「課題解決のプロセス」「個人の成長のプロセス」「グループの成熟のプロセス」としてとらえる視点を提示することが多い。この日のテーマとしては主に「グループの成熟のプロセス」と「個人の成長のプロセス」に焦点を当てている。

いると、自分が今どこに介入しようとしているかを知る足がかりになる、重要な情報である。実習した今だからこそなんとなく違いもわかるというこのタイミングであえてこの情報を入れたのも良かった。

実習したあとだから身にしみる、プチ講義

メンテナンスタイムをはさんで、まずは実習をふり返る。介入してみての疑問・難しさなどをLPと話して紙に書いた。「進行と介入のバランスが難しい」、「整理したつもりが誘導になっていた」など具体的な言葉が出てくるのを、直さんは共感的にやさしく受け止める。その後直さんによって、「場を見る・読むということ、私は具体的にこんなふうにしています」という10分ほどの情報提供（次ページのKP参照）。実習の直後で疲れを見せつつも、具体的な場面が思い浮かんだのか、大きくうなずく人も。講義のタイミング[23]って重要。各々、介入実習での自分の行動に今聞いた情報を加えて持ち帰れそうだ。実習はやるのは大変だけど、得るものも大きいから欠かせない。実習後だと講義に自分で命を吹き込み、脳内で生きた講義に仕立てられる。

23 ワークショップで必要な情報提供をどこでするかは重要なポイント。初めに全部伝えてしまうと、本当の意味での発見ができないし、あとから「実はね…」と切り出しても後出し感が強い。どのタイミングでどの情報を出すかの見極めは、体験的学習ではおさえておきたい所だ。

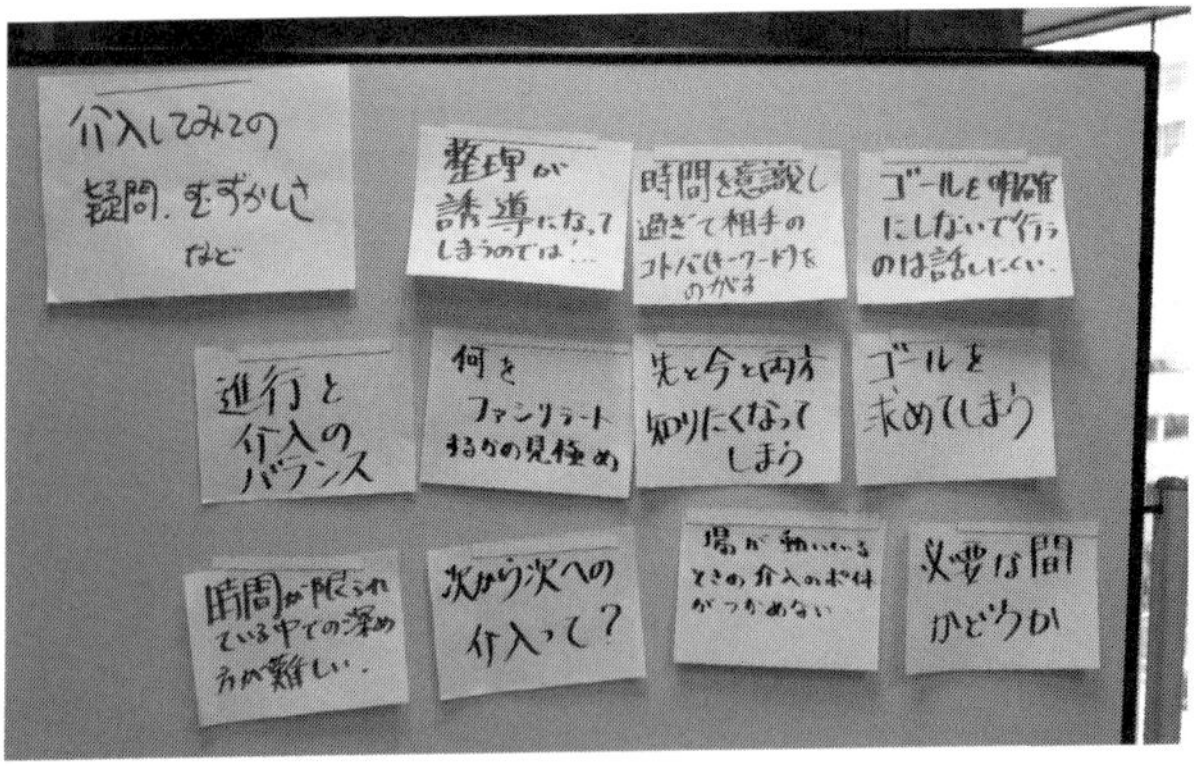

参加者から出た、介入してみての疑問、難しさなど

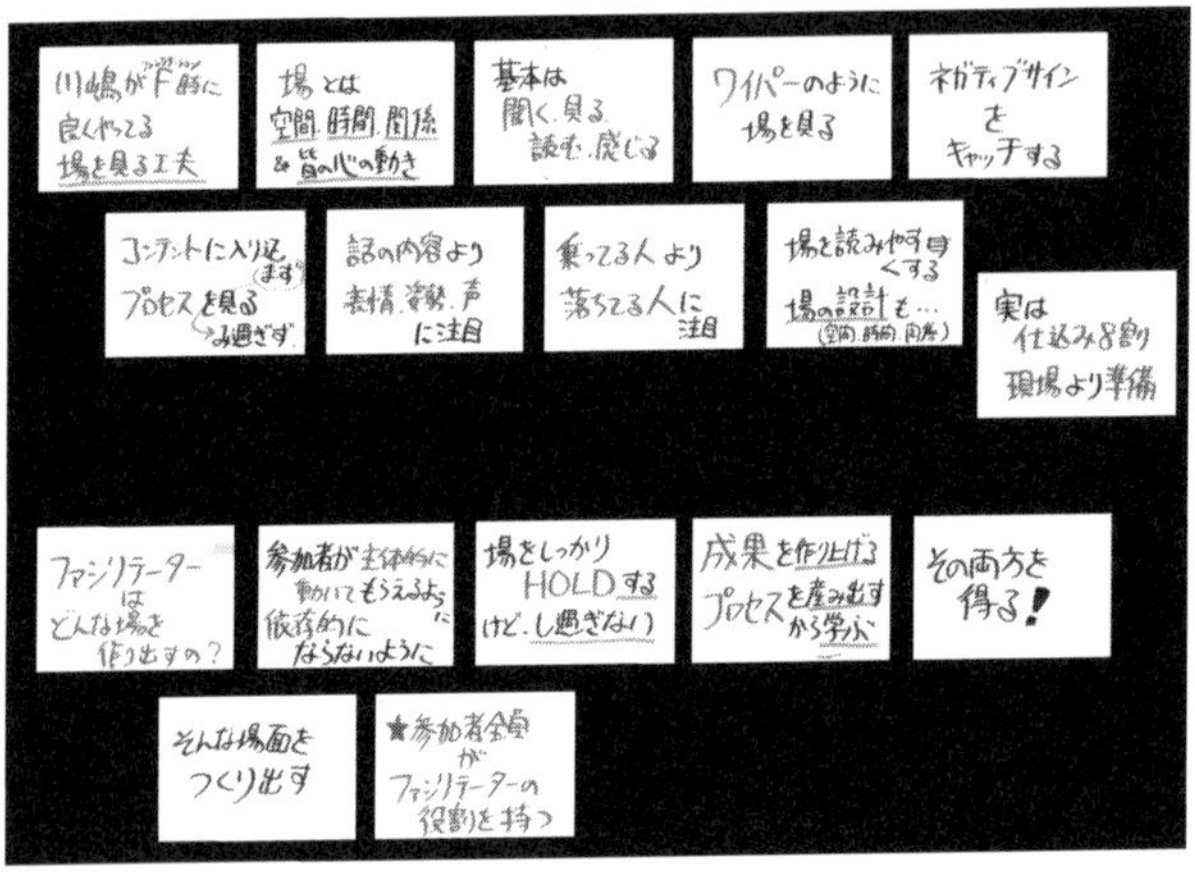

川嶋さんがＦ時によくやっている、場を見る工夫

ふり返りを、KPで!?　KP法基礎講座

続いては、直さん直伝のKP法講座[24]。皆かなり疲れてはいるが、KP法を直《じか》に直《ちょく》さんに聞けるとあって、期待感が高い。すでに社内でも多くの人が実践しているが、KP法を産み出した直さんご本人からやり方を聞いている社員はそれほどおらず、貴重な機会となった。

早速直さんがKP法についての詳細をテンポよく展開。プレゼンのテーマは「今日の学びを職場の同僚に3分で伝える」。今回は、1人3分間のプレゼンをグループの人に向けて行う。紙はA4用紙10枚以内、つまりホワイトボード1枚にゆったり収まる枚数。1枚に書ける文字量は、1行10文字最大3行、使う色は3色以内、上2センチはマグネットを貼る場所なので書かないなど、基本事項を教わる。その後、KP法作成の5段階[25]について触れる。KP法は、わかりやすく伝えるだけでなく、思考の整理や構造化をするための道具にもなるというくだりに、参加者は納得のうなずき。ここまでたくさんの情報が出てきたが、KPの紙は全部貼ったままなので、受け止めきれないという感じはしない。あとですぐに確認ができるというKP法のメリットが参加者に安心感を与えているようす。

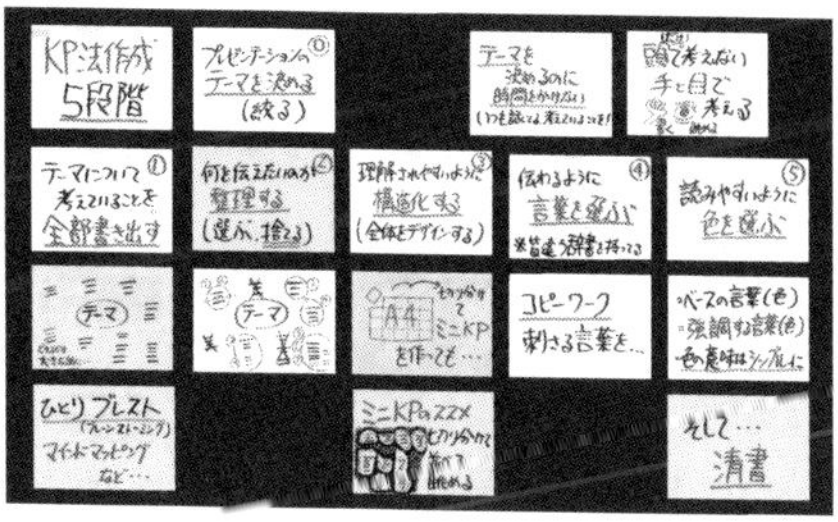

24　紙芝居プレゼンテーション法の頭文字を取ってKP法。川嶋直さんが考案者。この研修では研修実施者側の行う情報提供はもちろんのこと、参加者が行う情報提供も強制ではないが、基本的にはKP法で行うことにしている。

➡道具箱9「KP法」参照。

25　KP法作成の5段階のKP

次に直さんから、頭だけで考えないで、手と目で、つまり、書いたり眺めたりしながら考えましょうというアドバイスを受ける。ここから各自部屋の好きな場所に散って、KP作成を始める。皆、今日のことをあれこれ思い出しながら30分間独りの時間を過ごす。このパートは、KP法実践と、いわゆるワークショップ後のふり返りも兼ねている。名付けて「おさらいKPプレゼン」[26]という形で実践した記念すべき初日となった。しかもビデオ撮影して、終わった後に皆の分も含めて映像で確認できるというスタイルをとった。皆の様子を見ていると、書きたいことはあれこれ浮かんでくるが、それをどう短い一文にまとめようか？　というところで悩んでいる人が大半だった。それでも時間内にはなんとかKPを作成し終えて、発表へ。

おさらいKPプレゼン

5時すぎよりプレゼンスタート。新しく2チームに分かれて、今日学んだこと、気づいたこと、今後につなげていきたいことなどをKPを貼りながら、語っていく。どの発表を聞いてもやりきった感に満ちている。いくつか印象に残ったものを取り上げると、「ファシリテーションとは、時間と

26 今日学んだことを、KP1セット（10枚程度まで）にまとめ、3分程度でプレゼンするというもの。さっきまで起きていたことも含めて、相手にプレゼンするというのはなかなか大変な作業だが、互いに聞き合うことで、ヘー、そこがヒットしたんだ、のような気づきが互いに生まれるというメリットがある。また、日常に帰ってからこんなことしたんだよ！と報告できるというのも大きなメリット。

おさらいKPプレゼン

空間と関係性にコミットしていく」、「コンテンツよりもプロセスに目を向けることを意識したい」「ファシリテーターは場をつくる」などが出ていた。皆刺激的な1日だったようだ。

　このおさらいプレゼンというやり方は、KP法のポイントを絞って書く練習にもなるし、人前で話す練習にもなる。「なによりアウトプットが共有しやすくて良い企画だったね」「トレーナーとしての意識を少し持てたのでは？」と実施後にOGN同士で確認し合った。

研修のクロージングへ

この後、より内省的なふり返りを予定していたが、おさらいプレゼンもやったし時間も予定より延びているし、なによりも皆ヘトヘトに疲れているのを見てやめることを決定。計画はしっかり立ててるけど、当日の様子を見て、すぱっとあきらめるのも大切。直さんの言う、準備は入念に、当日は臨機応変に！　という言葉を思い出して決断。さて気持ちを切り替えて、次回に向けての情報提供をOGNの私より発信。

1点目は、第2弾ブッククラブについて。課題本は2冊あり、1冊は『人間関係トレーニング第二版』、通称「赤本」。もう1冊は、『問題解決ファシリテーター』[27]、通称「黒本」だ。タイプの違う2冊を読んで、いろんなスタイルに触れてもらおうという意図がある。ブッククラブのやり方はいろいろあるが、今回は2週間ごとに読む範囲を決めて、社内メールでコメントし合うというスタイルをとる、ということを伝える。

加えて、次回までの課題①ログシート[28]②第2回に向けた課題（未定のため、お知らせのみ）を提示。②は後日改めてメールで発信。全4回の研修なので、研修と研修の間（大体1～2ヵ月程度）をどう有効に活用するかは、か

27
『人間関係トレーニング第二版』（津村俊充・山口真人編　ナカニシヤ出版、2005年）FTT研修ではブッククラブで読み合った。表紙がオレンジ色なので、日能研での通称「赤本」。もう一冊ブッククラブで取り上げた『問題解決ファシリテーター』（堀公俊著　東洋経済新報社、2003年）は通称「黒本」。

28
➡**資料編**「3.ログシート」参照。
➡**道具箱20**「職場での実践とその共有」参照。

なりの重要事項。研修の後半を左右するといっても過言ではない。幸い社内メールでいつでも連絡はとれるので、その環境に甘んじて、もうひとつの課題はＯＧＮでふり返りをした後、後日伝えることにする。以上、ここまでで第１回研修終了！

懇親会！　オフの場なら、聞きづらかったことも互いに聞けちゃう

終了後、隣の会議室で懇親会[29]を実施。参加者もＯＧＮも一緒に食べたり飲んだりしながら、研修中は聞けなかったことを聞いたり、感想を話し合ったり、悩みを共有したりなど、研修よりもゆるやかで、本音がポロリと出てくる時間となった。

第１回は長い一日だった。欠席者が１人いたこと以外は、ほぼ想定の範囲内で終了。後日、参加者のふり返りを受けて、ＯＧＮのふり返りを行った。今回（第４期）のメンバーは、ファシリテーションについてなんとなく興味はあるが、経験はそれほどない人がほとんど。だからこそ、初回の研修で、全員実習してファシリテーションの経験ができてよかったね。これから走り出していくところだね、という確認をした。

29　研修の初回と最後に実施することが多い。オフの場だからこそ聞ける話も多くあるはず。飲み食いしながらのコミュニケーションは参加者の関係を立体的にする効果もある。研修が終わる前に、ＯＧＮで手分けして研修と同時並行で懇親会の準備を進め、研修が終わったら即隣の部屋へ移動！　移動時間５秒！　社内での懇親会は準備が大変だが、移動の時間もお金もそれほどかからない。近くの居酒屋に…というのも良いが、研修会場をそのまま会場にする最大のメリットは、研修で使ったものを壁に掲示してそれを眺めながら話ができることかな。

以下は終了後の参加者のふり返りから拾った言葉あれこれ。

・20分間ではあったが、実際にファシリテーションを実践、練習できたのはとても有意義だった。（テリー）

・スタートで感じたのは、良き仲間だということです。これから先、一緒に学んでいくことに安心できました。（ニョロ）

・13年間この会社にいて、さまざまな研修を体験しましたが、今回の研修が、一番〝前のめり〟になっている自分に気がつきました。（トラ）

体験型の学びの場なので、当たり前だが、皆それぞれヒットするところが異なり、いろいろなものを持ち帰ったようだ。共通して言えるのは、ぼんやりとしていたファシリテーションのイメージが少しくっきりしてきたことと、前向きな気分で研修を終えられたことではないか。次回が楽しみだ。

自分を知り、プロセスに目を向ける

ファシリテーション・トレーナー・トレーニング（FTT） 第2回

武石泉（タケちゃん）

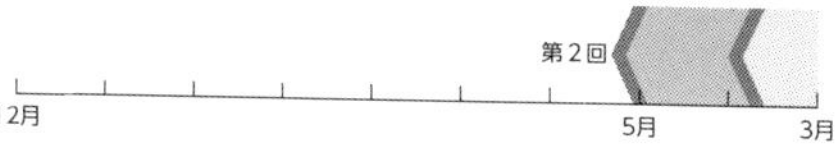

久しぶりの一堂再会…ならず!?

第2回は5月ゴールデンウイーク明け（5月7日）に実施。緊張感に満ちていた前回に比べて、久しぶりに集まるメンバーは個々で話したり、笑い合ったり、思ったよりも明るい感じ。

開始時間になり、イノさん欠席の知らせが判明。体調不良とのこと。後で補講をすることで間に合わせるほかないが、10人が参加する前提で今日のプログラムをアレコレ考えてきた身としてはがっくり…。

社内の研修に「参加する」動機づけってなかなか難しい。社内研修だから「義務と責任」がある、絶対欠席禁止！ ということはもちろんできる。

とはいえ義務色が強くなれば強くなるだけ、自ら選んだことによる参加へのモチベーションは下がることになる。「決められたこと」と「自由さ」「参画度合い」は反比例、という例の図式[30]ですな。

今回の研修は「ファシリテーション・トレーナーの育成」が目的。指導者資格なので、初回に資格認定の条件を確認するとか、欠席した場合に生じる不都合を、予防的に伝えておくことが必要だったかもしれない。

一般的に当日欠席（いわゆるドタキャン）は、人数分けなどを細かくデザインしてあればそれだけ「がっかり感」が増す。が、そんなときこそ臨機応変に対応するのはこちらの腕の見せ所でもある。今回は２人一組での「ＬＰ（ラーニングパートナー）」で学ぶ時間を多くとっているので、相方に休まれたタツさんの学びに影響が出ないよう気配り目配りをしていくことにする。

一言チェックインで第２回スタート

気持ちを切り替えて、チェックイン。[31]ほとんどのメンバーがゴールデンウィークで何をしたかを語っている。表情が明るいし、笑いが出る。友人

30
ファシリテーターが細かく場のルールを決める（指定度が上がる）ことによって、参加者の側の自由度は下がる。参加者自身が工夫したり、主体的に参加する度合いが下がり、参画度が下がる場合がある。

31
⬇チェックインについては、第１回　脚注５　参照。
⬇**道具箱５**「チェックイン・チェックアウト」参照。

とバーベキューをした、滝を見にドライブに行った、自宅でお子さんと遊んだ等、ゆとりある時間を過ごしたことがわかるコメントが続く。休みを経たことでかなり気持ちにゆとりが出てきたんだろうな。その他にゴールデンウィークに子どもの論述プログラム[32]に参加したメイちゃんからファシリテーションを意識する機会があった話も出て、なんとなく場が締まった感じ。

今日までどうしてた？　ふり返りＰＫＴ

最初のワーク、第１回（３月16日）から今日（５月７日）までのふり返りをＬＰ（ラーニングパートナー）でシェア。相手が欠席しているタツさんはＯＧＮのあっちゃんが相手役。２人で８分程度のＰＫＴ[33]（ペチャクチャタイム）。それなりに話がはずんでいる模様。直さんが手を叩いてＰＫＴの終了を告げた後で全体で共有タイム。共有の方法はいわゆる「他己紹介」のように、聞き手のほうが相手（ラーニングパートナー）の話を紹介する形で進める。「じゃあ30秒で！」と直さん、まずはあっちゃんに振る。話しを終えた後に直さん、なぜあっちゃんに投げたかの意図を説明。「30秒っていう短

32　ゴールデンウィークに日能研で特別講座として６年生希望者を対象に展開している「論証・論述プログラム」。通常授業とは異なり、教科融合の課題をグループワークで考えながら、自分の考えを記述し、グループの中で仲間同士がコメントして記述を磨き合っていくもの。研修当時２０１５年のテーマは『持続可能な発展を考える学び』を続ける私」。

33　➡道具箱12「ＰＫＴ（ペチャクチャタイム）」参照。

い時間の目安をつけてほしかったんだよね。仮に倍になったとしてもOGNだから『だめじゃん！』っていいやすいでしょ」。そして、実際にあっちゃんは1分ほどかかったので「今の半分くらいでお願いします」に笑いが起きる。全体共有の最初の一人はある意味「見本」にされることが多いから、一つの規範として安心な人から振る、という直さんの言葉にメンバーは参加しながらもファシリテーターとしての視点を意識した様子。そうそう、何気なくやっているんだけど、ちゃんと意図してるんですよ！　その後はメイちゃんの「大人に対してでなく空気が読めない子どもに対してやるとスキルが上がる」、「これまでより相手を見るようになった」というピヨンちゃん、タツさんの「ファシグラ[34]をやったら、やりつつ見るほうが場がよく見えた」など、チャレンジによる肯定的な変化が語られた。一方で、ハムくんがつぶやいた「話しすぎる人へどうファシリテーション[35]をしたらいいのか？」にメンバーの多くが「あるある〜」と頷き、共感的に受け止めている模様。「どうしたらいいのかな？」と興味は尽きず、共有タイム後も近くのメンバー同士で話が続く。

34 ファシリテーショングラフィック。場の話し合いをファシリテートする道具として、語られた言葉を模造紙やホワイトボードに書いて、見える化するもの。言葉同士の関係も矢印や線などで図示することで共通理解に役立つ。略してファシグラ。

35 F講座の主に1、2期生とOGNが作成した「ファシリテーションの道具箱」では「一人の話が長いとき、『つまり、どういうこと？』」という介入を紹介。それも使えそうですね。

36 いわゆるオリエンテーションとして毎回実施。全体スケジュールがKPで示されるので、会場内に常に貼っておくことで、一日の流れが把握できる。

第2回テーマは「自分を知る、プロセスに気づく」

さてここで恒例の「一日の流れ」KP[36]とミッキィ(代表)によるビデオメッセージ。今日のプログラムの流れを直さんがKPで説明。今回のテーマは「自分を知る、プロセス[37]に気づく」。自分を知るって、永遠のテーマだよね。そしてファシリテーターとしてグループプロセスを見る実習(150分)が今回のメイン。ファシリテーター、ファシリテーションっていう言葉が世の中でも当たり前になってきている中、そのファシリテーター育成をするのがトレーナー。この4期生同士がお互い学び合いどんなトレーナーになっていくのか。「自分ごと」としての意識が各人にどれだけ生まれるかで決まるような気もする。

その後ビデオメッセージ[38]を見る。今回の動画は「自分を知ることとファシリテーション」の一本のみ。しかし！　今回も画面が出ても音が出ない…。準備のときはばっちり大丈夫なのに、どうして？　「参加型ワークショップ入門[39]」の「ワークショップ21のホラー」に加えたいくらいだな、と思いつつ、皆の努力の甲斐あってなんとか無事再開。メッセージを見た後のPKTと全体共有ではピョンちゃんから「自分を客観視することって難し

全体像の中で「今どこにいるのか」がわかるので、参加者の安心感が作られる。『今日の航海図』の感じ」と直さん。

37 ➡プロセスについては、第1回　脚注22　参照。

38 ビデオメッセージについては、第4期の場合、過去に使ったものを流用できるのでは？という場面が何度かあった。が、「今は冬なのに真夏の恰好でプレゼンしてますが…」という違和感や、微妙にニュアンスが違ってくることなどもあり、ほぼ毎回新作を撮り対応していた。

39 『参加型ワークショップ入門』(ロバート・チェンバース著　明石書店、2004年)　この本は、各章のテーマが21の項目で示されていて実践にあたりわかりやすく使いやすい。またここで取り上げた第9章「参加型ワークショップ21のホラー」を始め、ユーモアのある切り口が随所にあって(個人的には第20章がとっても好き…)おススメ。

いことだと思ってたけど、たくさんの人の主観を集め客観視する、という見方が新しかった」と言葉が出る。受け取っただけで終わらせずに、話してみると整理されてそれぞれが理解する幅も広がる。

事前課題を使って最初のワーク

「自分を知る」(90分)のワークに入る。ここからは私が進行。流れとねらいのKPプレゼン。場を見るわたし、働きかけるわたし。どんな場面でも「わたし」のものの見方や価値観が影響してくる。ファシリテーターとしてその場にいるだけで、何らかの影響を与えている。自分について知っておくことがファシリテーターとしては不可欠になる。

自分を知る上では、無意識に行っていることを意識にあげることが大切。そのために、事前課題を出していた。①前回の講座で実施したファシリテーションの動画[40]を見る。②自分がどんな介入をしているのか、気づいた自分の特徴をA5用紙一枚に一つずつ書く[41]。というもの。このA5用紙を元に、LP同士で質問し合い、追加があれば書き加え、増やしていくというのがワークの前半。

40 前回終了時には未定だったが、自分たちの介入をふり返るために、実習の動画を見る課題を出していた。介入のスキルアップにはこの方法が効果的だった。第3期はOGNが一対一で動画を見て共にふり返り解説をするということも実施していた。

41 ➡**道具箱8**「A5カクハル」参照。小サイズのKP法とも言えるし、時には分類(KJ法)にも発展する。ちなみにA5判用紙を使用するときに「A5で書いてください」というと「英語で書いてください」と誤解され、場がどよめくことがあるので気をつけましょう。

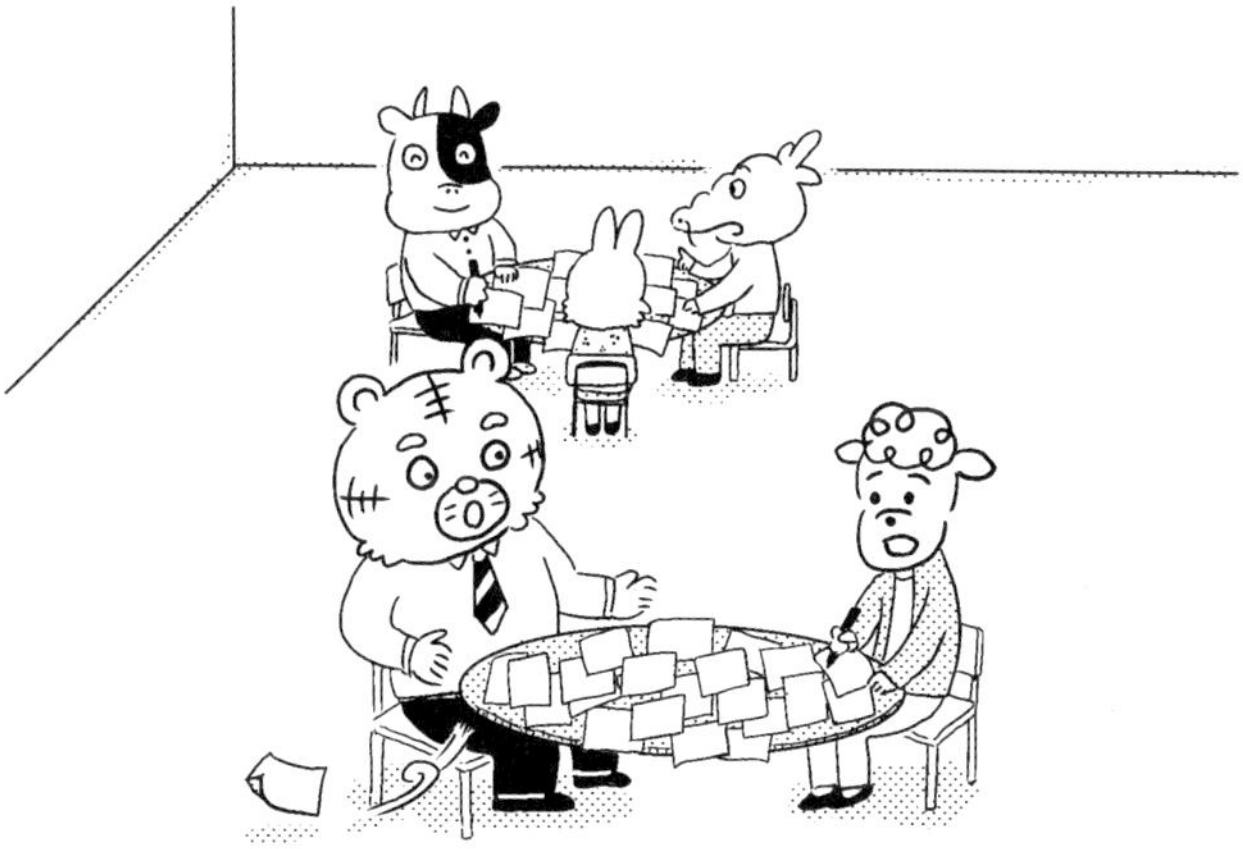

えんたくんを活用してA5カクハルを実施中

LP欠席のタツさんは他のLPに加わり3人組になってもらう。どのLPでも選びたい放題ですよ〜と、あえてポジティブに言うのがポイント。

各ペアで壁に用紙をマグネットで貼ったり[42]、床に並べたりしながらシェア。予定はしていなかったのだが、「えんたくん[43]」を膝にのせて使うLPがあって、途中からなんとなくみんなで使う流れになる。えんたくん利用だとA5サイズだとちょっと大きい[44]な…。ワーク進行を見ていると、もともと準備してきたものを相手に説明しつつまずは並

42 日能研本部のA会議室（大会議室）はパーテーションで区切られている壁はすべてマグネット使用が可能にしてある。B会議室（小会議室）は壁がホワイトボードになっている。子どもの授業実践に役立てられるように、という目的と聞いている。

43 ➡**道具箱11**「えんたくん」参照。

44 えんたくん（直径1m）利用の場合はA6サイズが良いのでは、と直さんからのアドバイス。

べていくペアが多い。相手と聴き合ったり、話したりすることで新しい特徴が見つかれば書き加えていく。「なんか自分、ネガティブなとこばっかあげてる気がする…。」「この『うなずく』っていうのは促しなの？　同意なの？」「あー。それ自分もあるわ」…等のやりとりが各ペア（と３人組）で行われて、Ａ５用紙も書き足され増えていく。

かかわりの分類…が予想外にスタック

次のステップは、このＡ５用紙を中野民夫さんが書かれた本[45]から「ファシリテーターは…」としてあげられた11のキーワードにあわせて分類をしていく。「支援する」「促進する」「場をつくる」「つなげる」「取り持つ」「そそのかす」「引き出す」「待つ」「共にある」「問いかける」「待つ」。これらを名刺大のカードに一項目ずつプリントし、キーワードとしてＡ５用紙の分類をしてみてはと考えていた。やっていない働きかけや、ファシリテーターとしての自分の傾向が見えるのでは、というねらいだった。しかしここで参加者の手が思いのほか動かない。おっと。思わぬところでスタックしてしまった。

45
『ファシリテーション革命』（中野民夫著　岩波アクティブ新書、２００３年）
上記は「はじめに」から引用している。「ファシリテーターは教えない。『先生』ではないし、上に立って命令する『指導者』でもない。その代わりにファシリテーターは支援し、促進する。場を作り、つなぎ、取り持つ。そそのかし、引き出し、待つ。共に在り、問いかけ、まとめる」

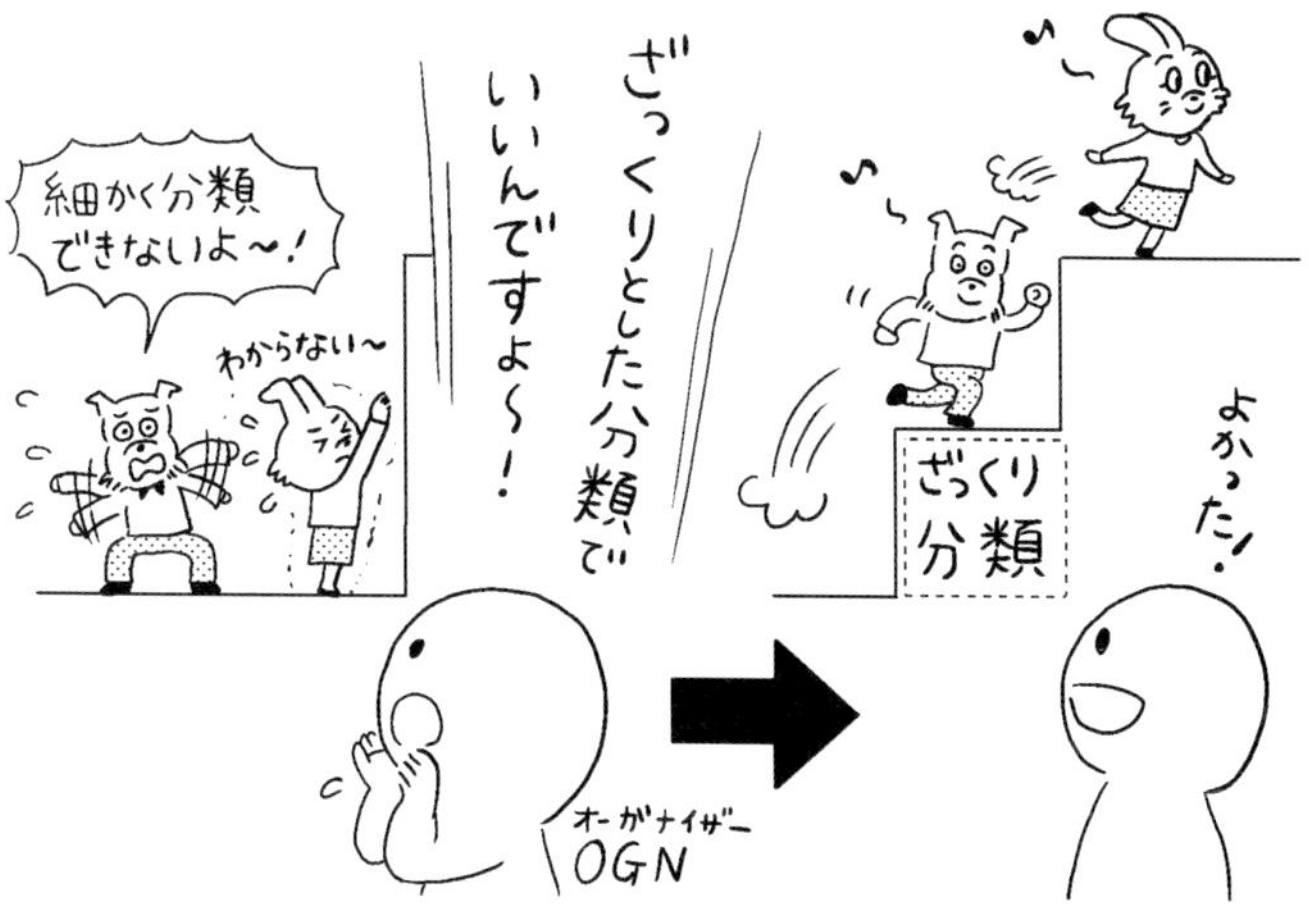

参加者のやりにくさが見えたら、やり方変更を

こんなときにはなぜ進まなくなったか確認してみるしかない。「どの言葉に分けるのか、戸惑いがある感じですか？」と私が問いかけるとパラパラ反応が返ってくる。「というか、一枚を一つのカテゴリーに入れられない」「つなぐ、とかそのかす、とかやったことの意図を考えると、一つではなくて複数にわたってやったことが入ってしまう」「そもそもこの言葉、どれも重なる部分があるんじゃない？」参加者の発言、どれもその通り。そうだよね。そりゃ確かにそうだ。あせっていても仕

方ないので、まずはこのワークでねらっていたことを正直に伝えることにする。「確かに、一つに絞るのは難しいですね…。これをやることで自分の傾向がわかるといいな、というのがねらいだったんです」同時に、ＯＧＮのまこさんが中野民夫さんの本を再度見て、この11のワードが一連の流れ[46]であったことを確認してくれた。

ＦＴＴ講座のワークは考えただけでなく、自分たちが一度事前にやってみるということをＯＧＮは心掛けているのだけれど、このワークは簡単かなとスルーしていたところ。そういうところで引っかかるんですねぇ。

仕切り直し～自分のかかわりの特徴を掘り下げる

ということで、仕切り直しの方向として、①Ａ５用紙は、働きかけの「意図」に注目し、自分としてはこんな意図でやっていることが多いかな…という程度のざっくりとした分類をする ②分類のラベルとして必要ならこの11の行動にさらに書き足す ③キーワードのカードを組にして、重複するものを分類する方法も可能、とした。以降は手が止まることは少なく、ワークは無事進む。「すごいかたよっちゃうな～」と一つのカードに複数のかか

46 そもそもこの文言は「ファシリテーターは教えない。『先生』ではないし、上に立って命令する『指導者』でもない。その代わりにファシリテーターは支援し、促進する。場を作り、つなぎ、取り持つ。そそのかし、引き出し、待つ。共に在り、問いかけ、まとめる」という文の中にあるものだ。それぞれひとつひとつの言葉はよく特徴を表しているのだけれども、分類の項目としてラベルにできるかといわれると、確かにいくつかの面で難しい。「やること」として具体のレベルなのか「意図」として抽象度を少し上げたものなのか、さらには質問に出ているように、一つの働きかけでもこれら複数にかかわってくるものもある。

わりが重なったことでつぶやくモーさん・タツさん・テリーさん組（ここは3人組）や、キーワードを取り囲むようにA5用紙を置いて、どんなときにどんな意図でやっているのかを結びつけて話し合うメイちゃん・ハムくん組などさまざま。自分がグループでやっていることの「背景」や「意図」って何だろう、どうなんだろう、を考えて「なんか、つながって来た」という声もありそれぞれ気づきがあった様子も見られた。

ある程度の分類が終わった後、各ペアのものを見合う時間（展覧会）[47]をとる。メンバーは「あー、これこっちに入れたんだ」「これって何で？」など、自分の分け方や言葉のとらえ方と違うことに新鮮さを感じたのかやりとりが生まれる。10人でいることの意味が少しずつ出てきている様子がうかがえる。

47　他グループや他の参加者の成果物を見てシェアする方法。ただ眺める場合もあれば、作成者のグループの半数のメンバーが説明のために残留する方法（後半入れ替え）などもある。

「自分を知るシート」を使って自己分析

もう一つのワークは自分についての文章を完成するシート。いわゆる文章完成法で、前半に書かれている刺激語に続けて自分について文章を書く。「私が得意なのは～」「私が苦手なのは～」「私が使う言葉は～」などの22の言葉がある。だいぶ緊張の壁が下がった関係であるとはいえ、自分の内面についても触れる質問があるので「後で見せ合いますよ」と先にさらっと言っておく。知らないで後で「えーっ？　見せるんだったの〜!!」となると、[48]参加者の気持ちも乱れるものね。みんな、比較的スムーズに手を動かしている。が、質問項目がちょっと多いかな〜と思った通り、しっかり書きたいメイちゃんやテリーさんは時間内には書き上がらなさそうな様子。とりあえず時間で切って一度LPと見せ合い、感想をペチャクチャ。その後書き上がったものを昼食タイムに掲示してもらうことにする。

昼食時にピョンちゃんから「これってこの人らしいね！っていうところにシールをつけてみるのもいいですね！」という声があがる。こんな風に参加メンバーの側から「こんなことやりたい」という声が出てくることはワークショップならではの動きであり醍醐味。お互いが学びあう場としてぜひ大切にしたい。参加者の「やりたい」「こうやってみては？」が動き出してくると、メンバー自身が自分で考えて進んでいくので、得られるものも大きい。さっそく小さな[49]カラーシールを用意して貼ってもらうことに。「意外シール　赤（こんなふうにとらえているなんて意外！）」「納得シール　緑（あなたらしいよね、納得）」の2種類。お互いがどう見られているか、と

48 書いてもらったものをその後で、どう使うか。①参加者同士で共有 ②ファシリテーター（実施者・主催者側）に提出する ③あくまでも自分だけの為のメモとして使う それぞれの用途は書く前に伝えておく必要がある。これは結構大事なことで、③自分のため、と思って書いて①共有、となったら、参加者は困るし、場合によっては怒る人もいるかもしれない。参加者にとって「不意打ち」や「だまし討ち」のように感じられるとしたら、すでにその場が「安心・安全」な学びの場ではなくなってしまうので、「後出し禁止」は小さなことだが不可欠な配慮だと考えている。

49 ➡**道具箱16**「シールで投票フィードバックとその方法②」参照。

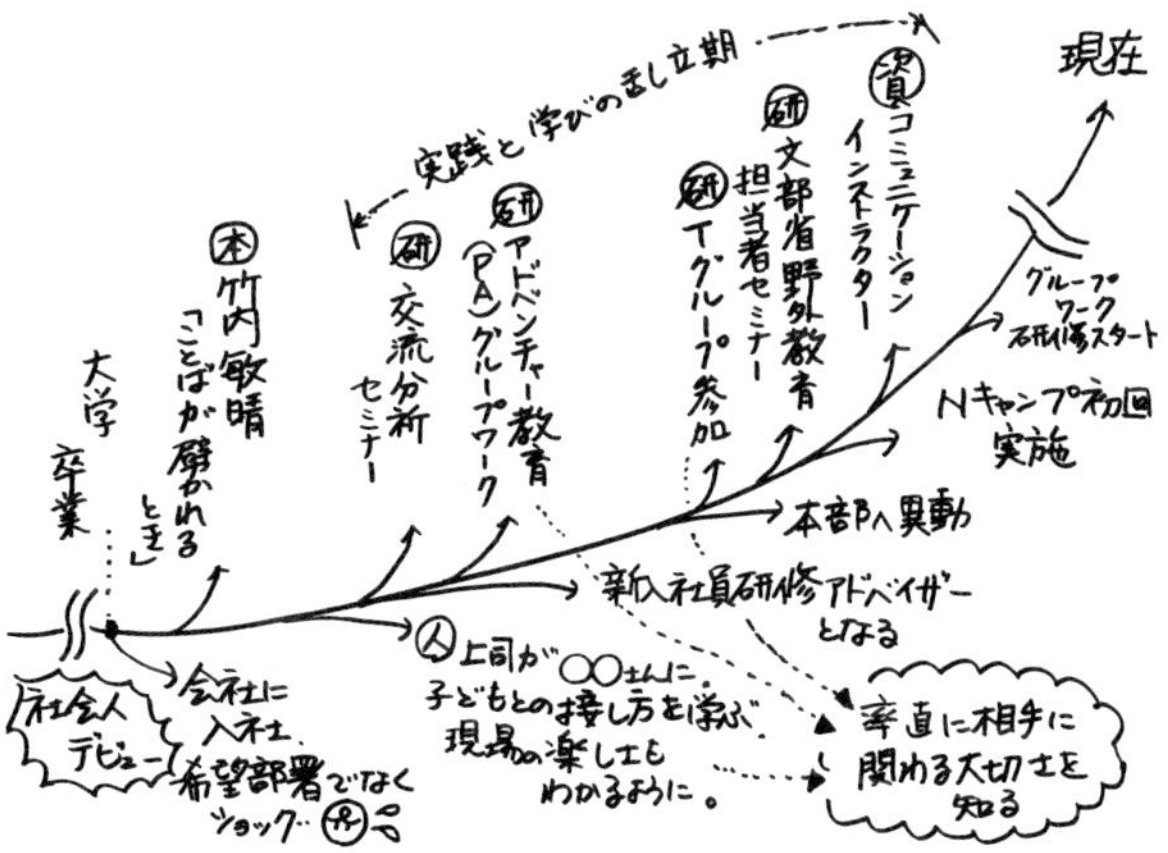

手書きの自分史の例。これは、わかりやすいように描き直したもの。実際は、もっと細かい

いう小さなフィードバックの場にもなったようだ。ちなみに最も多く納得シールが貼られたのは、コッコちゃんの「私はよく『ちゃんと休みをとってるの？』と聞かれるけど、実はちゃんと休んでます」という一文。

午前の締めくくりに直さんのプチレクチャー。ファシリテーションと自分を知ることの関係や、自分の大切にする価値観がどんなふうにできてきたかを、自分が出会った人や物事とあわせて書き出してみる[50]「自分史」をつくってみると見えること、等について話してもらう。パソコ

50 第2期、第3期のFTT研修では、手書きでこの自分史を作るプログラム（学びのふり返り&自分史ライン作り）を行った。いずれも自分の価値観を作っているものの洗い出しになり、自己理解につながればと考えての実施。第4期はプロセス観察との兼ねあいで、より簡単に書けるものをと考えて「自分を知るシート」に変更した。

ンの表計算ソフトで、直さん自身がつくった「自分史」のプリントアウトを一緒に見ながら、直さんがそもそもどんなきっかけでこのギョーカイ（?・）に入ったか、どんな人に出会ったか、影響を受けた本は、映画は…短い時間だけど直さんの今のスタイルを支える要素に触れ、皆興味がわいた様子。「ね、自分でもつくってみると面白いですよ」にうなずくメンバー多数。

プロセスに目を向ける実習

午後の部スタート。午前中は「自分について知る」ねらいでワークを組んだが、第2回の今日はさらにもう一つ、大きな実習を入れてある。プロセス観察の実習[51]「POPOPO（Participant & Observer：私たちは「ポ・ポ・ポ」と呼んでいる）」。実習のねらいは「グループのプロセスを観察すること」。前回介入実習で「課題解決のプロセス（議事の進行）」と「グループの成熟のプロセス（メンバー同士のやりとり）」を意識してとらえられていたかどうかに大いに疑問が残り、「プロセス」を見る時間をとる必要を感じたからだ。グループが何かに取り組んでいるとき、ファシリテーターはそのグループ内で何が起こっているのかに目を向けていくことが大切だ。そ

51
今回はプレスタイム社から出版されている復刻版Creative O.D. Vol.1を参照して、グループサイズと目的にあわせて時間の調整をした。『Creative O.D.人間関係のための組織開発シリーズ　復刻版Vol.1』（柳原光監修・著作　プレスタイム、2003年）

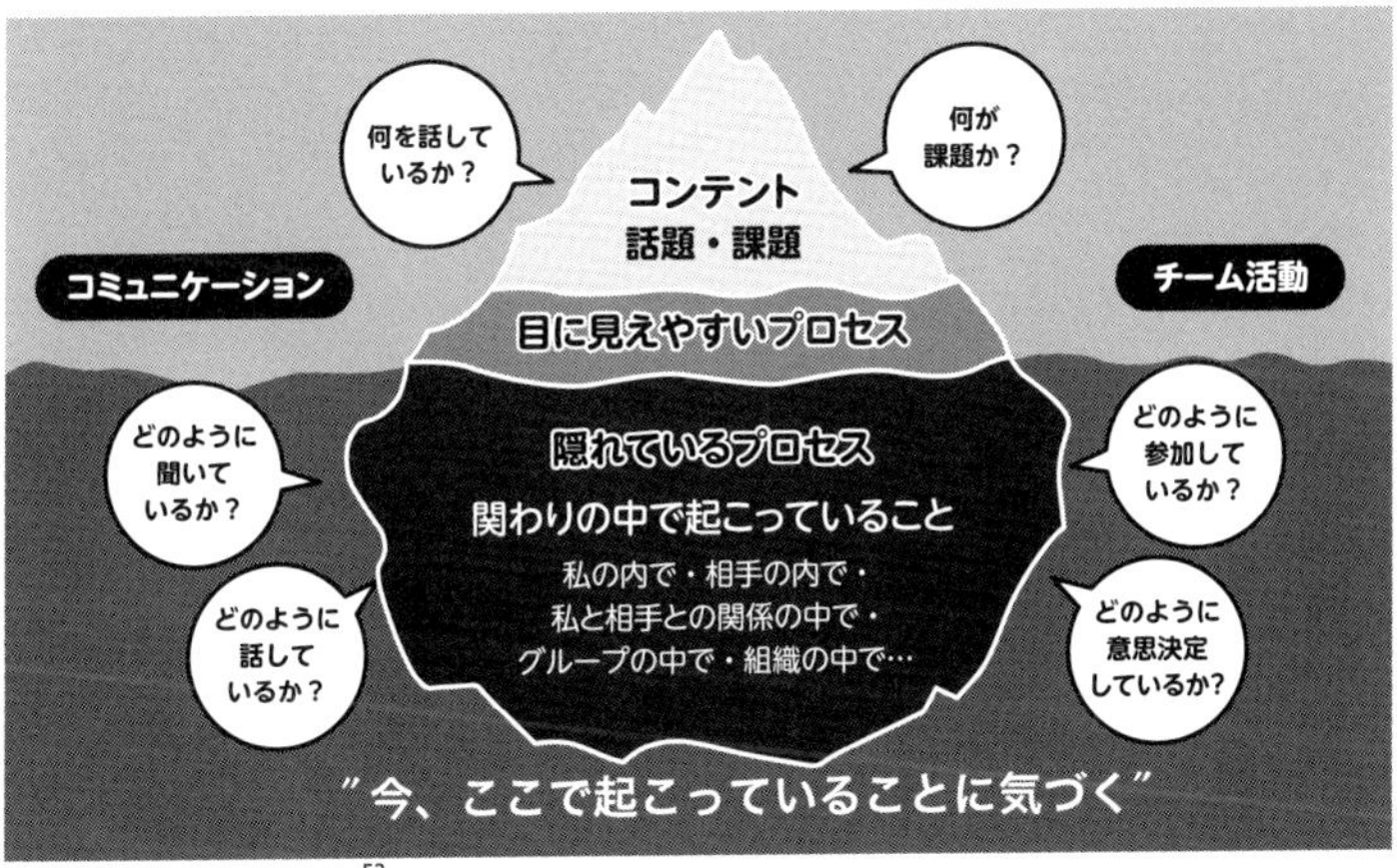

プロセスの氷山図（津村）[53]

の際に、「赤本」で言えば「コンテント」[52]（グループの話題や課題解決・仕事等の内容）と「プロセス」（グループ内の人と人との関係的過程）の両側面をとらえる視点が必要になってくる。もちろん、課題解決とグループの人と人とのプロセスは絡みあった状態で存在するのだけれど、この「人と人との関係性の過程を見ていく」ことは意識しないと難しい。自分もそうだったけれど、ファシリテーション初心者はどうしても「誰が発言してどう決まったか」という意思決定のプロセスに注目しがち。なので…。

52 ラボラトリーメソッドでは「コンテント」と「プロセス」と呼ぶが、日能研ではコンテンツと呼ぶことが多い。本文中にコンテンツと書かれているものは、コンテントと同意で使用している。

53 日本休験学習研究所（JIEL）ホームページ（https://jiel.jp/）より引用した。

まず参加者は2つのグループに分かれる。便宜上Aグループ、Bグループとするのだが無機質なのが嫌いな私の好みで季節感のある名前[54](ちまき&柏餅)をチョイス。結果、ちまきグループは、ピョンちゃん、テリーさん、コッコちゃん、ハムくん、タツさん、の5人。柏餅グループはメイちゃん、モーさん、トラさん、ニョロさん、の4人となった。

第1セッション~外からの視線を感じつつディスカッション

第1セッション。「ちまきグループ」が着席して先に話し合い「柏餅グループ」はその周り[55]でグループプロセスを観察する。第一セッションのちまきグループが話し合うテーマは「『場を読む』と『空気を読む』との違い」について。あくまでも観察がメインなのだが、テーマも話し合う必然を感じられるもの、グループの中でやりとりが生まれやすいものであるほうが観察がやりやすくなる。もちろん、ずーっと沈黙があったとしても観察はできるんだけどね…。

開始にあたって観察の視点を双方のグループに伝える。「赤本」を参考にし、まずは「コンテント」と「プロセス」の説明。[56]そしてプロセスをつか

54 ネーミングって結構大事で、今回の実習のようにグループの名前を呼ぶときには、参加者がリラックスできたり、親しみを持てたりする名前を心掛ける。もちろん、ネガティブなイメージの言葉は使わない等、この辺も配慮のしどころ。

55

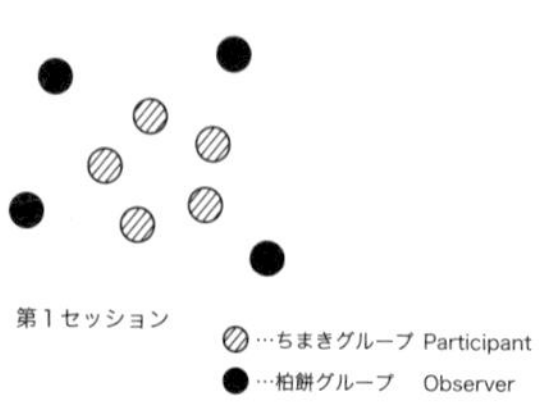

56 『人間関係トレーニング第二版』(前掲)42ページ

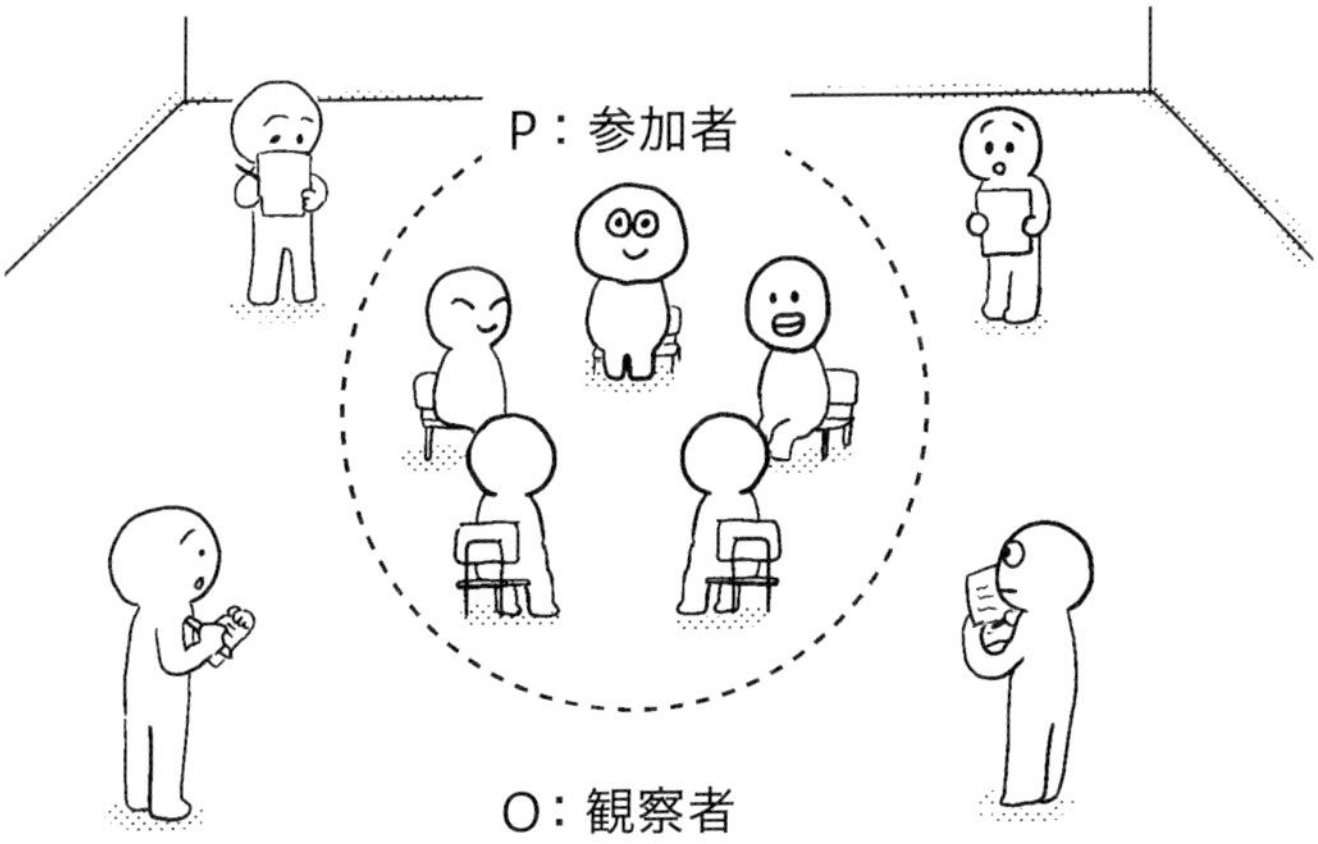

POPOPOの様子

む視点としてメンバーがどんなふうに参画しているか。コミュニケーションはどんなふうに行われているか。雰囲気はどうか。具体的な手がかりとして表情、目線、身振り（うなずき）、姿勢、やりとりの数、タイミングや間、等の視点を提供する。単に「うなずきが○回あったよね」という分析的な観察ではなく、時系列の全体性を持った観察、流れの中での動きや変化をとらえることがポイント。

とはいえ、やる前にいくら詳しく話をされても頭でっかちになるだけ。まずはＫＰで注意点を簡単に伝えて実践に入る。セッションが進むにつれて、両グループの様子を見て気づいたことを伝え視点を増やしていくようにと考えた。

第1セッションは20分。ねらい通り「ちまきグループ」はこのテーマに関して疑問や各人の意見も出しつつ話が進んでいった。沈黙の時間もあり、やりとりもあり、で観察しどころは満載。「柏餅グループ」の目には何がとらえられているだろうか…。

第2セッション〜プロセスって？　手探りで進む

第2セッション。[57]「柏餅グループ」が着席し、観察したプロセスについて話し合う。それを「ちまきグループ」が観察。このように話者(Participant)と観察者(Observer)とを交互に体験していく(POPOPO)[58]。柏餅グループはイノさん欠席のため、最初4人になっていたが、メンバー的に男性が多くやや重いかな…という懸念を持ったため(そしてこの3人とも実際に身体も大きく、重量感があるので…)、第1セッションの途中からOGNのぽんちゃんに観察に入ってもらった。20分の観察を15分で話すのだが、やはりディスカッションとは違ってやや話しにくそうな雰囲気。「雰囲気が重たいな

57

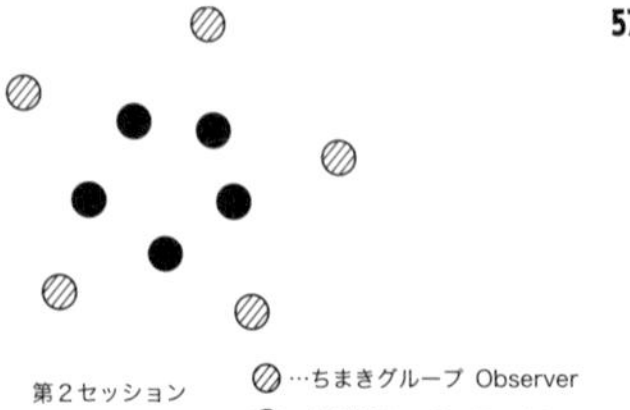

58

	1	2	3	4	5	6
ちまき	P	O	P	O	P	O
柏餅	O	P	O	P	O	P

この6セッションを実施、その後ふり返り。第1セッションのPにあたるグループ(ちまき)は話し合いテーマを元に通常の話し合い(グループワーク)を行い、Oにあたるグループ(柏餅)はそれを観察する。第2セッションからはP(柏餅)は前

って思った」「だんだん和やかになってきた」というふんわりとした雰囲気を語る人、「コッコちゃんは図を描いていたけど、別の人が話し出すと発言のタイミングを逃していたみたい」と個人のプロセスを語る人。柏餅グループのメンバーは15分の前半は主に事実をとりあげていたが、後半からは「タッさんがこういう表情だったのは一人で何か考えてるように見えた」「コッコちゃんが話し出せなかったのをまわりの仲間がメモを見て引っ張りだそうとしてたのでは」等、事実と推測が入り交じる展開になった。「プロセス」について話してはいるものの、なんとなく浅い印象が否めない。観察ができていても、それを話すことに気恥しさや遠慮、「これでいいのかな?」という手探り感も見られた。そこでもう一つ突っ込んだ視点で実習の時間を過ごしてほしいと考え、第2セッション終了時にプチ講義を差し込むことにした。

実習の途中でプチ講義をはさむ

実習の進行具合を見て、全体に情報発信をしたり、ここまでの体験から見えていることをフィードバックしたりすることで参加者がより動きやす

セッションで観察した相手グループのプロセスについて話し合い、それをO(ちまき)グループは外から観察する。これが3セット(6セッション)繰り返される。

くなることがある。今回はここまで見えた各グループの様子や言葉にされた疑問、発言、等を拾って「プロセスを見るってこんなことに気をつけると良いのでは？」という視点を伝える。

①評価的な目線でなく、何が起きていたか、観察した事実（データ）を元に話すこと

↓「沈黙が重い嫌な雰囲気」「和やかな空気」「活気があって良い」等、個人の中の良し悪しや評価基準を持って話していないか？　をチェックしてみよう。感じることは大切だけど、自分はなぜそれを感じたのか、自分のイメージしたプロセス像にあわせて良し悪しを判断していないか、など、もう一歩突っ込んで観察事項を話し合ってみよう。観察する人はそこまで突っ込んで観察しよう。

②話し合う際には、「皆が○○してた」や「言っている人がいた」等のようにぼやかさずに、「誰々が『○○○』と言った」等、遠慮せず明確に話すこと

↓観察者が対象の個人への遠慮からあいまいに言うことで、明確にならないだけでなく話者にも観察者にも遠慮の壁ができてしまう。学び合う仲間であることを信頼して、明確に伝えよう。

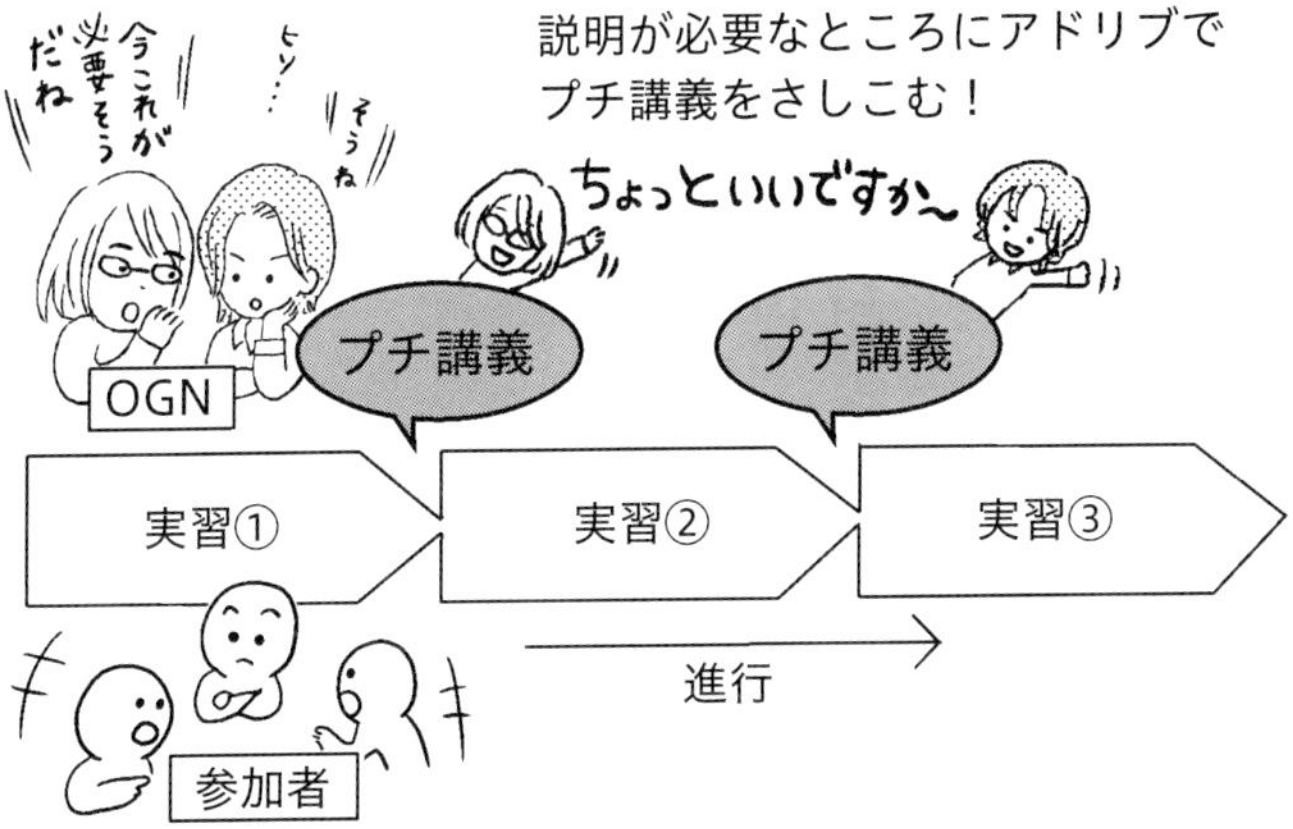

プチ講義は実習の様子を見てタイミングよく

③コンテンツ「何を」話していたか、を話しちゃいけないわけじゃない

↓プロセスの動きはコンテンツの流れの変化に伴っている場合も多い。コンテンツと並列してプロセスが述べられることはありうるので、「絶対コンテンツを話しちゃダメ」とこだわらないように。

④記録の仕方の方法、バラエティを提示

↓ソシオグラム[59]のように、お互いの関わりが視覚化できる方法もある。活用してみよう！

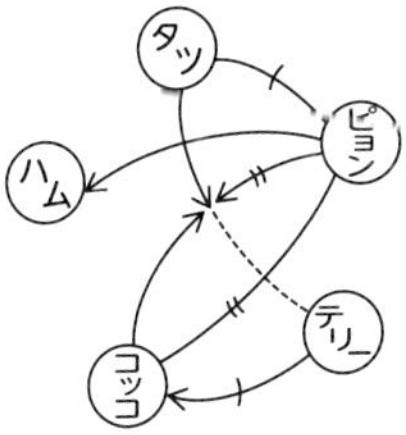

59 グループのメンバーの関係を図で示す方法。ここではメンバーを○で図示し、やりとりを線でつないでいく方法を示した。

以上、４点を伝える。

①と②については、単なる観察の視点だけでなく、グループの成熟に関わる部分でもある。この実習は相互のグループやメンバーに対しフィードバックをするという体験でもある。明確に観察結果が述べられると、実施グループの気づきが促進されるのだ。とはいえ、観察したグループは「相手に失礼だから…」「こんなことを観察したと言ったら、どう思われるか…」という懸念から観察結果をぼやかして話し合いがち。ＯＧＮは「あくまでお互いが学び合う材料です」「観察された側からすると、そうじゃないんだけどなーってこともあるかもしれないですね」「良い、悪い、ではなく観察する側からこう見えたという事実を取り上げています」等の言葉かけを随所で双方のグループに伝えて、懸念を下げるように働きかけた。

第3セッション～だんだん焦点が絞られてきた

ちまきグループの二度目の話し合い。ソシオグラムの説明をしたことが効を奏したのか、タツさんが「ニョロさんが話すとトラさんがのっかる図式が続いていたのが見えた」という話をした。そこから「ソシオグラムで関係の線であまり結ばれなかったメンバー（メイちゃん・モーさん）がいる時間があったよね」とやりとりに着目しながらグループをとらえる視点が取り上げられるようになってきた。その中で「え、そこ全く気づかなかった」という発言が何箇所か出た後、コッコちゃんが「わたし、モーさんの行動を全くとらえられてなかったのは、なんでかなーって思ったら、ちょうど真後ろだったんだよね」と発言。ノンバーバル、表情をキャッチすることの大切さが話題になり、物理的な「立ち位置」についての気づきも取り上げられる。そうそう、だからファシリテーターの立つ位置[60]って、結構重要なのだよ!!　後半は「どんなふうに記録をとったのか」についてメンバー同士の記録を見合う。「時系列で書こうと思ったけど無理があるよね」「個人を見るのか、グループ全体を見るのか?」等の疑問が出てきた。グループを見るときの大事な視点にかかわることなので、ありがたく後でプチ講義に使わせてもらうことにする。

再度のプチ講義〜参考図書とつなげる

焦点がだいぶ絞られて来たので、よりプロセス（特にやりとりやグループ

60
集団を相手にするときの立ち位置については
⬇**道具箱14**「コ・ファシリテーターの目的と働き」参照。

の関係性）に目が向くように、第3セッション終了後、ここでも短くプチ講義。

①「赤本」のプロセスについてのページ紹介→「赤本」（『人間関係トレーニング第二版』）の41～47ページがこの実習に役立つよ、ということを伝えた後で、特にどんなところに着目してグループプロセスをとらえるかについて、46～47ページの項目を読み上げる。（グループ内のコミュニケーションやリーダーシップ、グループの規範、あたりが今回使える視点）

②連続性の中で見ていくこと→何かがあって動きが起こる（第3セッションで、ピョンちゃんがタツさんの発言を聞いたことで、自分の観察との違いに気づき、その後グループがそのポイントとなったプロセスについて話し出したことなどがその例）。動きにのみ注目しがちだけれど、その前に起きていた何かが連続してグループ（場）を動かすことがある。

この辺をつかんでいくと、よりグループプロセスが見やすくなるかも、と伝える。参考までに私が着目する「場の動き」を作る行動は、メンバーの誰かが「自分はこういう気持ちだった」という「自己開示」。グループ（場）

に大きく影響することが多い、なども伝えてみる。

第４・５セッション〜前セッションの学びが活かされてくる

第４セッション。話をするのは柏餅グループ。スタート時にニョロさんが「場が止まるとピョンちゃんが口火を切るよね！」とメンバーの役割行動に着目してグループプロセスを語り出す。それを元に「そうそう、でトラさんが話した後に、ハムくんが話す順がなんとなく流れで起きているよね」等々口々に前のグループの中にあった「役割」や言語化されない「決まり（規範）」を口々に話し出す。焦点が明確になったためか、みんな話しやすそうだ。一方で、観察する「ちまきグループ」は物理的な立ち位置を意識して、動きまわりながらの観察。前のセッションでの学びをそれぞれが活かしながら、ぐっと進んでいく印象。

ほぼほぼいい感じで進んでいるので、第５セッション開始時には一言だけ「個人のプロセスがグループにどう影響しているのかに目を向けていくこと」を伝える。塾という仕事柄、私たちは個人のプロセスを観察するのは得意で、細かく見ることができる人も多い。できていることをさらにグループの観察に活かせるように、あえてもうひと押し。

第５セッションスタート。ちまきグループ。開始時に、ピョンちゃんは「言いたいことあるけど、言いにくい〜！」と笑いながら「口火を切る」という役割からちょっと離れる。そのことでタツさんが観察結果のシェアをリード。発言の少なかったハムくんも図を示して話し出すなど、またグループの状況に変化が生じてくる。これこれ、こういうところですよね。前セッションの柏餅グループの観察がちまきグループの動きに影響を及ぼしているのですが、こういう変化は観察のしどころです。グループメンバーの顔が上がってお互いを見合う時間が増えてきている。同時にメンバーが話したことを受け取って「それってこういうこと？」と確認し合ったり言葉を添えたりが増えてきた。単に自分の観察を「述べ合う」状況から、やりとり、応答が増えてきている。このあたりも柏餅グループのメンバーがキャッチできているといいけどなぁ。

最終セッション〜観察しながらもグループ状況が深まっていく

いよいよ次は最後の第６セッション。座った柏餅グループは、前セッシヨンでのちまきグループについて「グループの流れが変わった」「参画が上がって、一体感が出てきたみたい」と話し出す。変化をつかんでいる様子！くわしく言うと、どういうこと〜？　と思って見守っていると、モーさんが「グループの中でハムくんが図を皆に見せたじゃない。あれで皆が前のめりになって、お互いに図を指しながら話す、聞くが続いたよね」と個人のかかわりの変化がグループに影響していることの具体を話し出す。そうそう、そういう「データ」を明確にしていくのが大切！

これらを話している「柏餅グループ」メンバーは、目線が上がり、お互いに顔を見ながら話を進めている。さらに誰かの発言を「確かに、こういうところがあったよね」とか「そうそう、それで〜だったね」という肯定が小さく起きたり、「えー、そんなことあったっけ？」「それってタツさんが言ったんじゃなかったでしたっけ？」と違和感を直接相手とやりとりする様子もあって、今までより「やりとり」が明確になっていて、グループ状況はやっぱり進んできているのがわかる。

本来はこの第6セッションで終了し、ふり返りなのだが、せっかくちまきグループが観察したので第7セッションとして短く観察結果を話す時間をとった。その後2グループあわせて一つの輪になって座り、ふり返り。[61]

61 日能研では、子ども達にも「ふり返り」を学びに活かそうといっている。そのときに大切にしているのが「何が起きた？」「なぜ起きた？」「次どうする？」の3つの「？」である。一般的に〝体験学習の循環サイクル〟と呼ばれることが多いが、日能研内ではこれを「ふり返りサイクル」と呼ぶことが多い。

「何があった」「それはなぜ」「次どうする」について話す時間ではあるが、グループにいるときどんな思いでいたか、何を感じたかの共有で大いに盛り上がる。

この実習の面白いところは、前のグループの観察をフィードバックとして、グループプロセスが少しずつ変化（深化）していくところ。観察結果＝フィードバックを受けて、各個人が自グループのメンバーへの働きかけを変えていく。そのことでグループの状況が変化する。最初あった緊張や様子見が減り、役割の変化や自己開示でだんだんとグループの中でより自由に、親密に各メンバーが話せるように変化していく。

今回は実際にそんな変化があったことがふり返りの中で話された。メイちゃんが「最初はとにかくこの時間をやり過ごそうと思っていたんだけど、観察を聞いていく中でかかわり方を変えてみたら、自分の中で変化が生じた。グループの皆がぐっと近く感じられて、リラックスしてきた」と発言。こんなふうにメンバーとしてもプロセスの変化を実感すると、より観察の視点も増えるのだろうと思う。

長時間の実習だったが、この第４期ＦＴＴのグループメンバーがより近くなったように感じているからか、「プロセスを見るってこんな感じ」がふんわりとつかめたからか、みんなタイマーが終了を告げてもワイワイと活気を失わずに話し続けていた。

実習を終えて～気づきを話す　まとめの時間

この後、プロセスに関しての質疑や小講義の時間をとっていたが、各セッションの間で小出しにプチ講義を入れたので、ここではポイントだけ。やってみた感想を踏まえて、自分はどんなレンズやフィルターを通して見ているのか？　について簡単な資料を渡す。こういう資料をやる前に出すのか？　やってから出すのか？　迷うところだが、今回の感想をきくと、「観察する視点の違い」に皆さんが興味を向けている様子なのでこのタイミングで情報提供した。心配していた後出し感などは特になく「だからコ・ファシリテーター[62]の存在って大事なんだね！」と受け入れられた様子。

ＰＯＰＯＰＯは１５０分で予定していたが、情報提供なども あり、だいぶ押してきた。が、ふり返りのためにジャーナル[63]を個人で書く時間は短くても必ず確保する。個人作業の後、全体共有と質問・疑問の時間を短くとった。コッコちゃんから「沈黙が苦手だったんだけど、今日は気にならな

62
コ・ファシリテーター：Co↓協働で、共に、相棒・パートナー。ファシリテーターと共にグループの成長成熟に関わる存在。関わり方は多様だが、ファシリテーターとの連携をとっていくことは必須。コ・ファシリの関わりについては**➡道具箱14**「コ・ファシリテーターの目的と働き」参照。

63
ジャーナル(Journal)：記録・日誌の意味だが、ここではふり返りのために事実を記録し、それを分析するシートを指す。

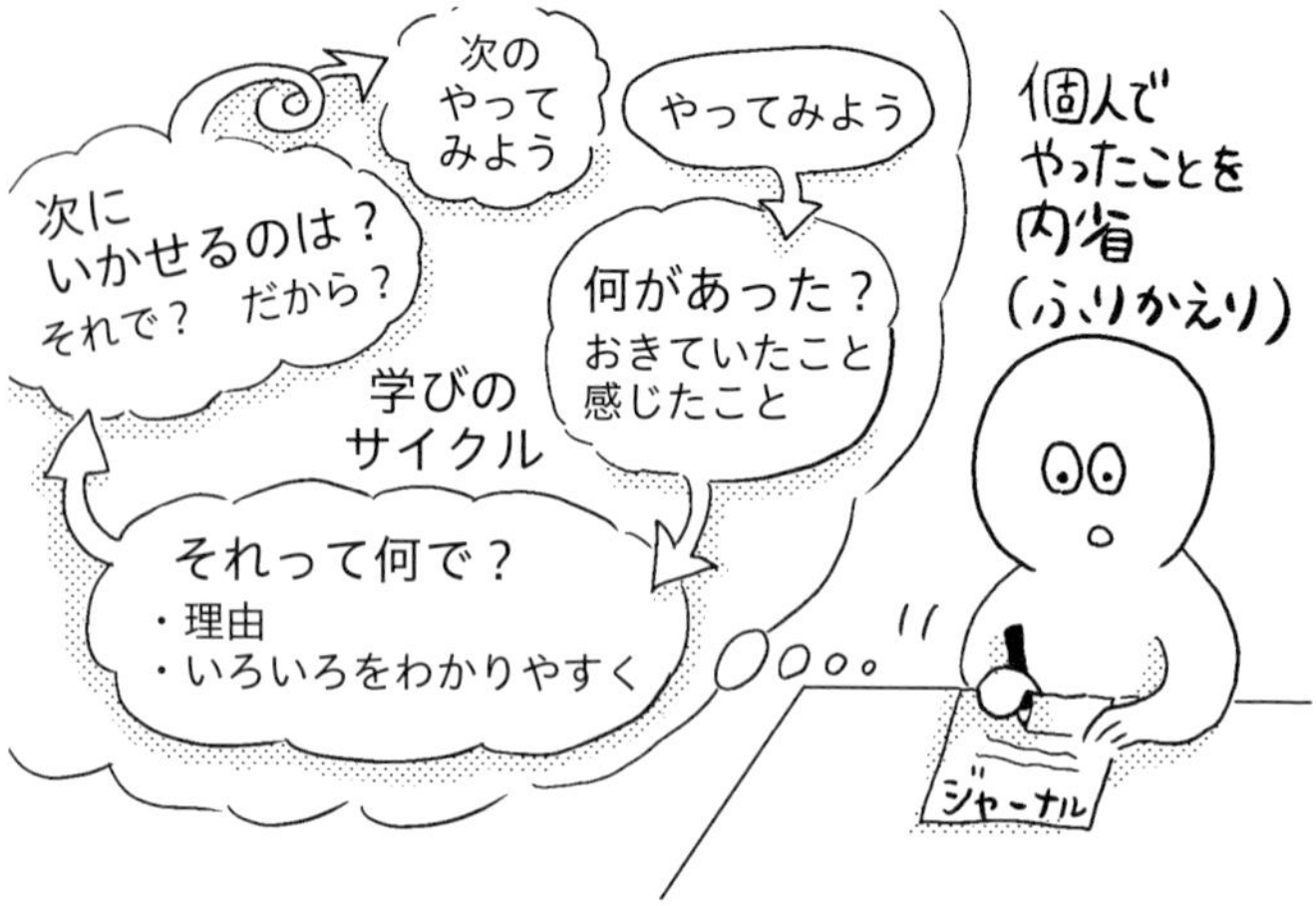

毎回の終了時にふり返り、ジャーナルに記入

かった。信頼があったからでは？　と思った」という感想と「ファシリテーターとして初見の人との信頼関係作りや、沈黙が気にならないような働きかけで工夫できることってありますか？」という質問が。「沈黙」。大きなテーマですよね。直さんからは「沈黙をどうとらえるのか、も大切。関係や課題、質問の難しさなのか。沈黙にも種類がある。それを知った上でどうやったら話しやすくなるか、安心できる雰囲気がつくれそうか、を考えることかな」とアドバイス。ＯＧＮからは「ファシリ

テーターの道具箱の中にも[64]、座り方やグループサイズなど、話しやすい場づくりのヒントがあるよ」と情報提供。

おさらいKP第2回はバージョンアップ

まとめのその一は第4期から実施するようになった「おさらいKP」。ファシリテーショントレーナーは、自分の学んだことを「言語化」する力が不可欠だろう、ということで、毎回今日の学びを誰かに向けて語る練習をする。今日自分が学んだことを第三者にわかりやすく伝える準備を、KP作成を通してやってしまおうということ。前回、初めてのおさらいKPは、一日を経験して感じた個人の印象だけを語る人が多かった。それも大切なのだけど、あくまでも学んだことを「トレーナーとして」語ってもらうのがここのねらい。なので、「どんな経験をしたのか」「それにはどんな意味があることなのか」「ファシリテーションとの関連は」など具体的な表現を盛り込むようにOGNからリクエストが加わった。直さんからも「シンプルに…でも前回よりももう一歩踏み込んで！」とエールが送られる。

日能研のメンバーは「心が動いた」「気持ちが動いた」ことを大切にして

64 「日能研ファシリテーションの道具箱」。主に第1期、2期のファシリテーション・トレーナーとOGNを中心に作成したファシリテーションの技を書き出しまとめたもの。その後も書き足したり変更を加えたりしてきた。タイトル一覧は85ページを参照。

「語る」ことが多い。個人の特性もあるのかもしれないけれど…結果その人にヒットした「部分」についての主観的な事実だけが取り上げられることも多く、聞いている第三者にとっては「で？」ということになりがち。体験したことを言葉で伝えるとはそもそも難しいもの。「研修を受けていない人への理解をつくる」という点についてはまだ細かい工夫を加えていく余地があるかもしれない。

　バージョンアップしたテーマでＫＰプレゼン実施。今回はＬＰの２人が分かれて、２つのグループで実施する。一人が終わるたびにフィードバック[65]を書く。ＯＧＮも２チームに分かれ、プレゼンに対するフィードバックをコメントする。内容について、プレゼンのやり方について、それぞれが率直に赤・緑でコメント[66]する。今回のプレゼンは「プロセス観察に関しての気づき」が多かったが、前半の「自分を知るワーク」を取り上げる人もいる。さらにプロセスを見る視点や、観察された自分の居方を通して、改めて自分のスタイルについて考えた人も多くいて「場を見るわたし」について考えてほしいというプログラム上のねらいは概ね皆に届いていたのだなあ、とＯＧＮも胸をなでおろす。

➡65
道具箱15「書いて渡すフィードバックとその方法①」参照。
さまざまな場面でお互いにフィードバックをする機会を設けているが、おさらいKPに関してはA6判の用紙にメモ書きで書いたものを渡す方式。「共感したところ」「いいな、わかりやすいなと思ったところ」に加えて「ここは自分にはわかりにくかった」「ここを工夫するともう少し良いのでは？」ということについて記載するように求めた(そういう意味では、純粋なフィードバックだけでなく、改善の為のアドバイスも含まれている形式)

➡66
道具箱17「赤・緑コメント(ピア・レビュー)フィードバックとその方法③」参照。
日能研で子ども達同士が使っている「他者の視点」を活かす学びの手法。記述や書かれたものを仲間が読み、コメントを入れていく。その際に、読み手は赤と緑、2色の色を使い分けてコメントする。

第3回に向けての橋渡し

プレゼンが終わると、あとちょっとで終了…のホッと緩みがちな空気が流れるが、ここでOGNから次回(7月8日)までの課題や確認事項を事務連絡。やれやれという表情に水を差すようで心苦しいのだが…研修の感触を忘れないうちに伝えておかないと！　ということで、今回も「ログシート[67]の記載」「ブッククラブの進行」について、そして次回までの課題として「カスタマイズド道具箱」の作成[68]が伝えられる。次回会うまでの時間がどれだけ有効に使えるか、実は各部署に戻ってからが研修本番なのだ。

この後、まとめのその二、各自が一日の「ふり返りシート」に記入する。これはOGNのプログラム作成へのフィードバックでもあるので、コピーを提出。記入のスピードはそれぞれなので、ここからは流れ解散になる。

あとは今回欠席したイノさんの補講[69]をどうするか、を考えないといけない。実践形式のワークはリアルタイムで体験できないとフォローが難しい。OGNで相談して決めなくては…。そして、今日の最後にメンバーが書いたふり返りシートを元に、第3回の研修プログラムが組み立てられる。皆にどんな気づきがあって、どんな疑問が残っているのか？　メンバーの状

67 毎回この役を担当してくれていたまこさんは、よく「本当に嫌な役なんですけど…」といいつつも毎回きっちりと課題を伝えてくれた。ここで課題が出されるたびにようやく「自分ごと」になっていったのも事実。オフ・ザ・ジョブの場からオン・ザ・ジョブの場(むしろここが本番)にどう持ち帰ってもらうのかは研修をデザインする上での大きなポイント。この研修では実践を記録しておく「ログシート」を第２期から実施するほか、研修の進行と平行してブッククラブを実施していた。

➡**道具箱19**「ブッククラブ」
同20「職場での実践とその共有」参照。

68 「日能研ファシリテーションの道具箱」をより自分の使える技として意識してほしいという狙いで実施。道具箱を縮小印刷して一覧にしたシートから、①自分がやっていること、②自分が使いたいと考えていること、を切りぬいてそれぞれホッチキス止めするというもの。

況にあわせてプログラムは変化していくのだ。
後につなげることはいろいろあるけど、とにかく第２回はこれにて終了！

69 結局この後、個別で対応。実習の動画を見ながらプロセスについてを観察。説明と解説も特別に付けてもらった。イノさんは関連会社の社員ということで他のメンバーとは環境が違う（実践する場やファシリテーションに対する捉え方）ため、かなり丁寧にＯＧＮのまこさんが説明を加えてくれた。体験はできなかったが、動画があることでかえってプロセスを丁寧に見ることができた。参加者自身が見直す為に役立てたいという目的で撮影した動画だったが、補講への応用ができることがわかったのは、けがの功名と言えるかもしれない。

FTT研修でメンバー（主に１、２期生とOGN）が作成した道具箱一覧

事前準備

参加者の情報収集
仕込み
貼りモノ・置きモノ
コンビを組む
コ・ファシリテーターとのチームワーク
Let's事前KP

チェックイン

ブリーフィング
アイスブレイクdeコミュニケーション
お互いの名前の呼び方
一人一言チェックイン
4つの窓
始まりの一言ボード
寸劇でアイスブレイク！

フォーメーション

ワールドカフェ
机の配置
位置
話し合いの人数

サポートグッズ

飲み物
食べ物・つまむもの
音楽（環境）♪
ぬいぐるみ
理想のマグネットサイズ

時間

間
時間の管理
区切りの合図（鐘編）

場面で分けられるね

介入
コ・ファシリテーターの動き
認識がバラバラだと気づいた時
話さない人に声をかける
足場をかける
プチふり返り
一言チェックアウト
作戦タイム
一人一言の2周目
相手のタイミングを尊重する
問いかけ
援助的な質問をする　その１
援助的な質問をする　その２
二の矢・三の矢の準備

居方

気配を消す
ファシリテーターの居方（低姿勢）
ファシリテーターの居方（笑顔）
ユーモアの効用
自分のコトバを聞く
ダンボの耳
背中を向けて聴く
ネガティブサインを見つける！
自分を見つめる！
自分を知る！
意図してコンテンツに介入する
自分の失敗（談）を場に出す
コ・ファシリの居方
Let'sアイコンタクト！

小技

場をひと転がりさせる　小技１
場をひと転がりさせる　小技２
進め方を参加者に決めてもらう
もの分かり良くなりすぎない
明確化（言い換える）
確認する～ボードに書く編～
内容の整理～視覚化～
話し合いのテーマを書いておく
介入の仕方
ワードを場に出す　小技１
ワードを場に出す　小技２
かわりに言う
眠気・倦怠感をぶっとばせ！
ペチャクチャタイム
ブレインストーミング
細分化・明確化（一緒に）
１インストラクション　１アクション
メンテナンスのタイミング

介入実習100本ノックで暮れる夏の思い出

ファシリテーション・トレーナー・トレーニング（FTT） 第3回

川瀬雅子（まこさん）

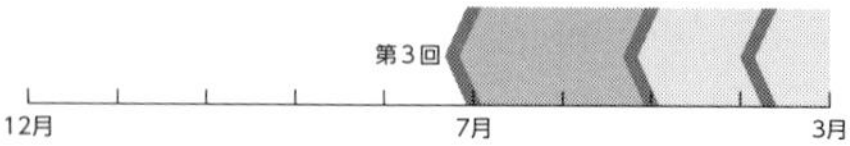

研修設計を手直しして臨む3回目

第3回研修は、夏期講習を控えた7月8日に実施。研修も折り返し地点を通過し、いよいよ中盤から後半へ。ここまでの参加者の個性や課題への取り組み度などを踏まえつつ、研修後半でどんな働きかけをしていくか。参加者の成長具合を一人ひとり確認しながら、研修の目標設定を調整し、今後どう研修をつくっていくかを考えていくのが、第3回目研修の難しくも面白いところ。さて、今日はどんな一日になるだろうか。

自分が使っている道具箱はどれ？

今回は研修開始前の30分ほどの時間を使って、宿題として課していた「カスタマイズド道具箱」づくりのワークを入れた。この道具箱[70]は主に１、２期生とＯＧＮが学び進めていく中でつくっていったもの。技をパッケージ化しておくと、使いやすいだろうという直さんの提案で作り始めた。今は当たり前となっている小さな技の多くが、これを作成した頃の我が社にとっては新鮮だった。今見返すと、当たり前すぎて廃番にしてもよさそうなものや、汎用性が高く今でも使えるものなどさまざまなものが入っているが、すべてそのままにしてある。いくつか紹介すると、「ネガティブサインを見つける!!」や、「気配を消す」のようなファシリテーターとしての姿勢について触れているものもあれば、「内容の視覚化」、「話し合いのテーマを書いておく」のようなちょっとしたファシリテーション技術らしきものもある。

70ほどある道具箱の中から自分がすでに行っているものと、これから使いたいなと思うものを分けて持ってきてね！　というのが今回の課題。それぞれがピックアップして持ってきた道具箱を参加者が互いに見合った。

70　85ページ「ＦＴＴ研修でメンバー（主に１、２期生とＯＧＮ）が作成した道具箱一覧」を参照。

メンバーがそれぞれ道具箱から持ってくる

「机の配置」や「背中を向けて聴く」などファシリテーションの基本スキルについてはよく使っているという人が多かった。

また、これから使ってみたいものとしては、「自分の失敗（談）を場に出す」や、「もの分かり良くなりすぎない」などが挙がった。

さてウォーミングアップも済んで、まもなく開始時刻の10時。今日は介入実習を通して「プロセスを見る」ことがねらい。なので、介入実習のあとのフィードバックにしっかり時間をとって、実際の場の中でプロセスを見るというのはどういうものな

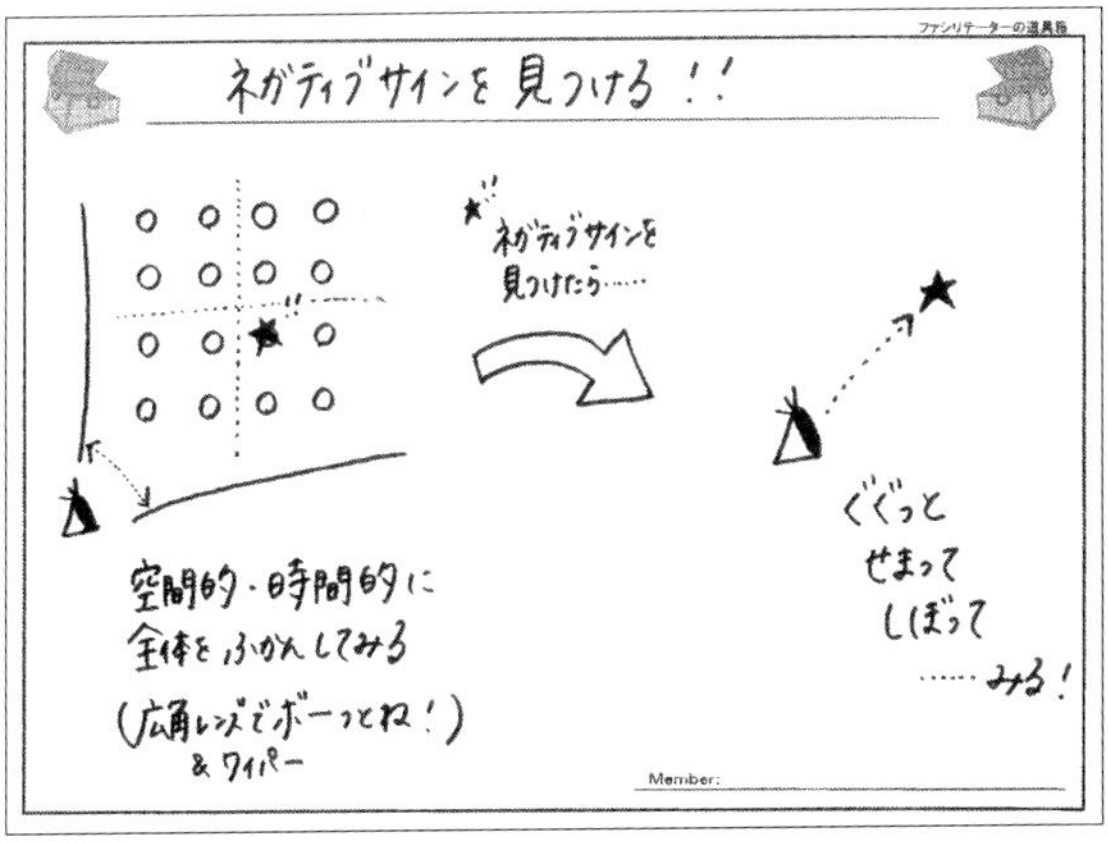

「日能研ファシリテーションの道具箱」は、研修参加者がつくり、増やしていった

のかを学んでもらいたいと考えて研修を設計した。プロセスへの気づきがどれほど生まれるのか、というところが今日のポイントだ。

いつも通りのスタートを切る

いつも通り全員で輪になって10時にスタート。今回は10人全員そろっている。直さんのあいさつののち、一人一言ずつのチェックイン。その後ＬＰ同士隣に座って、前回の研修から今日までに起きたこと、こんな介入してみたよ、などファシリテーションにまつわるあれこれを分かち合う。皆研修で学んだことを日々の中で何らかの形で実践している様子がうかがえて一安心。こうやってみたけどうまくいかなかった、こうやったら～こんな反応があった、のような話があちこちから聞こえてくる。

皆が声を出して場が和んだところで、今日の流れのＫＰ。第３回研修のねらいは、「意図的に介入する」、そして「Ｆ講座の準備をスタートする」の２点。今回はねらいをそのまま反映させたようなタイムスケジュールで、今日の大半は実習に費やされる。半日以上かけて介入実習＆フィードバック×５回。全員が当事者になるということだ。こうした実習中心の研修デ

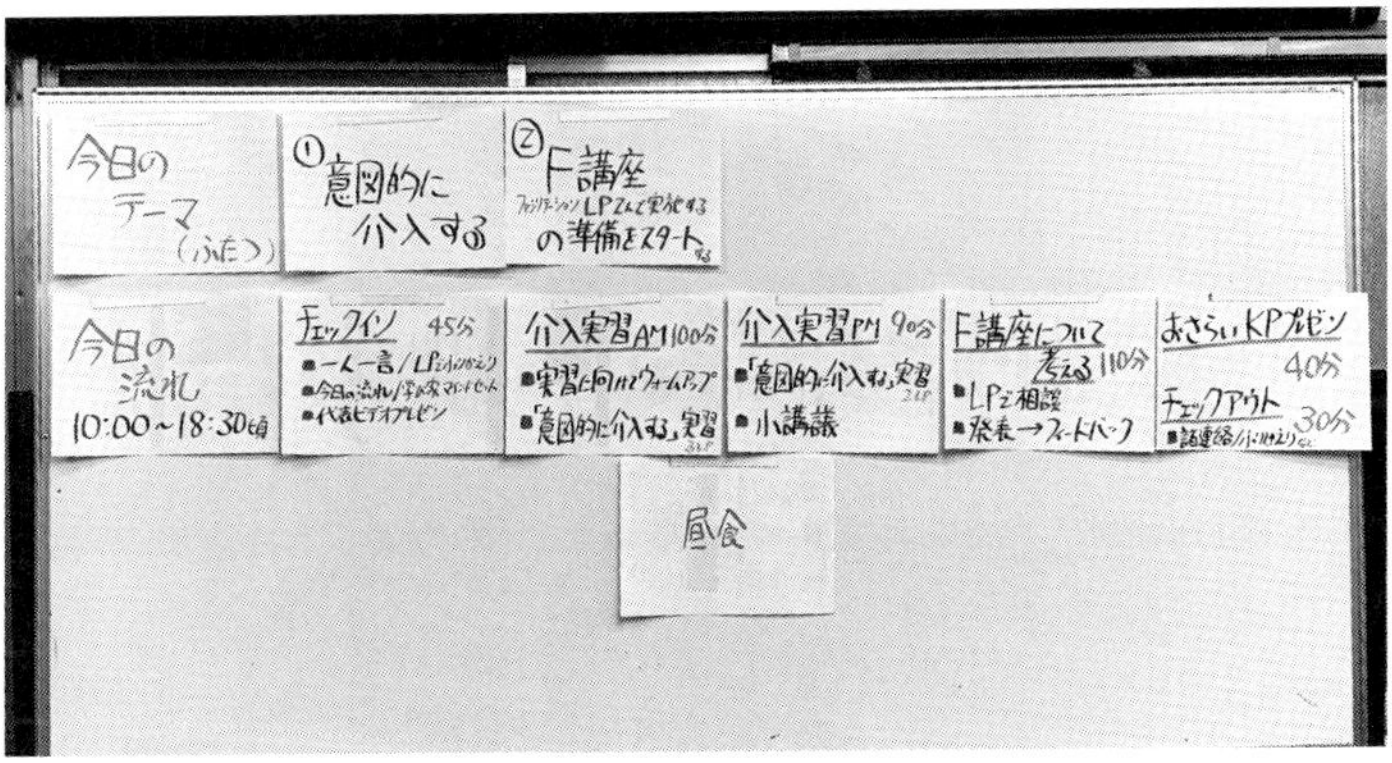

今日のテーマと流れを示したKP

ザインのときは、介入実習後のフィードバックで、どのように必要なことをタイミングよく渡し、気づきをどう表面化させていくかというところが研修実施者のポイントだと考えている。

介入についてのビデオメッセージ

さて、毎回恒例のミッキィ（代表）のビデオメッセージ。今回は介入に焦点を当てた内容になっている。タイトルは「介入する、できる」、「介入することで自分を育てる」の2本。介入するときの一番のポイントである、「介入とは、氷山の水面下にあるその人の前提に介入していくことだ」とい

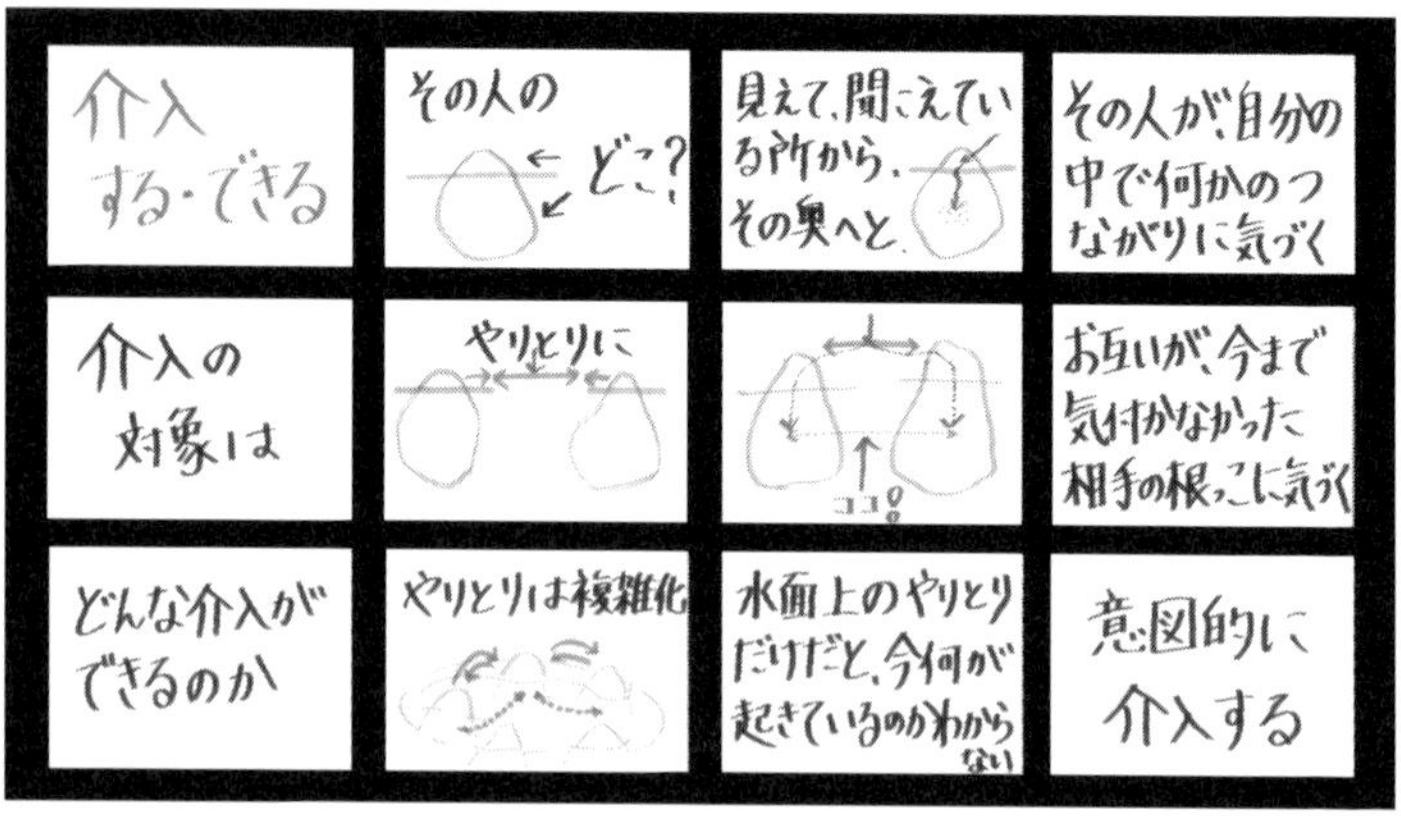

ビデオメッセージ「介入する・できる」のKP

うメッセージが全面に出たＫＰ。ふむふむとうなずくメンバーたち。頭ではわかっていても、実際にそれを行うのは難しいんだけどね。

チャレンジしたい介入フレーズは…

いよいよ今日の本題の介入実習に入る。その前に「何のために介入するの？」という素朴な問いがタケちゃんより投げられる。まずＬＰで話し合いその後全体でシェアした。「質の高いアウトプットをするため。それができる安全な場をつくるため」とか、「時間内でより価値のある場をつくるため」とか、「限りある中でうわべだけのやりとりにならないようにするために」などいろいろな意見がメンバーの口から出てくる。これを聞いただけでも、今までの研修で行った内容が個々人の中で咀嚼されているんだなということがわかる。メンバーの理解度をさらっと確認してから、介入についてのミニレクチャーに入る。ちょっとしたことだが、相手の状況を確認してからレクチャーをするというのは参加型の場づくりにおいて、私たちが大切にしていることだ。

さて、そのレクチャーの中身はというと…目的や考え方ではなく、介入する時にこうやって言ってみるといいよ、という具体的なセリフをベースにしている。「○○っていうのは、どういう意味で言ってるの？」、「私から見て、△△が××のように見えるけど、どうかな？」などは、その人の認知に踏み込む介入としては使いやすいフレーズだ。

今回フレーズで言葉を渡したのは、とにかく使ってみてほしいというタケちゃんの配慮だ。が、場を読み、それをどのタイミングで使うのかが実は非常に難しい。慣れると自然と流れの中で出てくるが、慣れるまではとにかくやってみるしかない！　その反応を見て、自分の糧にしていく。直さんがよく言う「場数」を踏んで、ふり返りをしていくことが結局は介入上達への近道になるねと皆を励ます。

このレクチャーの最後に、いわゆる司会者的な「○○さん、どうですか?」だけではない介入をしてね！　と念を押して、さあとにかくやってみましょう、と送り出す。

１００本ノックのような介入実習がスタート

レクチャー後は、介入実習の手順の説明。今回は、ＬＰでファシリテーターとコ・ファシリテーターを担う。参加者7人はテーマについて話し合い、観察者(1名)は、後のフィードバックに備えて観察によって得られた情報をメモにとる。話し合いは第1回の介入実習同様、20分×5回のリレーファシリテーション形式。前回の介入実習と一味違うのは、実習前に作戦タイムが30分あるということ。各ＬＰはこれからの話し合いに向けて、まずテーマを選び、それについてどのように仕掛けていくかを話し合うことができる。

その裏でスタッフはビデオ撮影の準備。機器類によくあることで、いざ使おうという時になって、接続不良だったり、配線コードが無かったり…今回はビデオ撮影するのに音が拾えない！　というトラブルがあったがなんとかスタートに間に合った。10人のメンバーは、ビデオ撮りもあり、ミッキィ(代表)も近くにいたりするので、全体的にピリリと張りつめた空気。

準備も整い、いよいよスタート。トップバッターは、テリーさん&モーさん。テーマは「学習アドバイザー[71]以外の資格を(社内で)つくるとしたら?」だ。ファシリテーターのテリーさんの「じゃ、どうぞ」に皆苦笑い。冒頭からどうぞって言われてもねえとつぶやきつつも、話し合いは始まる。司会進行役的な介入から入ることが多いテリーさんとしては、自分がいつも行っているやり方が禁じ手とされてしまい、調子がくるってしまったのかな?　ともかくも話し合いは始まった。まずは、現行の学習アドバイザー資格の中身などを確認してからのスタート。初級私学ソムリエ[72]なんかどうだろうか?1級、2級としたら保護者にもわかりやすいのでは?　など、結構面白そうなネタが出る。こういうコンテンツがはっきりしたテーマの話し合いは、内容にひっぱられやすいのでファシリテートするには注意が必要なんだけどなあ…。こちらが思っていた通り、落とし穴にはまっているような気もする…。テリーさんは、やはりいつの間にかコンテンツの進行をしているし、そもそも介入回数が少ない。介入するための実習なのに、介入する回数が少ないと、フィードバックもしにくい…、トライ&エラー

のひとつであり、初級学習アドバイザー研修をすべて受講し、修了した社員のことを「学習アドバイザー」と呼ぶ。原則として入社2年目の社員に参加資格があり、すべての社員がこの研修を受けている。そのため、話し合いのテーマとして扱うには盛り上がりやすい素材だ。研修の内容は、コミュニケーションスキル講座、データ活用講座、各科目の理解を深める講座など10項目以上ある。

72　「ゲスト」「料理」「ワイン」の3つのシナジーで最高の食体験を生み出すのがソムリエならば、日能研のスタッフは「私学ソムリエ」でありたい。「子ども」「家庭」「私学」。3つのシナジーで進学後の6年間に、さらにその先の未来に、特別な価値をつくりたい。そういう思いでつくった言葉。私学の建学の精神と教育の理念を理解し、子どもの特徴を把握し、その子どもを育む家庭の選択すべてを鑑みて、最善の選択肢をつくるのが私学ソムリエの仕事である。

をしていいんだよ！　と心の中で叫ぶが…その後もどんな資格がいいか、というコンテンツ面で話はそれなりに盛り上がり、こちらの気持ちはもちろん伝わらずあっという間に20分が終了した。

実習後は10分間の主にＯＧＮからのフィードバックタイム。場を動かそうと思うとコンテンツの提案になってしまっていたねというタケちゃんからの指摘。「そのほかに(話したい事柄は)ありますか？」のようなところがその例。惜しかったところは、「資格にしないとギスギスしちゃうよね」という意見が出たあたりはもっと突っ込んでもよかったかも。そのあたりを掘り下げていくと水面下にある個々の価値観に目を向けた話し合いになっていたのかもしれない。というコメントが入る。

ミッキィ(代表)からは、「今日テーマにしている、意図的に介入するというような介入はほとんどなかった」という厳しい言葉をもらう。かなり厳しい口調でのフィードバックに、場の緊張感はますます高まっていく。ＯＧＮのコメントのあとに、かぶせるようなミッキィ(代表)からの評価。私たちＯＧＮは相手の様子を見つつ、少しずつギアを上げていこうと思っているのだが、どうやらそういう考えには賛同してもらえないようだ。

習った技を実習で使うことで得られるものは…

気を取り直して、介入実習2回目は、ハムくん&メイちゃんがファシリテーター役。テーマは「公立っぽい私学、私学っぽい私学を見分けるポイント3つ」。態度や声からかなり緊張している様子が見てとれるが、場を盛り上げようと明るくふるまうハムくん。「さっきとは座席を変えて、気分も変えて再スタートしましょう」というかけ声がやや空回り気味だが、相当気合いが入ってることが表情から読み取れる。テーマを確認した後、いきなりの「PKTをしてみましょう」という提案がハムくんよりあった。皆、もうPKT？　という若干の違和感を抱えながらも、とりあえず話し始める。その後共有の時間になると、メイちゃんが輪の少し外側の床に座り、場に出たキーワードらしきものをA5サイズの用紙にどんどんと書き込んで、[73]輪の中に置いている。どうやらファシリテーショングラフィック[74]を使って、議論の見える化にチャレンジしているよう。ただ、参加者に何の断りもなく書き続けているのがちょっと気になる。話し合いをしている皆も気になっているだろうが、誰もそのことには触れない。メイちゃんが握っているペンは時間内に他の人に手渡せるのだろうか…きっと時間内でいろいろな

73　➡道具箱8「A5カクハル」参照。

74　ホワイトボードに書いてはいないが、小さい紙にキーワードを書いて、皆の真ん中に置くというのも一種のファシリテーショングラフィック（通称ファシグラ）のやり方のひとつ。

試みをしようという作戦なんだろう。が、２人ががんばりすぎて、周りが引いてないかな？　と少し心配になる。ちなみに今回のテーマも、それなりに話が進みそうなネタだ。日能研は私学（私立中高一貫校）の応援団だし、参加者もさまざまな経験を豊富に持っている。具体例もたくさん出てくるし、想定した通りなかなかの白熱ぶりだ。こういったテーマは、自分の価値観が前面に出やすいので、ファシリテーターが相手の価値観に踏み込む介入のチャンスはたくさんあるはず…だが、今回も前回に引き続き、コンテンツにばかり焦点があたっている。結局面白いエピソードはいくつか出たが、結論が３つにまとまらないうちに20分が終了した。でも、ファシグラが功を奏したのか、参加者からは、話しやすかったね、という声もちらほら聞こえてくる。

価値観を引っぱりだすって難しい

フィードバックの時間になり、ファシリテーター役であったハムくんとメイちゃんからは、「互いに合図を送り合ったり声を掛けあったりして、ひとりじゃないという安心感が生まれた」というコメントがあった。コ・フ

ファシリテーターとコ・ファシリテーターの非言語コミュニケーションも大切！

ァシリテーターがいるメリットを感じられたようでなにより。OGNからは価値観にもう一歩踏み込めたのに、惜しい瞬間がたくさんあったよね、という指摘が。具体例として、「(公立出身者に対して)自分の経験を否定されたような感覚を持っているんですね」とか、「(自分のエピソードを語った人には)自分の経験を中心に考えてるんですよね」など。相手の価値観に踏み込んでいくと、相手が何を背景にしてその話をしているのか、明らかになる。相手が根っこに持っているものを理解し合えると、話し合いの深まりが増していく、などなど。価値観に触れていくというこの感覚をぜひつかんでもらいたいが…話を聞いている皆の顔を見ていると、なかなかハードルは高そうな様子。

　ファシグラについては、チャレンジしたこと自体は素晴らしいが、勝手に自分でキャッチし解釈したことを書くのではなく、参加者に「言葉はこれでいい？」と確認するのがポイント。そうすると、そうそう、いやそうじゃないなども含めて、動きが出てくるし、参加者主体の場なんだというメッセージがにじみ出るよ、とアドバイス。

　ミッキィ（代表）からは、「スパイラルアップのためには、対立を明確にしていくことが大切。対立を表面的におさめていくことが仕事ではない。感情的な対立ではなく、どこがどのように違うのか、ということを明確にしていくことが必要だ」というお言葉をいただいた。

　ここでメンテナンスタイム。スタッフはお昼をとりながら、実習の感触を言葉に出して確かめる。皆、意識的に仕掛けようとしていることがよくわかる。が、今回のテーマである介入に目を向けると、全体的に思った以上にファシリテーターがコンテンツ進行役的になっている。プロセスに目を向けてもらうには、どんな働きかけをしたらよいかを確認しつつ、午後の準備に入る。

介入実習後半スタート。プロセスに目を向けていくには？

午後の部がスタート。午前中の様子を踏まえて午後のスタートでは、介入する上で大切にしたいことをタケちゃんが再確認。介入しやすくするための場づくりを自分でしたり、場に投げかけてみることも大切にしましょう、と伝える。さらに続けて、ミッキィ（代表）も一言。「介入の練習をしてるんだから、たくさん失敗しよう！　そして介入の質を上げよう」。こういう援助的な発言があるとやってみようかなという気持ちにもなる。いつもプレッシャーを与えるばかりではね。また、「対立」というとどきっとしてしまうが、違いがあらわになるように仕向けることもファシリテーションの大事なポイントのひとつなのは確か。

テーマが魅力的すぎた？　新人研修をテーマにした実習

介入実習３回目のテーマは「ＳＮＳ世代の人たちの新人研修には、何が効果的なのか」。ファシリテーションするのはイノさんとタツさん。イノさんが口火を切ってスタート。イノさんは進行役的役割を行い、タツさんがホワイトボードにファシグラしていくというスタイルをとるという作戦を立てたようだ。皆は馬蹄形に座り、動きのあるホワイトボードのほうをなんとなく眺めつつ話す感じになっている。タツさんが話題やキーワードを書いてはいるが、イノさんの介入が、やはりこれもまたコンテンツの進行中心になっているので、話はなかなか深まらない。思い切って進行役という立場から降りちゃえばいいのに…と思うが…。結局今回のテーマも先ほどと同様、自分の価値観が表に出る瞬間がねらえそうなものなのだったが、ファシリテーターがそこをうまくとらえられず、内容についてのみの進行者的な役割をしていた。話し合いは途中から停滞したまま20分が終了した。

フィードバックでは、例えば「今みんな何してるの？」のようにシンプルに自分の感じていることを場に出していくことも場を動かすきっかけになるよ、とＯＧＮからのアドバイス。直さんからは、「あえて逆のこと、氷山の下のことを言ってみるのも手だよ。例えば、(SNS世代より上の)あなたたちはそんなに(良い)コミュニケーションができているんだ」のような発言をして、あえて水面下に目が向くようなことをすることもできるよ、という具体的なアドバイス。「(SNS世代より上の)私たちが感じる不安って、あの人たちにはないんだよね」という発言を受けて、「じゃあ、その不安って何なの?」と介入できたよね、など。いろいろと話が深まるきっかけとなる言葉は出ていたけれど、発言の意図を明確にしないまま話が進んでいっちゃったねという確認がなされた。介入の具体例が次々と提示されていて、私としてはとても勉強になって、メモメモ、という場面満載だった。

また、仲間からコ・ファシリテーターが参加者の中に入るのか、ファシリテーターなのか、はっきりしたほうがいいと思った、という発言があった。参加者が感じた疑問は大事だ。多くの場合、参加者からのそういったつぶやきを得られることは少ない。だからこそ研修という学びの場で、もっともっとみんなチャレンジしてほしいな。

それにしても、第1回目から比べると、使える道具が増えたし、皆意図的に場に仕掛けようという気持ちが感じられる。水面下に介入することにはなかなか手が届かなくても、その他の細かい仕掛けはかなりレベルアップしているね、とＯＧＮ同士で成長を喜び合った。

自分の会社のことは話しづらい？

介入実習４回目を担当するのはコッコちゃんとトラさん。テーマは「日能研の変わっているところ３つ」。これはまた今までとは少し目先のちがったテーマだ。自分の価値観というよりは、普段の業務と発言内容が絡むような気がするが、どんな介入が出てくるか。

他塾と比べていいところなの？　それとも昔と比べて変化が起こっているところのどっち？　という枠づくりから始まったこの話し合い。枠をつくったり言葉の定義に時間がかかって、中身の話し合いの時間がとれないパターンか？[75]と私たちＯＧＮはにらむ。ここで介入するとしたら、比較が必要ですか？　その理由は？　などと掘り進めることができるなあ、とは思うが…。

メンバーからは「他塾と比べて、と限定されると厳しいな」「基準は人それぞれでいいのでは？　個人的にはこれで日能研の強みを再確認できると

75
決め方を決めるのに時間がかかるのはよくあるパターン。こういう場合はファシリテーターの介入しどころだ。

焦るコッコちゃん

いいな」などとさまざまな発言が出る。その後、関連会社所属のイノさんに、外部から日能研はどう見える？　と質問するが、2つの会社による違いがわかっただけで、話し合いが先に進まず沈黙。その間も、ファシグラ役を引き受けた（ように見える）トラさんが会話から拾ったキーワード（のようなもの）を書いて床に置いていく。「何かほかにないですか？」と周りの人たちの顔を眺めつつ話すコッコちゃん。うーん、なぜ今沈黙が訪れているか、そこをつつくといろいろ出てくるのになあ。ここはネタに困っているのではなく、噛み合ってないことに戸惑っているんだよね…と心の中では思うが…。「社歴や年齢など関係なく、良い意見が出たら、それいいね！　と先輩が普通に言える風土がある」「結婚式のスピーチで上司が話したときに、相手側の会社は課長さんが本人のことを『そう伺っています』とか『うちの企業は』というような話が多い。一方、うちの会社の人たちはもちろんその人のことを知っているし、本人と対等に話をしてきた関係の人たちだ。互いにつながり合って仕事をしているかわかることなのかな」などとスピーチネタで大いに盛り上がったところで、ニョロさんが、「デメリットは、見合ってしまい、誰がやるか決まらないところかな」と水を差す。結局、後半結婚式のスピーチネタで盛り上がり、３つの特徴を出す方向に話が全く向かないまま、時間が終了。

フィードバックでは、タケちゃんからファシグラについて再度アドバイス。「『書きますね』とか、『違ったら言ってくださいね』と断って書くとか、『こういう意味でいいですか？』とその場で聞いてもいい。そうするとやりとりが生まれるよ」。またコッコちゃんが「真横に座っていたメンバーの表情がよく見えなかった」と言っていたことについて、ＯＧＮから「自分の場づくりの仕方によって介入しやすさも変わりますよ」と環境面や場づくりについてのアドバイスも加わる。

今回の実習を外から眺めていて、話し合っているメンバーから「３つを決めよう！」という意志がそれほど強く感じられなかったことは驚きだった。テーマのつくり方、成果物の出し方など実習のデザインの問題もあったのか？　どうしても実習というのはリアル感が少ないので、なんとかして案を出そうというモチベーションが働きにくい。今回３つとしたのは成果物を出すことで介入するチャンスが増え、その結果コンセンサスの質が上がるだろうことをねらっていたのだが…そう思った通りには作用しなかったよう。実習のテーマ決めは、何度やっても、うまくいったりいかなかったり…。これは、私たちの次回への課題だ。

本日最後の介入実習、今までのことを活かせるのか

短い休憩を取り、最後の介入実習へ。朝からみっちりと詰まった時間が続いたので、皆かなり疲れた様子。グループを観るというのはとても疲れることなのよね、ほんとに。さて、ファシリテーターはピョンちゃんとニ

ヨロさん。テーマは「教わり家[76]としての質問ではなく、学び家としての疑問は、どうしたら生まれるのだろうか」。ピョンちゃんはいつも通りホワイトボードの右サイドに陣取る。左サイドはニョロさん。場づくりという視点で見ると、ピョンちゃん対参加者の図。つい数年前まで授業を担当していたこともあり、完全なる授業スタイルとなっている。早速今回のお題である、質問と疑問についてピョンちゃんが皆に振る。ニョロさんは「質問・疑問の違い」とＡ５用紙にペンでサラサラと書いて「貼っていきますね」という言葉をかけながら、ホワイトボードにそのＡ５用紙を貼った。自然と視線もそちらへ集まる。参加者から次々に声があがった。「質問は相手が必要だが、疑問は相手がいなくても湧き上がってくる」「学ぶということに対して受け身のときに出るのが疑問だと思う」「質問はＱ＆Ａ」「欠けているところを補うのが質問」など、参加者はそれぞれ自分の考えを場に出していく。ピョンちゃんはここまでをまとめようと「『質問、疑問の違い』を考えている人、『教わり家、学び家の違い』を考えている人とそれぞれいますが、対象をどちらかにそろえますか？」うーん、コンテンツの整理かあ。その後も今回のテーマをどうとらえるかで皆悩み、ピョンちゃんは整理役に徹したまま、話し合いは終了。メンバーが主体的にかかわるような場に

76 教わり家は、学び家の対義語的な使い方をしている。いずれも学習者の学ぶ時の姿勢を表した言葉。詳しくは『学び家で行こう』（高木幹夫著　みくに出版、２０１４年）参照。学び家・教わり家については、資料編「４．学び家アクション」を参照。

なっていないと、ファシリテーターが持っていけるレベルにまでしか深まらない[77]ということがこの実習を通してよくわかった。

フィードバックでは、ファシリテーターの立ち位置[78]についての話が出た。「ファシリがどこに座るかはとても大切なので、なんとなくいつものポジションに座るのではなく、ファシリテーターとして、どこにどういたら場が活性化するかを考えなければいけない」とのこと。また、タケちゃんからは「介入しようという気持ちは感じたが、進行役だったように見える。一人が話すと必ずその後ピョンちゃんが入って進行していた。そしてうなずく。皆さんがメンバー同士で話しているというよりも、ピョンちゃんに向かって話していた」という厳しいコメントが入った。ミッキィ(代表)からは、「介入している『私』はどういう価値観を持って介入しているのか、という認識を持つことが大事」「自分という価値観を持っているんだから、これをゼロにして介入することはできない。F(ファシリテーター)だから価値観を出しちゃいけないというわけではない。氷山の下、つまりその人の持っている価値観、文化に介入していく。そのときはむしろ自分の価値観が必要。自分も突っ込まれる、という覚悟を持って介入していかないと」と。

最後の実習らしく、参加者の水面下にどう介入していくか、というとこ

77 人と人が集まって、どんな化学反応が起こるかわからない、というのが話し合いの面白いところだ。ファシリテーターは、さりげなく盛り上げ、盛り上がったらいつのまにか消えているというのが理想だ。どこで自分が握っている手綱を手放すか、話し合いをさらに加速させるための介入をするかは腕の見せ所だ。

78 違う視点から参加者が見えるように、対面にいるというのがベーシックなスタイル。だが、物理的にそうはいかない場合も多い。ポイントはグループメンバーの顔が見えているということだ。どうしても同じ場所からだと同じアングルしか見えないので、意図的にいる場所を変えるのもよくやる手だ。ファシリテーターはあまり落ち着きがないほうがいい？のかもしれない。

介入実習を重ねて、メンバーも成長してきた

ろにまで話が及び、介入実習は終了。実習は大変な分だけ、得られるところはやはり多かったように感じる。また、実習のあとのフィードバックタイムは、その場で起こった生きた素材を使ってやりとりできるので、そこにいるすべての人にとって本当に有意義な時間になる。数ヵ月前の第1回のときの実習を思い返すと、レベルもそれなりに上がったようで、ほっとした。たくさんの成功も失敗もし、ふり返ることで、皆、着実に前に進んでいるようだ。

学んだことを実践する場である、F講座について考える時間

さて、気持ちを新たにし、ここからは数ヵ月後に行う「F講座」について考える時間だ。F講座というのは、社員を対象に行うファシリテーション講座の略である。直さんの言葉を借りると、「F講座はこの研修の卒業制作」ということになる。全4回の全体研修に参加して、F講座（4時間程度）をLPで実施し、そこまでたどり着いて初めて社内認定ファシリテーショントレーナーとなる仕組みだ。その講座をLP2人でどう形づくっていくのか、まさにゼロからのスタートである。そのスタートをきり、この場である程度の方向性をつくってしまおうというのがこの時間のねらいだ。OGNから、皆さんの先輩である2期生や3期生の皆さんはこんな講座をやりましたよ、ということがわかる参考資料を簡単な説明と共に渡す。その後、2期生でもありOGNでもあるぽんちゃんから、実際に自分が数年前に行ったF講座の進行表を配布し説明。ねらいがぶれないように注意したことや、準備8割！　を合言葉に相当準備したが、当日はなかなか思うようにならないこともあり…など生の声を聞かせてくれた。

ここから30分は各LPでF講座のねらいや全体像をさらにイメージし、K

Pにまとめるための時間をとった。30分後、皆10枚程度の紙に、こんなことをやりたい、こんなことに気づいて帰ってもらいたい、などをまとめ、発表をした。モー&テリーチームは「ファシリテーションを活かした授業づくり」「授業担当者と学習スタッフが協働して授業をつくる」の2つがあがった。メイ&ハムチームは「ファシリテーション×GEMS[79]を使って子どもの目を輝かせよう」、コッコ&トラチームは「ブリーフィングに磨きをかけよう」、ニョロ&ピョンチームは「効果的なフィードバックとは、ということを考えることを通して、モデレーター[80]と学習アドバイザー[81]の両方に働きかけたい」、タツ&イノチームは「主体的に参加する会議の場づくり」をテーマとしてあげた。ひとつひとつのテーマを見ると、日頃仕事をしている目線から発想が生まれているので、なるほど確かに必要だなと思えるものが多く、興味がかきたてられる。どのLPも想いは熱く、目の前にいる相手に精いっぱい伝えた。それに応えるかのように各プレゼン後の仲間からのフィードバックにも熱が入る。F講座のテーマ発表KPに対する仲間からの厳しいフィードバックは今後に活かすために大切に持ち帰った。

79 Great Explorations in Math and Science（GEMS＝ジェムズ、数学と科学の偉大なる冒険）は、カリフォルニア大学バークレー校ローレンスホール科学教育研究所にて開発された子どもを対象とした科学と数学の参加体験型プログラム。日能研では、主に小学校低学年の子ども達が日能研と初めて出会う場として「GEMS体験講座」を開催している。

80 日能研の授業担当者のこと。Moderatorとは、そもそも調停役や議長という意味があり、授業担当者のあるべき理想的な姿をその言葉に込めている。授業担当者は子ども達に教えるだけでなく、5つの要素（スペシャリスト、ファシリテーター、カウンセラー、アナリスト、プレゼンテーター）を持ち、学びの主体者である子ども達同士のやりとりを取り持つことが最大の目的であることから、日能研では授業担当者のことをモデレーターと呼んでいる。

自分の気づきや成長を言葉にする、おさらいＫＰプレゼン

充実した時間が続き、とうとう最後のパート、おさらいＫＰプレゼンまでこぎつけた。研修の当日のうちに、学んだことをアウトプットするのは若干時期尚早のような気もするが、これはこれで学んだことの成果や今の気持ちをすぐに言語化するので、ふり返りにもつなげられる。何がどのように取り上げられるのか、企画側としては興味深いところだが、全員が今日の介入実習でそれぞれが持ち帰りたいことを話していた。

参加者から拾ったいくつかの言葉をあげてみる。「実習を通して、介入するときの自分の癖に気づかされた」「沈黙にはがんばって耐えたが、介入のタイミングをはかっていたら、タイミングを逃してしまった」「介入は苦手だし、場の沈黙への罪悪感があった。今日体験して、参加者たちが自分で場をつくることを促す大切さを学んだ。進行だけでは場を深めることにつながらない。沈黙は悪ではなく、沈黙の背景に何があるかを考えていくことが大切だと気づいた」「氷山のイラストの通り、表面的に見えているところに介入するのではなく、その発言の背景に目を向けて介入するということの大切さを知った。子どもとのやりとりで、今日学んだことを即実行し

81　資格としての学習アドバイザーは脚注71を参照。ここでは教室で授業を持たず、子どもの学習にかかわるスタッフのことを呼んでいる。

たい」。自分の言葉で自分の成長を述べたプレゼンが終わり、疲れてはいるが充実した時間を過ごせた、というような顔をしている。
最後に、次回に向けての課題を確認。認知カウンセリングをしてレポートを書くことと、ログシートを書いてくることの２点。特に認知カウンセリング[82]をしてレポートをするというのは、かなりハードルが高い。が、この課題を出すことで、プロセスをどこまでとらえられるのかをこちらが把握することができるし、ここまでの成長を見られるということで、この課題を出すことに決めた。その他、事務連絡を行い、第３回研修は終了。次回は２ヵ月半後の９月30日となる。今回の実習では、それなりの手応えを得られた。介入ってこういう感じなんだ、という発見が皆それぞれにあったようだ。さて、最終研修はどのようなことをしようか。やり残していることはないか、これまでの研修記録のチェックから始めよう。

82
認知カウンセリングというのは、心理学者市川伸一氏の造語である。基本的には認知心理学の「情報処理的人間観」と、臨床心理学でいわれるカウンセリングマインドを融合させたものである。「何々が分からなくて困っている」という人に対して、個別的な面接を通じて原因を探り、解決のための援助を与えるものである。日能研では、子ども達の学習のつまずきを発見するために使うことが多い。『学習を支える認知カウンセリング』（市川伸一著　ブレーン出版、１９９３年）参照。

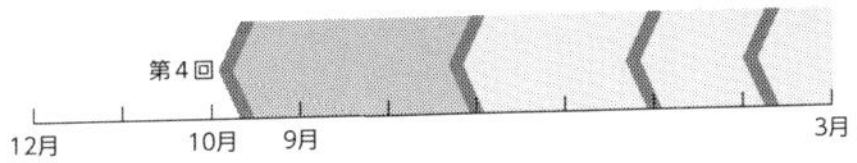

研修のフィナーレ、「マンダラづくり」

ファシリテーション・トレーナー・トレーニング(FTT) 第4回

武石泉(タケちゃん)

今日はいよいよ最終回

9月30日。集まったメンバー10名はいつものように輪になってスタート[83]を迎える。けれど、今回はなんとなく空気感がやわらかい。いよいよ最終回ということで、ほっとしたのか、あるいはこれまでの研修や話し合いで、メンバー間の壁がずいぶん下がってきたということだろうか。

10時開始。いつもだったら直さんは「じゃあ一言チェックインから…」というように導入していくのだけれど、最終回の今日はトレーナーになるみんなへの質問からスタート。「チェックインって、どんな意味があると思います? 何のためにやるの?」…この研修は自分たちが受講者であると

83 前回出された課題「認知カウンセリング」のレポートはスタート前にOGNが集めスキャン、互いに見られる社内フォルダに格納した。前回の課題をスタート前やプログラム内で共有することも効果的だが、進行上、また課題のねらいによって共有方法を選択している。

同時に、この先ファシリテーターを養成する人＝トレーナーになる、という目的を持つ講座なので、単なる受講者としてのんびりしてもいられないのだ。問いに対して、メンバーからは「声を出すため」「ここにいるよ、と参加者自身が存在を確かめるというか…」「参加者の情報をファシリテーターがキャッチするため」「参加メンバーにこんな人がいますよ、という紹介の意味もあるのでは」…等々の答えが返ってくる。直さん、それぞれを否定せずに「知っている人同士だったら、チェックインはいらないか、と言えばそんなことないよね。チェックインにはさまざまな意味を持たせられる。意識して使っていきたいですね」。

それぞれの思いを一言チェックイン

ではでは…と今日のメンバーでチェックインスタート。最終回とあって、「これまで充実した時間だったな…」とふり返り的な発言をするイノさんもいれば「自分の成長、半年でどうだったんだろう」と自問自答するコッコちゃん。訳あって[84]すでにＦ講座を実施終了したピョンちゃん＆ニョロさん組からは「複雑な思い…最終回を迎えてのドキドキ」「１回自分たちのＦ講

84
実はピョンちゃんはこのときおめでたで産休を控えていた。そのため、皆よりも早くＦ講座を実施し、ＦＴＴ第４回の実施時にはすでにピョンちゃん＆ニョロさんＬＰは講座を終えていた。その後無事女の子を出産、ピョンちゃんはフォローアップには身軽になって(?)参加し、今では育児をしながら仕事に復帰している。

座を終えた今、どんなことを吸収しようかな…」という発言も。F講座を終えてしまったことで、この最終回に参加することに何かの引っかかりを感じているのかな？　直さんはすかさず「体験学習のサイクルを考えると、4回目の今日までに『F講座をやってみる』という体験をはさんだことが、有利とも言えるかもしれないね」と温かくフォロー。それに続いては「やりたいこと盛りだくさん、時間を大切にしたい」というハムくん。「やるぞ！　と思っているけど…アレルギーが出て、今、目がかゆくてたまらない」というモーさんのボヤキ発言にみんな笑いつつも「実は講座に向けてプログラムを時間割にして書いてみると、自分の思いが強くなってしまっていることに気づく」というテリーさんや「F講座に向けて、モヤモヤ…。準備が…」というメイちゃんなど、体調不良や、不安などの発言が場に出てくる。あれれ、みんななんだか弱気になっているぞ。トラさんにいたっては「すべてにおいて不安…」なんて言い出す始末(もう、トラさんったら見た目に反してほんとに繊細なんだから…)。でも、これも本心がここで話されている[85]ということ。みんな最終回を迎えて、さみしさと同時に、講座を自分たちがやるということが現実化してきているんだろう。

85 全体の場でネガティブな心情が話されるのは、参加者がこの場で本音を話しても安全と感じているということの表れでもあるだろう。フォローする場面と、受けとめる場面と、ファシリテーターの関わりもさまざま。気をつけたいのは、あくまでも参加者が主体であるということ。ネガティブな感情を恐れて、ファシリテーターがやみくもに否定するのは避けたいところ。

最終回の「ねらい」は…スタートを切る準備！

こんなメンバーの様子を見守りつつ、直さんは今日のねらいと流れのＫＰプレゼン。今日のねらいは「ファシリテーショントレーナーとして自覚を持つ」「Ｆ講座を開講するための準備」の２つ。「Ｆ講座はファシリテーターとしての最初のチャレンジ」という直さんの言葉に、最終回は実はスタートなのだ、と気づくメンバーがいるかなぁ。このトレーナー研修は本部に集まって学ぶ今日までの全４回を研修本体と考えがちなのだが、実はこれを現場にどう持ち帰ってトレーナーメンバーが働きかけるかが大きなポイント。なので、集まる４回の間の実践こそが本当の研修であり、そこから現場へ影響が波及し変化していくことを目的として計画してきた。まさに「終わりは始まり」。今日がスタート、なのだ。

さて、今日行うプログラムは、大きく３つ。１つはこれまでの学びをふり返るためのおさらい実習「ファシリテーションマンダラづくり」。２つ目は、トレーナーとしてのデビュー戦となる「ファシリテーション講座の企画プレゼン（と仲間からのフィードバック）」そしてクロージングプログラムである「トレーナーとしての自分を育てるテーマ記述」。んー、ＫＰを眺めるとようやくここまで来たね…としみじみしたくなるところだが、今日は私たちも初めてチャレンジするプログラム「ファシリテーションマンダラづくり」が控えているので、ＯＧＮメンバーである私もそれなりにドキドキ。ほっとするのは終了後の打ち上げまでおあずけとしましょう。

恒例のビデオプレゼンもこれで最後

さて、全体像を確認して、今日もビデオプレゼンから。このプレゼンだが、毎回「どんな話をしましょうか？」とインタビューし、ミッキィ（代表）の話したいことをいくつかのキーワードでまとめ、ＯＧＮ３～４人がＫＰをつくって撮影している。ＦＴＴ第1期からの蓄積があるとはいえ、メンバーに合わせて、またその時点での会社の状況に合わせてつくっている研修なので、古いものがそのまま使えるということはあまりないのが実際のところ。だが今回は珍しく「初心を思い出してもらいたい！」。ということで第4期第1回に撮影した「トレーナーになるとは」を再度見ることにした。もう一本は新作の「言葉に敏感になる」。どれもファシリテーションが「できる」人としてだけでなく「伝えられる」人＝トレーナーとして立ってもらうために、という思いを込めたメッセージ。今回は、プレゼンを見て、ＰＫＴのあと、一瞬、沈黙が訪れる。最終回効果なのか、より、自分たちが「伝える人」になることの現実感が増したからなのか…。と、この場の空気を読んだか、直さんが「ファシリだったら、『ＫＫＤ』勘・経験・度胸、が大事…ってよく言うんだけど、トレーナーとして考えるとＫＫＤだけじゃ駄目。言語化することが大切ですよ」と軽やかな一言[86]。場が和む。

「ファシリテーションマンダラ」づくり

最終回一番目のプログラム、おさらい実習「ファシリテーションマンダラ」づくりに入る。今まで学んだことを今後のＦ講座に使えるようになってほしいという思いを込めて、俯瞰的にふり返るということが目的。そのために、「マンダラート」[87]の手法(図)を使うことにした。テーマを真ん中のマスに書き、そこから8方向に問いを設け、その問いについて広げていく。8つの問いは以下の通り。

① いつ使う?(時間と様子)(When)

86 ちなみに直さんがよく使うこのアルファベット略語は、いかにくどくなく、平然と言うかがポイント(のように思える)。「みんな知ってるでしょ、え、知らないの?」くらいのノリでさらっと言わないと、かえってくどくなる。この辺の塩梅もファシリのKK、「勘と経験」でわかってくるんでしょうかね、直さん。ほかのアルファベット略語としてはPKT(ペチャクチャタイム)、フィードバック用紙の記入時に良く使うBDR(僕だったら)など。もちろんKP法もこれに類すると考えられます。アルファベットで提示されるにもかかわらず、英語ではなく普通の日本語のローマ字読みであるところが意外さを生む。あたかも「みんな知っているよね」という体でのプレゼンが効果を奏すのは、そのギャップのせい。弊社ではあまりにもなじんでしまったので、社内文書にも普通にPKTが登場します。

87 マンダラートとは、アイデアの発想法の一つ。紙などに3

②やってはいけないのは?(Don't)
③どうやってやる?(How)…より効果的に使う工夫は?を含む
④必要なスキルは?(Skill)
⑤どこで使う?(Where)
⑥何のために?(What for)
⑦対象者の様子は?(Whom)
⑧必要な道具は?(Tool)

これら8つの質問を真ん中のテーマにぶつけてみて、出てくる言葉をその方向のマスに書き込んでいく。今回は直接書き込むのではなく、75㎜×75㎜の付箋に記入して貼り付けていく方法[88]をとった。

真ん中に入れるテーマは、

・PKTをする
・KPをやる
・グループサイズを考える
・介入する・空間を設計する
・ファシリテーショングラフィックをする
・ファシリとコ・ファシリ[89]が連携する

×3の9マスのマスを書き、その中心のマスに考えたいテーマを書き込み、周りのマスにはそれに関連する事項を埋めていく。アイデアを整理しながら書き表し、思考を深めることに役立つ。今泉浩晃氏によって1987年に考案された。
➡**資料編**「5 マンダラート」参照。

88 マンダラートの場合、周りの8つの枠を埋めた言葉から一つを選び、その一つを次のテーマとして新たな9マスの真ん中に配置して、それを取りまく8マスを埋めていくという展開をくり返す。今回は、気軽に動かしながら考えられるように、という意図で付箋を使用した。

89 ➡**道具箱14**「コ・ファシリテーターの目的と働き」参照。

ペンの持ち方	イラストを書く（下手でも）	色づかいのセンス	文字をたくさんつめこむ	セロテープではらない	手に持つKPは見えないように（ネタばれ注意）	KPをかくさないように脇に立つ	話しながら貼る	KPを作る前伝えたいことキーワード書き出す
見やすい文字を書く	Skill 必要なスキルは？	言いたいことをキーワード化する（抽出する）	あらかじめ全部はっておく	Don't やってはいけないのは？	大事なことをKPに書かない	並べ方の工夫（つながり・構造）	How どうやってやる？	ミニKPをつくる
伝えることの全体構造の把握	伝えたいことの構造化	相手の目線に立つ	一枚当たりの話が長い（30秒以上）	1枚のKPに複数のテーマを書く	無口	補足しながら	相手の様子を見ながら	事前にリハーサルしておく
参加者のふり返り	自分の考えを整理する時	共有したいこと・言葉がある時	Skill 必要なスキルは？	Don't やってはいけないのは？	How どうやってやる？	公開模試朝Mtg	研修	会議
大事なことを言うとき	When いつ使う？（時間と様子）	テーマのねらい・ゴールがわかるように	When いつ使う？（時間と様子）	KPをやる	Where どこで使う？	授業	Where どこで使う？	保護者会
時間内におさめたい時	注意点を伝える	グループ毎のセッションに入る前	What for 何のために？	Whom 対象者の様子は？	Tool 必要な道具は？	動画撮影	GEMS	子ども会
伝えたい事を忘れないように	短い時間で効率よく	わかりやすくなるように	ファシリテーターに注目	思い出す	考える	紙	マグネット	マーカー（プロッキー）
相手がいつでも思い出せるように	What for 何のために？	言葉が流れないように	つながりがわかる	Whom 対象者の様子は？	聞くことに集中できる	ホワイトボード	Tool 必要な道具は？	タイマー
全体構造を視覚化（はり方で）	必要な情報の伝達	全体共有	メモを取らなくていい	顔を上げる	表情がみえる	壁	KP本	アタマと手

「KPをやる」をテーマにしてつくったマンダラート

・参加者に問う
・ふり返りをする

のこれまた8個。これらのテーマを真ん中にして、グループでシートを埋めていく。LP（ラーニングパートナー）が別グループに分かれるようにし、あとはお任せで組んでもらう。

・Aグループ3人（メイちゃん・テリーさん・イノさん）
・Bグループ4人（コッコちゃん・ピョンちゃん・モーさん・ハムくん）
・Cグループ3人（トラさん・ニョロさん・タツさん）

となる。各グループでテーマ決定をし、一枚一項目マンダラートのシートを埋めていく。直さんの手順説明を受けてOGNのまこさんが[90]「各グループ、できれば全部やりたいですよね～」とさらっとプレッシャーをかける。「そうですね」と直さん。「これをやりながら、FTT研修のさまざまな場面や経験を思い出したり整理できたりするとよいなと考えています」という、続けての言葉にメンバーの何人かがうなずく。

90 ファシリテーターの働きかけとして、プッシュ&プルの双方向が必要なことはよく言われるが、これは「プッシュ」の働きかけ。まこさんはさらっと「プッシュ」をやる達人（無意識なのかも…？）。FTT研修はややもすると講座を受けることに終始して、受け身になりがちなメンバーも場面によっては見られた。「トレーナー＝能動的な働きかけをする人」になってほしい！という思いから、トレーナーの自立のために、随所でこのプッシュの働きかけが役立っていたように思われる。

これまでの学びが8方向に整理されていく

グループごとに机を囲む形にセッティングし、いよいよスタート。さあ、手は動くかな…？　マンダラートを使うのはこの回が初めてなので、事前にOGNは自分たちで各テーマを置いて書く試行をしていた。その結果テーマを「動詞形」にする（PKT→PKTをする、のように）など、考えが詰まらないようないくつかの工夫を加え、試行を元に今回の時間を見積もってプログラムをつくっている。ではあるが、実際にはどうだろうか？　みんなの考えが広がり深まり、整理されるだろうか？

お、それぞれ付箋を手に取り出した。動いてる…けど、3グループ三様の進め方だ。Aグループはテーマ「KPをやる」を囲んで、それぞれの仕事におけるさまざまな場面を共有し、話し合っている。「ふり返り」を選んだBグループは女性の声が圧倒的に多く聞こえる。ピョンちゃんが出したアイデアにコッコちゃんがのっかって、広げていく感じだ。Cグループは「介入する」。それぞれが書いて貼り始める。タツさんが「『Where』って、場所なのかな？　空間なのかな？」という声をあげて一瞬手が止まって、話し合うけど、すぐに個人で書く作業に。誰かのアテンションが上がると、話

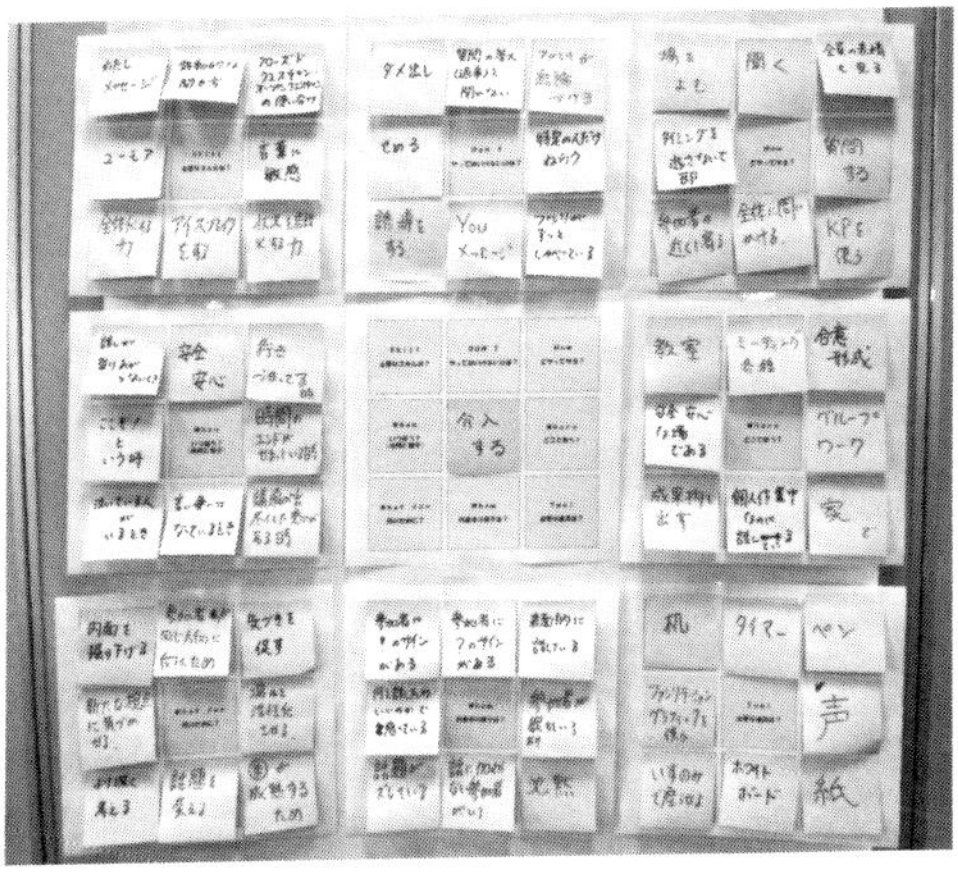

メンバーがつくったマンダラート

し合うけれど、基本個人に戻ってまたあとで共有、という流れのようだ。うーん、個人作業みたいで、グループでやるメリットが活かせているかな？　気になるぞ…。「介入、ってテーマだと、『Tool』の部分は、『道具』っていうより『技』なんて感じで考えてもいいんじゃない？」とCのメンバーに話しかけてみる。すると、３人の顔が上がってみんなでシートを眺めたり「あぁ、ここね？」ってお互い話したり、とちょっとやりとりが出てきた。

　開始から20分くらいたったころ、直さんが全体に、「新しい視点を増やしたいので、グループごとに他のグループを見に行って…」と声かけ。その後30分ほどしてシート作成はいったん終了。各グループのマンダラを共有する時間をとる。

　会議室の壁にＡＢＣ各グループのマンダラートを貼って眺める。直さん「自分たちのものを少し離れた場所から客観的に見ること、そしてほかのグループのものを見る、両方やってくださいね」「見た上で自グループのマンダラを修正したくなったらこのタイミングでやりましょう。変える、言い換える、などなど」という言葉を受けて、各グループ見ながら付箋を手にあれこれ話し書き加える様子もある。

新たなテーマでもう1枚

　軽くメンテナンスタイムをとって、第1ラウンドは終了。第2ラウンド開始にあたって直さんが「テーマに『時間をデザインする』を加えます」とお題の追加を発表。第1ラウンドのテーマとその展開を見てのことのようだ。そして第2ラウンドは「今回は40分で。エンジンかけていきましょう」と明確に時間設定を示す。初回の様子を見て、これも改めて明確にする必要を感じた様子。

時間設定は綿密に、かつフレキシブルに

さて、第2ラウンドで各グループが選択したテーマは、Aが「参加者に問う」、Bが「ファシリとコ・ファシリの連携」、Cが「空間を設計する」。「参加者に問う」と「介入する」はあえて別にしてあるのは確か意図があったんだよな～なんていうことをつらつら思いつつ、見守っていく。お、Bグループは座り方が変わったこと[91]で、黙っていたメンバーが発信を多くしだしたぞ。よいよい。2ラウンド目は前回で勝手がわかってきたからか展開が早く、まさに「エンジンがかかってきた」感じを受ける。30分経過したところで、まこさん

⬇91 道具箱2「配置・座り方」参照。
ちょっとした座り方の変化で話がしやすくなることがある。各人の体が机に乗り出しやすいか、距離が遠いか近いかなども含めて座り方を変えることでグループでの話し合いがグッと楽になることも。

と直さん、「3ラウンド目をやるかどうか？」という舞台裏でのやりとり。結果、「5分延長します」と全体に発信。2ラウンド目をあと5分で切って、3ラウンドやることに決定。あと5分となってから一気に埋まっていくグループもあり、でき上がったものを壁に貼る「共有タイム」に。それぞれのマンダラを見て、質問しあったり説明したり。今回はＡグループの「参加者に問う」のところを眺めるメンバーが盛り上がっている。「これって教室で騒がしくしている子どもがいるときの場づくりとつながりますね～」「なるほどね～」。講座に限らず、仕事の場面と結び付けてマンダラの各項目を読み取っているみたい。まさに「一般化」されてきているということかな？

これまでの学びの集大成が壁一面に

「さあ、最終ラウンドにいきましょう」と直さん。テーマはＡが「時間をデザインする」、Ｂが「ねらいに合ったグループサイズを考える」、Ｃが「ファシリテーショングラフィックをする」。3ラウンド目になると、みんなの頭の中にこれまでのつながりができてきているのか、話し合いの質が変わ

マンダラで自分たちがやってきたことを俯瞰する

った印象。いろいろなものやことをつなげて話しているし、表面的に連想するものをぱっと書くだけではなくなってきた。グループメンバー同士のやりとりも増えている。とはいえ、1・2ラウンドで手をつけられず最後に残したテーマだけに、なかなか出てこずに手が止まっているグループもある。各マンダラも、たくさん付箋が貼られているものと、空欄のあるものとの差がひらいてきた。このラウンド、OGNの働きかけ（介入）も増えてきた。大々的に「介入」と構えてやっているわけではないのだけれど…。私もあれこれ声かけをする。Cグループが「ファシリテーショングラフィック」の「どこで使う?(Where)」が埋まっていない様子を見て「単に会議、だけでなくどんな会議なのか、を考えてみるのもありだよね」とより具体化を求めて、場面を増やすよう働きかけてみる。Bグループの「グループサイズ」に関しては「人数によって、何が起きるのかをイメージしてみるのってとっても大事だよね。２人のときだと話す、聞く、の当事者だけど３人になるとメタで見られる人が加わるわけだから…自分がその場にいたらどうするかな?　って考えるのも助けになるよね」。作りかけのマンダラを眺めながら、話[92]をしていく。

さあ、みんなでがんばって仕上げた感のある最終ラウンドも終わり、共有タイム。壁に貼って眺める。あっ、テーマがひとつ増えて[93]９個になったので、コアマンダラを囲んで８つが並ぶというマンダラらしい展示ができなくなってしまった…ざ、残念…。でも、各グループが３つずつをやり終えたという意味は大きいから、よしとしよう。テーマと場面が具体的だったことで、出てきた言葉も、実際の講座や場面でやってみよう、につながりやすいものが多く、ひと安心。「こうしてみると壮観ですね。頭の中の整理、ふり返りの時間でした。午後はＦ講座のプレゼンです。準備が必要な

92 後から記録していたぽんちゃんから聞いたことだけど、「タケちゃん・まこさんの二人がマンダラを見て感想を言ったり、ＯＧＮ同士でやりとりをしているうちに、グループメンバーが話し始めて、それが活発になると二人はすぅーっと消える。この一連の流れを何箇所かでやってました。面白い」。なるほど、ファシリテーターの働きかけがメンバー同士が話し合う呼び水になることがあるようだ。

93 マンダラートのデザインを考えて、四方に展開できるよう、そもそもは８つのテーマを設定していた。(１２０〜１２１ページに提示した８個)が、第１ラウンドでのやりとりで出てきている言葉ややりとりを見聞きし、ＯＧＮと直さんとの間でテーマとして「時間」のことは外せないのではという意見が出てきた。この時点で、「レイアウト(できあがって８方向を囲める)」をとるか、「テーマの充実」をとるかという選択に立たされ、「レイアウト」より「テーマの充実」

学びが活かされる！まさにアクティブラーニング

グループはお昼のメンテナンスタイムを使って打ち合わせてください」と直さんが締めくくり午前は終了。

いよいよF講座を実施…できるのか!?

午後のスタート。これからKPを使ってそれぞれがF講座の実施計画をプレゼンする。通常はOGNがセッティングするが、「場をつくる人」となるトレーナーメンバーには、細かな「場づくりの視点」を持ってほしい。そこで、この部屋の採光を考えて「どんなレイアウトにする?」と直さんが皆に問いかけ。確かに

をチョイス。その結果126ページの段階でテーマを追加して直さんが発表した。ということで、実際にはこうなることは予測済みではあった。このように、プログラム進行にあたっては、当初の予定と実際の様子で優先順位をどこにするかを時々で選択することが迫られる。…って言うとかっこいいんですけど、実は私はテーマを増やした段階で、8方向展開ができなくなることと結びついていなかったのでありました…、なので、この時点で初めて気づきました（お恥ずかしい）。

今のままだとＫＰを貼るホワイトボードが光ってしまい、見えにくい。どうする？　とやりとりしながら、メンバーが考えて、見やすい場所に移動し、椅子をセッティング。プレゼンの環境が整った。

ＬＰが順番にＫＰでプレゼンをしていく。ほかのメンバーは疑問を含めたフィードバックをＡ６の用紙に書く。この用紙はプレゼンすべてが終わってから発表したＬＰに渡すことにしている。プレゼンの持ち時間は５分。というところで、タツさん＆イノさんＬＰから「２人で５分ですよね？」と確認が…。どうやら２人分業で準備してきた様子。大丈夫かなぁ？　もちろん２人で分けてプレゼンして５分以内であれば時間は問題ないのだけれど…。ＬＰ同士のコミュニケーション状況が心配である。

実際にやってみました～ニョロさん＆ピョンちゃんＬＰ

トップバッターは、すでにＦ講座を一回実施したニョロさん＆ピョンちゃん組。実際やってみてどんなだったかはもちろん、ふり返って今感じていることをプレゼンする。二人の講座タイトルは「授業を共に作るためのフィードバック」。プログラムをいろいろ考える中で、直さんとメールし、話し合い、つくっていったプロセスを語る。中でも「ミニKP[94]が便利！」「パソコンの表[95]に打ち込んでKPをつくっていくと、追加や修正がしやすい上に、レイアウトも俯瞰しやすい」という言葉はメンバーが一斉にメモする。

F講座実践のあと、ふり返りで場づくりについて気づくことが多かった。そしてF講座の時間よりはるかに準備の時間がかかったことで「準備8割を実感しました」というニョロさん。「でも、準備していたにもかかわらず、実際のプログラムでは、参加者が当日突然一人増えてしまったこと（事前登録の勘違い）など、想定外のことが結構ありました」とピョンちゃん。とはいえ、準備があったからこそなんとか対応できたともいえる、と。

二人のF講座のテーマは、「お互いの成長につながるフィードバック」。「こんなフィードバックはいやだ」という視点と、「こんなフィードバックなら成長につなげられる」というものを参加者が出し、話し合った。さらにピョンちゃん&ニョロさんは「大切な友だち[96]」というフィードバックの方法を提示し、実際に講座の中でやってみる、という内容だった。

ピョンちゃんは「事前に参加者に3分間スピーチを用意してもらって、皆の前で話してもらう、という課題を作りましたが、これが思いのほかプレ

94 ➡道具箱9「KP法」の小技。カードサイズの用紙に言葉を書き入れ、縮小版のKPをつくる。実際にKPで貼る内容やレイアウトを確認するのに便利。

95 表計算ソフトを使い（縦3行×横5列…ホワイトボードでの掲示を想定した15セルの表）をつくり、そこに言葉を入力してKPをデータでやりとりする手法も打ち合わせによくつかわれた。

96 吉田新一郎さんが『効果10倍の〈学び〉の技法』（PHP新書、2007年）の中で紹介した学びあいの方法。相手のアウトプットに対して①わかりにくかった点や理解できなかった点に対する「質問」②いい点の「指摘」③改善に向けての「質問」④相手への「ラブレター」を伝えるというもの。受けとった側は、①については必ず答を出すようにし、③については考え続ける目的なので答をすぐに出さなくてもよい。

ッシャーになっていたことが分かった。次回の講座では参加者の気持ちを想定する、ということをもっとしていきたい」と締めくくった。何かを得る（目的）のために手段として体験するという構成のＦ講座だった。直さん『手段』（今回は３分間スピーチ）は参加者のハードルにならないように、っていうのは大切ですね」と一言。「ふり返りを活かし、また次回ぜひこのリベンジを！」と燃えているニョロさん＆ピョンちゃんＬＰの話は、これから実施を控えるメンバーにも刺激になったようだ。

盛り込みすぎ？　～イノさん＆タツさんＬＰ

２組目はイノさん＆タツさん。二人は会議ファシリテーションを取り上げる。「参加者が主体的になれる会議をつくる」がテーマ。まずはイノさんから。そもそもなぜ会議を開くかといえば、一人で考えたり進めたりというリスクを減らし、多様な意見を出せるように。会議の招集者にとっても参加者にとっても参加者が主体的になるメリットがあるはず。なのに、現状は…ということで講座の参加者に現状の問題点や不満を出してもらい、要因を明らかにして解消する、というプログラム概要の説明。

盛り込みすぎのイノさんタツさん

具体的な内容はタツさんのほうから。「何時間やっても楽しい会議」として、自己紹介や体を動かすアイスブレイクなどを紹介する予定という。これは参加者が受け身から主体的になるようにという目的だ。同時に安心・安全な場づくりの提供を考える。そのために講座で疑似会議、企画会議[97]をやってみるということがもう一つのポイント。会議のテーマは①おいしいカレーライスを作ろう ②引っ越しをするなら ③業務につながるテーマの3つを考えている。ねらいは「この講座でファシリテーションの技術を一つ持って帰ってもら

97
企画会議（ブレインストーミング）の体験プログラムとしてこのF講座で作られたのが「アイスクリーム会議」。
↓道具箱6「ブレインストーミング」**同7**「アイスクリーム会議」参照。

う。日常で使えるようになること」とタツさん。現状を出しあった上に、アイスブレイク体験、そして擬似会議…けっこう盛り沢山ですね。

ここまでの発表を受けて、ＦＢ（フィードバック）を各メンバーは５分間記入。そのあと15分間、突っ込んだやりとりを口頭で行う。「ここで言っている『楽しい』って何を指しているの？」「タツさんとイノさん、二人の使っている言葉の背景が違いそう。二人がイメージしている会議もどういう場なのか、すり合わされているのかな？」「参加者からの現状の不満を取り上げると、解消できないものもあるのでは」「そうそう、不満からより、期待からのスタートのほうがよいかも」「Ｆ講座の参加者を集めるためにも、何を持ち帰られるのかが解かるとよいかも」等の声があがる。これを受けて二人は「盛り込みすぎないようにしたい」「背景の違いをすり合わせて、参加者が持ち帰れるもの、使ってもらえるものを考えたい」とコメント。直さんからは「持ち帰るものとしては、このＦ講座で、二人が実際に参加者に対してやってみるＦ（ファシリテーション）のスキルがあるわけだよね。実際にモデルとして、やって見せるわけだから。『Ｆのスキル（い）（ろ）（は）（に）…を見せるから、一つでも持って帰って…』と、Ｆのスキルを使って、参加者に見せてあげることになるよね」とアドバイス。トレーナーは実践モデルでもあるわけだから、意図してどれだけのスキルを使えるかということがポイントになるということですね。イノさん&タツさん、ハードルが上がった感じかな？　この後練り直しの時間もあるし、良い講座になるといいね。

各LPのF講座企画

続けて、各グループがKPを元にF講座の企画をプレゼンしていく。以下、各LPのF講座内容のポイントをあげる。

3組目　トラさん&コッコちゃん

テーマ「学びのマインドセット[98]に磨きをかけよう」

プログラム：授業前の子ども達のマインドセットを作るために、どんな言葉を使っているか、参加者は事前に逐語記録をつくって参加。言葉を書き出し分類・共有した上で実際の教室の場面を写真(もしくは動画)で見てどんな声かけをするかを話し合う。

FB：「マインドセットって？　ブリーフィング[99]？　子どもと大人のどちらに主眼？」という疑問や「写真を見て、だとプロセスがわからない

98 タイトルに入っているため、その場の質問にも多く取りあげられたが、ここでの「マインドセット」は特別な用語ではなく、授業に臨む気持ちの準備、という程度の意味。テーマとなるキーワードを実施者が明確にしておかないと参加者にはより伝わりづらいのでよく話しあうことが大切。

99 ブリーフィング：一般的には「簡潔な状況説明。主として報道機関などに対し当事者が行うものをいう。また、イベントなどの企画の事前説明。(三省堂　大辞林　第三版)」を指す。ここでは、体験型のプログラムを実施する際に簡単に事前情報を出すこと、あるいはテストやふり返りなどを実施する際、短い言葉でわかりやすく事前説明し、意識づくりをすることを「ブリーフィング」と呼んでいる。

のでは？」「やりとりができないよね」「具体的すぎるとほかの場面に転用できない可能性も」等、写真を使うことへの違和感が多く出される。

４組目　モーさん＆テリーさん
テーマ「Ｆ（ファシリテーション）×授業で子どもの学びを磨く」
プログラム：モデレーターと学習アドバイザーがペアで参加。事前に授業でＴ２[100]を実践してから来る。トレーナーからＦとは？　の情報提供→参加者のアイデアラッシュ→模擬授業→展開例づくり　を考えている。
ＦＢ：「事前準備はハードルが高いかも。どんな意図でやるの？」「ペア参加が原則だと厳しいのでは？」「参加者が持って帰れるものが不明確かも？」「いかに良質なフィードバックや関係作りができるか、等に絞ってみては？」
モーさんテリーさんペアには、さらにミッキィ（代表）から「そもそも今の授業（２０１５年当時）でファシリのスキルは本当に発揮できるの？　不安だな」「学習アドバイザーの役割（保護者にどう関わるか）を考えると、ちょっとねらいがずれてないかな？」との突っ込んだ指摘[101]も。
５組目　メイちゃん＆ハムくん

100 Ｔ２：いわゆるチームティーチングの二人目の教師。日能研の場合、子どもの学習状況への声かけなどのアシスタント的な関わりだけでなく、クラス全体の状況に介入したり、問いを投げたり、子どもの立場からＴ１に質問をしたりという関わりも目指している。

101 一般的に研修中（特にこのような発表の場面で）社内のいわゆる「偉い人」にコメントされるのはメンバーにとっては結構しんどいもの。研修の場での発言は評価や仕事上の評定ではないことを安全上守りたいし、一方で職場が望む研修の成果も出さなくてはならない。今回は、言う人、言われる人の両方に声かけをして、メンバーのフォローも含め、この研修の全体を通してＯＧＮが最も心を使わざるを得なかったことの一つでもある。

テーマ「ファシリテーション×ＧＥＭＳ」
ねらい：子どもがより主体的になるように、意図的にファシリテーションを使う。日能研の教室に通ってもいいな（入会したい）という気持ちになってほしい。
プログラム：ＧＥＭＳのプログラムをまず体験。その中でメイ＆ハムがどうファシリテーションしたかを取り出し、意図開きをする。その後Ｆ講座参加者が自分たちでＧＥＭＳを実施し、ふり返る。
ＦＢ：「体験前にファシリテーションの説明が入るようだが、伝える度合いが難しいのでは」「教室に通う（入会）とファシリテーションとの間にはギャップがありそう。ほかにも入会に至るにはいろいろな要因があるはず」「ＧＥＭＳも準備８割を伝えたい、というねらいには共感」
ここでもミッキィ（代表）から「ＧＥＭＳを扱うということは、ファンタジーやＭＩ[102]がファシリテーションと絡んでくる。その視点も必要」と一言。

それぞれの突っ込んだやりとりを終え、各ＬＰで企画をさらに磨く時間。各ＬＰごとに座り、作戦会議。もらったＦＢ用紙をじっくり読む。実施にあたっての疑問点や、明確になった問題点をＯＧＮも交えて話し合う。30

102 ＭＩ：Multiple Intelligences（多重知能）はハーバード大学教授のハワード・ガードナー氏が提唱した「知能は単一ではなく、複数ある」「人間は誰しも複数（現在は８つ）の知能を持っている。長所やプロフィールが個人によって違うように、人によってある知能が強かったり、ある知能が弱かったりする」という考え方。ＧＥＭＳプログラムを支える理論の一つ。詳しくは日能研ＨＰを参照。（http://www.nichinoken.co.jp/np5/nnk/multiple_intelligences/mi/mi.html）

分間じっくりと話をしたものの、まだまだ話し足りない…。という状況でいったんこの時間はお開き。続きは各ＬＰでＦ講座の実施に向けて、スケジュールを組んでやりとりすることになる。

あっという間のＦＴＴ研修をふり返る

もう外も暗くなってきた。今日の研修も残りわずか。ここからは、４回にわたるＦＴＴ研修のふり返りとクロージングに入っていく。まずは個人で。「ＦＴＴ研修をふり返って、私が得たものは？」を思い返してメモする。参加して得たもの、感じたこと。そのまま流してしまったのではもったいない。自分のためにも、ぜひ言語化をしてほしい。

その後、二人一組で話す・聞く時間をとる。それぞれで2分という短い時間だけれど、話してみてわかること、聞いて気づくこともあるはず。実はもう少し長く時間をとる予定だったのだが…クロージングにありがちだが、前からの時間のしわ寄せで、やや、駆け足になってしまって残念。とはいえ、個人の静かな時間と、そのあとの対話はしっとりとふり返りらしい空気感で進んでいく。

得たものを元に、これから先について考えていく。「トレーナーに向けて、ファシリテーターとしての私を育て続ける」。このテーマで、ピアレビュー用紙[103]に記述を書く。研修などのまとめで、ふり返りをこの先どう活かすか、を書くとき、ややもすると精神論や抽象的な思いだけが書かれることがある。そうすると、次の行動には結び付きにくい、なので…。今回は「何を?」スキルなのか、センスなのか。「どのように」自分がどうする、仲間[104]と何をするか。「なぜ?」なぜそれを育てたいのか、そこが気になるのか。…等を「詳しく、具体的に!」書くことを求めた。記述の時間は20分間。それぞれ机に向かって一人の時間。記述用紙に鉛筆のあたる音が響いていく。

仲間からのコメントをふり返りにも

20分後にいったん手を止めて、「赤・緑コメント」の時間に入る。ふり返りも一人で終えずに、周りの仲間からの視点をもらうプロセスが大切なので、時間的には厳しいけれどこの時間は外したくなかった。一人7分をかけて読み、コメントを入れていく。疑問点や、共感するポイントが赤や緑のペンで書き込まれていく。「育て合う仲間として、安易にわかったつもり

103 赤緑コメントを入れやすいように、左右に余白をとった記述用紙のこと。A3サイズの用紙の中央にA4サイズの罫線を引かれたスペースがあり、左右が余白になっている
⬇**道具箱17**「赤・緑コメント(ピア・レビュー)フィードバックとその方法③」参照。

104 日能研本部では学びあう各人を(子ども達を含めて)「仲間」と呼ぶことが多い。対等でフラットな関係を表したい一つのこだわり。上司、部下、でなく社員同士を「仲間」と呼ぶので、一般の会社の規範からすると違和感があるよう。

にならないで読んでね」と言葉を添えたけれど、今日の企画に対するみんなのフィードバックや突っ込んだやりとりを見る限りではきっとお互いにとって意味のあるコメントが書かれているはず。初回はやっぱり遠慮があり、率直に書くことに戸惑いや硬い雰囲気があった。それに比べると、今日は「こんなこと言ったら悪いんだけど…」「自分も言えた義理じゃないんだけど…」という前置きもぐっと減って、率直に、そして相手のために真剣に書く皆がいた。ＦＴＴ研修の４期メンバーが、本当に「学びあえる仲間」になってきたんだなぁ、としみじみ感じる。このつながりがＦ講座実施後も続いていくことが[105]、現場の変化にもきっと役立つはず…役立ってほしいなぁ、と祈るような気持ちである。

７分×２回、２人から赤・緑コメントを受け取ったら、それを元に青コメントを書く。自分を育てるためにどうするか「言語化」をし、書き込む10分間。長いかな、とも思ったけれど、仲間からのコメントを読んで、またいろいろ考えがふくらんだのか、手を止めている人は少なかった。手が止まっている人も、考え続け、ココロやアタマの中で何かが動いている様子なのがわかる。

105 今回のように、多様な現場で活躍する社員が集まって、職場以外で実施する研修（ＯＦＦ－ＪＴ）には、そこでの仲間づくりが非常に大切になる。意識を持ち続け、現場で動き続けるために研修内でのチーム・ビルディングだけでなく、現場に戻ってからのつながりをどうつくっていくか、ということが研修効果を現実的なものにする。この研修ではフォローアップの実施、メール上でのブッククラブを継続する、社内ＬＡＮでのディスカッショングループをつくる等の工夫がされた。

輪になって紙に書いた宣言をシェアする

トレーナーとしての「宣言」!

青コメントを書いたら、「ダイヤモンド記述[106]」を書くわけだが、今日は「ダイヤモンド宣言」を各自がする、というプログラムにした。「ダイヤモンド宣言、って、ダイヤモンド記述との違いは？」とタッさんより質問。グッドクエスチョン！「自分はこれから○○をします、○○を大切にします…などのように私を主語にして、短い言葉で宣言文[107]を！ということで『宣言』としています」と説明。そのために宣言を書く用紙も準備してある。

106 「ダイヤモンドを磨くにはダイヤモンドを使うしかない」という比喩を使い、仲間同士磨きあう赤・緑コメントを書き入れた後の記述を「ダイヤモンド記述」と呼んでいる。書き直しや写し直しではなく、もらったコメントをもとに青コメントを方針としてあらたに書くもの。

107 言語化することの力もあり、研修の最後に何かを「宣言」する形式は割と多くある。このときに気持ちだけの「スローガン」にならないようにしたいとこの研修では考えていた。前のステップで「何を、どのように、何故？」をかなり具体化して書いてもらったのもそのため。この宣言文、およそ半年後(正確には約7ヵ月後)に実施したフォローアップ研修の際に自分のものを再度見直してもらった。「何書いてたか忘れてた！」っていう人…もちろんいましたとも。「人は忘れる」という前提で、それを思い返せるような仕掛けも研修には必要…

これを見せながら宣言するので、皆が見られる大きさで書いてほしいことも忘れずに付け加えておく。

書き終わったメンバーから集まって、椅子のみで輪をつくり座っていく。全員が輪になったタイミングで、「どなたからでも、宣言をどうぞ！」とスタート。タツさんが口火を切り、次々と宣言が場に発せられていく。「仲間を大切に、言葉を大切に」「その場にいる、逃げない、自信を持つ」「仲間にＯＰＥＮして磨く」…「遠慮からの卒業」。10人の宣言すべてが輪の中に拍手をもって迎えられる。

「終わりは始まり」ＦＴＴ研修のクロージング

研修のクロージングにあたって、直さんからは「成長し続けてください」と一言。ファシリテーションを使う場はいろいろあること、ぜひ、外の多様な場面に行ってみて、という魅力的な誘いと共に「自分で情報をとりに行く姿勢で！」という贈る言葉があった。ミッキィ(代表)からも「自分の当たり前、普通、って思う中に罠がいっぱい潜んでいる、っていうことに

研修終了後の熊鈴贈呈式

気づいてくるんじゃないかな？　これからもぜひ、考えておいてね」そして「自分の出番は自分でつくるんだよ」、とファシリテーターとして講座だけでなく日常でも活躍の場を求めてほしいということが伝えられた。さらに「自分はトレーナーだと自分にプレッシャーをかけてね」という言葉を笑顔で受け止めるメンバー。

直さんが今日のスタートにあたって伝えていたＫＫＤ（勘・経験・度胸）のうち、弊社のスタッフはその場で何かをつくり出す対応力、勘や度胸のある人が多い。だからこそ、ＫＫＤだけに頼らず準備をしっかりしてふり返りをする、ということが大切だし、ファシリテーターは出番の「舞台」自体を自分でつくっていく人。そんなことが少しでもこの研修で伝わっていたらいいな、そして広がっていくといいな…。そんな思いで、ＯＧＮからもそれぞれ贈る言葉を伝えたのち、大事な儀式、直さんからの「熊鈴[108]贈呈式」。ファシリテーション・トレーナー・トレーニング修了者に渡されるこの熊鈴。これまでのトレーナーたちがさまざまな場面で使っているのを見て「いいなー」と憧れていたメンバーも多いはず。この熊鈴を手にしたということは、トレーナー研修の修了者である証。と同時にファシリテーションを身をもって進めていく人の証でもある。小さいけど、重いんだぞ、この熊鈴。[109]トレーナーメンバーはこの熊鈴と一緒に、たくさんの場を経験していってほしい。

108 ファシリテーターの小道具の一つ。会場内で話し合いが盛り上がっているときには、ファシリテーターが何かアナウンスをしたくて、一旦話し合いを止めたいときには大声でさえぎるのではなく笛や鈴を使うことがある。同じ時間を過ごした人だけが持っている…というちょっとした特別感が生じるので、社内研修や盛り上がったプロジェクト等で、ちょっとした「記念品」（もちろん、学びに役立つもので）を用意するというのも、研修を日常にブリッジするために役立つ小技の一つ。終わりが始まり。

109 この鈴は真鍮製なのでサイズの割には物理的にも重いが、ここでは精神的な意味で言っています。

トレーナーとしての第一歩、ファシリテーション講座(F講座)

会社の1階にカレー店を開くとしたら…

川瀬雅子(まこさん)

FTT研修については、ここまで述べてきた通りだが、この先、10名の参加者達はF講座を実践して初めてトレーナーとなる。ここでは一例として、イノ・タツ2人の実践を取り上げる。2人がどのようにして、F講座を企画し、実施に至ったかを、春先の2人の出会いから年末のF講座実施まで、時系列で追っていきたい。

Ⅰ:「出会い」

第1回研修でイノ(関連会社所属)と日能研の教室で日々を送るタツは、運命のいたずらで!?ラーニングパートナー(LP)となった。2人はグループ会社に所属している者同士とはいえ、それまで互いに話したことももちろんないし、直接的な業務上のやりとりもなかった。身を置い

イノとタツ、ラーニングパートナーとなる

ている文化の大きく異なる2人が集うと、単語一つとってもその背景に持っているものが違う。だからこそ、多くの人にとって納得度の高いF講座が企画できるのではないか？　と2人はLPを結成したときからなんとなく思っていたようだ。

さて、イノは日能研とはかなり社風の違う会社で育ってきた。端的に言うといわゆるよくあるピラミッド構造の会社だ。会議というのは、どちらかというと決まったことを伝える場というようなイメージを持っている。日能研が日常的に行っている、意見をぶつけ合い、新たなアイデアを創りだすというようなプロセスは業務上それほど経験してこなかった。もちろん日能研にも、いわゆる普通の会議もたくさんあるが。

一方タツは、日能研の教室現場やプロジェクト等で、メンバーと何かを創り上げるという経験は十分に経験してきていた。ただ、日々の膨大な業務の合間に、他会社のイノとどの程度意志疎通ができるのか、不安に思っていたことは確かだ。

そんなイノとタツは第1回目研修を通して、互いの人柄もなんとなくわかりあえたし、研修後の懇親会では研修とは関係のない普段の業務の話などをし、距離はそれなりに近づいたようだ。2人の年齢が近いことも良い作用を生んだのだろうか。このとき**F講座実施まであと9ヵ月**だった。

Ⅱ：「F講座の土台をつくる」

7月初旬の第3回研修日を迎えるにあたっては、事前課題があった。課題は、「F講座、こんなことやりたい！」というアイデアを持ち寄るように、とのこと。イノとタツは多少連絡を取り合ったものの、結局打ち合わせは研修当日になってしまった。久々に顔を合わせたこの日の午後、F講座について考える30分程の時間の中で何とか意見をまとめていた。そのときに参考にしたのがトレーナー1期生や2期生の成果物だ。それらを見ながら互いのやりたいことを自由に出し合った。いろいろなタイプがある中どれを参考にしようか？　これもいいね！　あれもいいね！と研修でやったブレストのように、イノとタツは否定せず話し合い、聞き合った。

議論した結果、どちらの会社でも共通して行われる「会議」に焦点をあてようというところに落ち着いた。また、会議といっても主体的に参加することを求められるような、どちらかと

たくさんのフィードバックをもらったF講座プレゼン

いうと日能研でよく行われているような会議への参加体験を通して気づくことが多いのではないか、ということになった。話し合いの中でイメージする参加者像も浮かび上がってきた。メインターゲットとなる、イノ所属の会社の社員の多くは、会議で自由に発言するということの経験があまりないとのこと。だからこそ、ブレストを行い、意見を出してまとめていく面白さを知ってほしいということをねらいとした。

　こうした話し合いを経て、いよいよ他の4期生メンバー＋OGNに向けてプレゼンタイム。2人が考えたF講座のテーマは「主体的になる会議の場をつくる」だ。対象は主にイノ所属の関連会社職員、そして日能研職員、モデレーター（授業担当者）。このF講座の最大のねらいは、会議に主体的に参加することのメリットを伝えていきたいということ。また、安心・安全な場での話し合いをF講座の中で経験し、今後に活かしてもらいたい、ということを熱く語った。

プレゼン後、他の参加者やOGNからのフィードバックを、紙（フィードバックシート）と口頭でもらった。かなり手痛いフィードバックもあったようだが忌憚のない意見をもらえる仲間がいるというのは、貴重なことだ。

仲間の刺激もあり、「我々2人がこの講座をつくっていくんだ！」というリアルな気持ちを強く持ったのはこの時が初めてだったのかもしれない。実施日を12月18日に決めたのもこのタイミングだったから、きっと2人にとって非常に印象深い日になったにちがいない。このとき**F講座実施まであと5ヵ月**だった。

Ⅲ：「F講座の肉付け」

第3回研修で熱いプレゼンをしてから2ヵ月半が経ち、暦の上での季節は夏から秋に変わっている。さて、第4回研修の事前課題は、F講座の企画をねらいや意図も含めて5分以内でKP法を使ってプレゼンする、というもの。2人は前回のフィードバックを踏まえ、今日まで数回やりとりをした。といっても、日頃は教室にいるタツは連日朝から夏期講習。いつも以上に元気な子ども達を相手に、F講座の準備どころではなかった。8月はこうしてまたたく間に過ぎ去っていった。

ペアの特性をメリットに変え、課題に向かっていく

だが、こういう時にペアでやっているメリットが出る。その間イノは話し合ったりメールでやりとりしたことをコツコツとＫＰ化したりと、夏期講習後のミーティングに備えた。9月の初旬、やっと直接顔を突き合わせての打ち合わせが実現。メールではやりとりしきれない話などをしながら、ＫＰを進化させていき、当日の4時間のおおまかな時間の使い方を決めていった。この間、実際に会って打ち合わせしたのは2回。ＫＰはすべて表計算ソフトに打ち込んでデータ化していたので、第4回研修日には、細かなイメージを再度確認する程度で済んだ。

その後、メンバー＆ＯＧＮに向けてＫＰプレゼン＆フィードバック。この部分は、ＦＴＴ研修第４回（１１５〜１４６ページ）の中で詳しく述べているのでここでは割愛する。

今回イノとタツのようすを見ていて私がほぉ〜と学んだことがある。それは、たいていのやりとりは

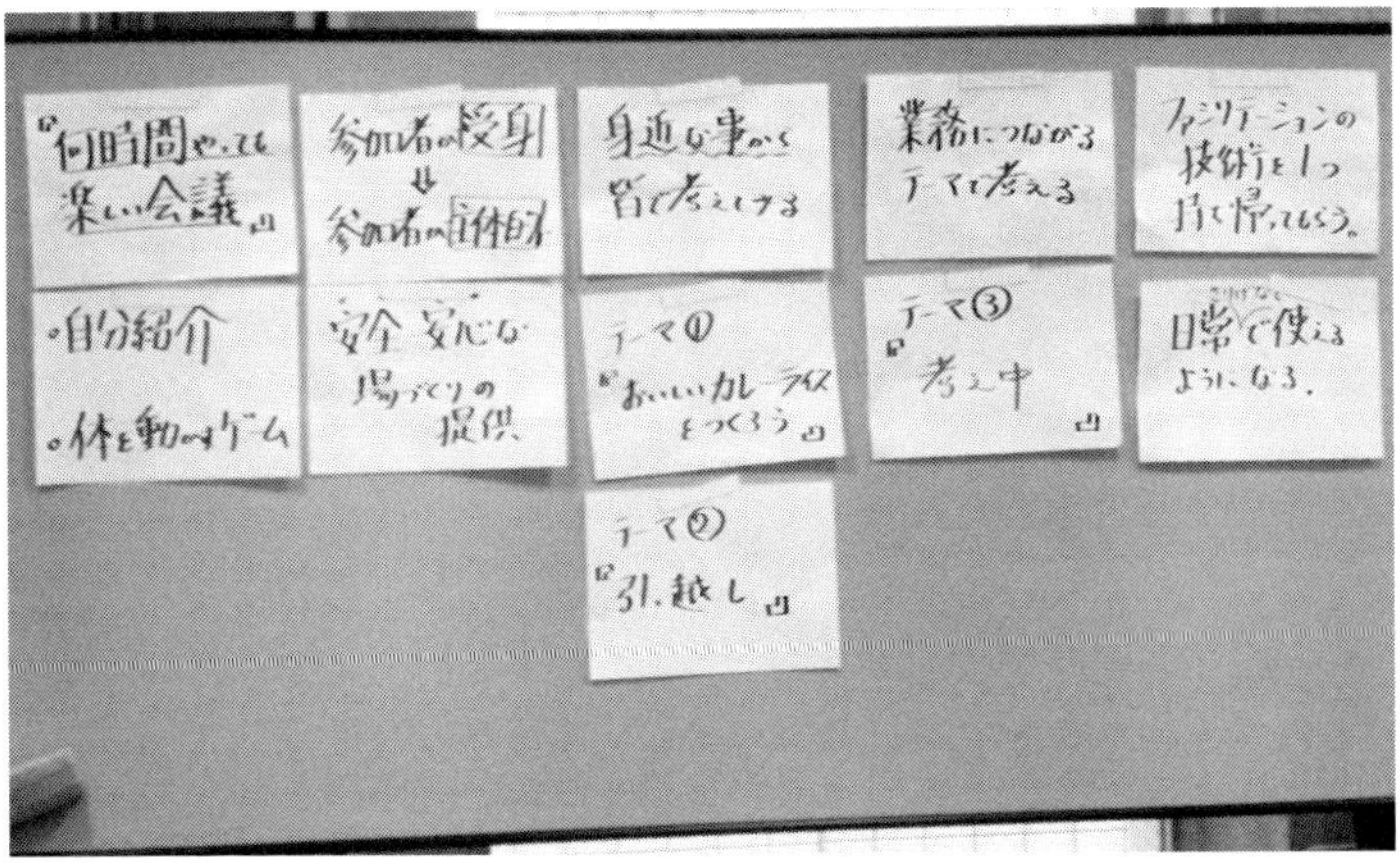

Ｆ講座企画「何時間やっても楽しい会議」のKPプレゼンのようす（第４回研修で）

メールで事前に済ませ、顔を合わせたときにはクリアできていない問題点だけを扱えばよいという状態になっている。これであればどんなに普段離れた場所にいても、十分やりとり可能なのだということだ。実際に顔を合わせてあれこれ進めるタイプの私にとっては、新鮮だった。

２人は今後仲間からの指摘をどう受け止め、消化し、プログラムに反映させていくか、そしてそれを時間割にどのように書き表していくか。見守り役であるＯＧＮの立場から言うと、大まかな設計図を描いてから実施にこぎつけるまでのまさにこの期間が、もっとも大変でそしてもっとも力がつく時であるのは、今までの研修参加者たちを見ていても間違いはない。イノとタツも、ここからどれくらい粘り強く考えるかで、得られるものの質が変わってくるはずだ。このとき、**Ｆ講座実施まであと２ヵ月半**だった。

Ⅳ：最後の追い込み、時間割作成から実施日前日まで

ＦＴＴ研修全４回が終了してから２週間たった10月中旬、２人はタツの勤務先の一室にいた。いつもは授業を行う教室だが今は午前中なので、子ども達はもちろんまだ来ていない。２人は一室にこもって、今回の研修の設計図となる企画シート（資料編1．企画シート参照）の完成を目指した。企画シートとは、ねらいや意図、誰に向けてどんなことを持って帰ってもらいたいのかなど、原則としては書く項目が決まっているシートだ。２人は項目に沿って話し合い、やりたいことを言語化していった。話せば話すほど、準備が足りないところが見えてくる。本当はもっともっと話し合いたいがこの日は時間切れ。一度にまとめて時間を取れれば効率的なのだが、２人の業務の合間を縫ってやっているので、まとまった時間がつくれないのは仕方がない。３日後に再会することを約束して別れた。

その後のメールのやりとりで企画シートを完成させ、今日はその周辺を固めていく日。あれこれやりたい具体的なことを、直さん直伝の時間割フォーマット（資料編2．タイムテーブル参照）に落としていく。10時から14時の４時間をどのようにデザインしていくのか。自分たちが意図しているねらいに体験を通して気づいてもらうためには、どのようなプログラムをどのように運用したらよいのか。あんなこともやりたい、こんなこともやりたいと、やりたいことが盛り込まれ、最大限に膨張した時間割ができた。ここからは、エッセンスは薄めずにどうスマー

A	B	C	D	E
	本日のスケジュール 10:00～14:00	セッション① 企画会議 10:10頃～（80分）	セッション② 企画会議のふり返り 11:45頃～（20分）	
		昼食 12:10頃～（50分）	セッション③ 会議を豊にするために 13:00頃～（45分）	一日のふり返り 13:45～（10分）
		一緒に会議を楽しく・豊かにする準備・工夫を共有しましょう		

表計算ソフトでデータ化されたKP。1セルがA4用紙1枚分になっている。

トにねらいに沿ったプログラムにしていくか、というステップに入る。このとき、**F講座実施まで2ヵ月弱**だった。

11月中旬、いよいよ直さんとOGNに時間割を見せ、F講座実施の相談をする日がやってきた。事前にデータは渡していたものの、具体的なプログラムが書き込まれた時間割へのフィードバックを受けるのは2人にとって今日が初めて。この時間で、2人の想い満載の時間割が、スリムに、現実的になっていく。2人は本当にやりたいこと、伝えたいことの整理ができた。

部分的だが中身を大きく変更し、カレー屋企画の一本に絞りこんだ。カレー屋企画のブレストをやり、企画案をつくり発表。その後ふり返りや気づきを丁寧に扱おうということになった。骨格はほぼ整った。このとき**F講座実施まであと1ヵ月**だった。

残りあと１ヵ月を切る頃になると２人のやりとりの頻度は増していった。当日提示するＫＰの言葉づくりも始めた。相変わらず会って話す時間があまり取れないので、今度は主にタツが表計算ソフトにＫＰに記入する言葉を打ち込み、メール上でイノとやりとりして修正。これを何度か繰り返しつつ、時が過ぎていった。そうこうしているうちに参加者も増え、顔ぶれもだんだんと明らかになっていく。**Ｆ講座実施日まであと３週間を切る頃**だった。

その後、直さんから励ましの言葉が届いた。「こうやって事前ＫＰが出来ていて、見せていただけるとイメージの共有が出来て本当に良いですね。素晴らしいです。期待しています」。

このとき**Ｆ講座実施まであと一週間**。Ｆ講座実施までにやるべきことはほぼやり尽くしたことを２人で確認し合い、残りの日々を過ごした。

いよいよやってきたＦ講座前夜、通常業務を切り上げてから２人は会場セッティングに入った。今回は、講義型であれば50人近く入れるような広めの会議室が確保できたので、会議室は前部と後部に分けて使おうと考えていた。でもやはり足を運んで実際にその空間に身を置いてみると、頭の中だけで考えていたのとのズレが出てくる。そこで実際に机や椅子、えんたくん等の小道具を当日使う場所に置きながら、空間づくりをしていった。それと並行して、ＫＰを会議室のどこに貼ったら見やすいかと考えたり、ＫＰを貼りながら話す練習などもして、改めてプログラムのねらいの確認なども行った。

ついにやってきたＦ講座当日

V：F講座実施当日

当日は研修の2時間ほど前に会場に入り、最終打ち合わせ。緊張と不安が入り混じってはいるが、同時にやる気もみなぎっている。

参加者がそろい、F講座がスタートした。今日の4時間のプログラムのことを、どれだけの時間をかけて2人で考えてきたか。それを思うと今この瞬間を迎えられること自体、涙が出るほどうれしい。緊張しているが、準備はしっかりしてきた。よしいくぞ！

参加者6名がホワイトボードを取り囲むように半円になってのスタート。緊張をほぐす意味も込めて、①自分の呼ばれたい名前、②今朝食べてきたもの、③今の気持ち、の3点をA4用紙に3分割して書いてもらった。まずイノが率先して見本を見せる。「僕のことはイノと呼んでください。今日の朝食はトース

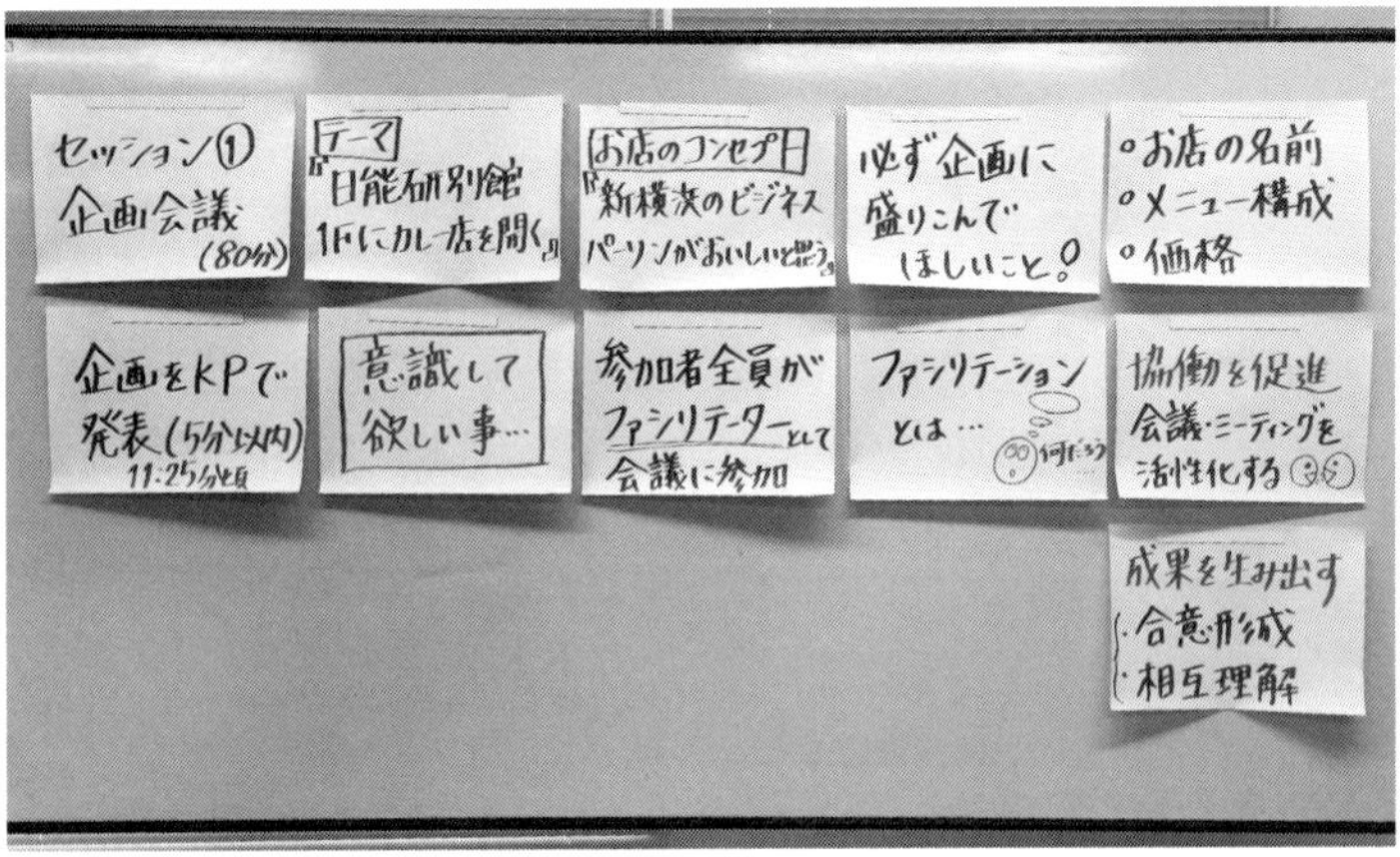

セッション①企画会議についての情報提供

トと目玉焼きでした。うちの定番メニューです」と言ったところで笑いが出た。確かに、普通の会議で朝食のメニューを披露することはないもんね。それにイノは今回の参加者の数人の上司でもあるので、いつも会議で見せている顔とのギャップが大きいのだろうか。その後タッ、参加者も次々に自己紹介。2人のねらった通り、笑ったり、自己紹介で声を出すことによって場の雰囲気がだんだんほぐれてきている。

ここで、本日の大まかな流れと、このプログラムの大きなねらいも伝える。「ファシリテーションスキルが、合意形成に役立つことを実感する」というのが目的の一つ。また、大切にしたいことは「参加者が主体的になる」「安心・安全な場であること」等も伝えた。皆の納得した顔を見て、メインプログラムに進む。

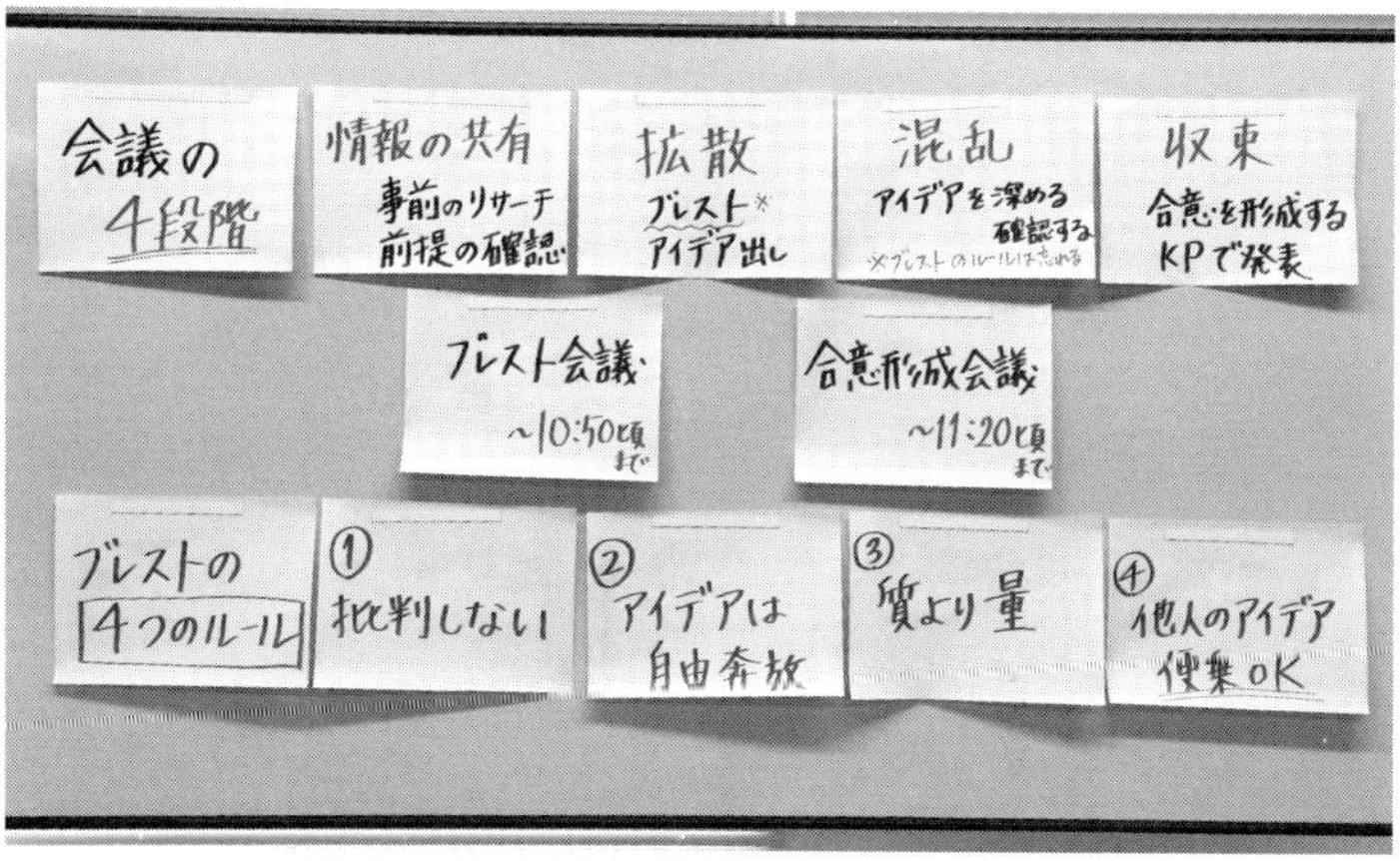

会議の４段階と、ブレスト４つのルール

〈メインプログラムがスタート〉

セッション①企画会議についてのテーマは「日能研別館1階にカレー店を開く」だ。このテーマには、2人の強いこだわりがあった。自由な意見をどんどん出していくという体験をすることで、自分から意見を出すことの面白さを感じてもらいたいというねらいがあった。だから、誰もが乗っかりやすい食べ物（中でもカレー）をチョイスし、場所もなじみのある会社の1階への出店計画という設定にしたのだ。

話し合いの手順については、師匠の直さんのように、KPでテンポ良く示していった。続いて、「会議の4段階」（上の写真を参照）を紹介した。情報提供はここまで。

ここから先は、グループでの話し合いだ。A・Bグループに3人ずつ分かれ、各グループにえんたくんを配り、メンバーが膝で支えたのを確認。カレー店の企画会議に入る準備が整った。

えんたくんを囲んでの楽しいカレー店企画会議

グループで30分間のブレストがスタートした。えんたくんを囲んだ話し合いは、隣の人との距離が近いし目線も合わせやすく、あっという間に楽しそうな雰囲気になっていった。

Aグループのメンバーは、イノと同会社の若手社員2名と日能研職員が1名で、初めての顔合わせだが、なんだかとても楽しそう。話し合いは、普段はどこにランチを食べにいっているとか、予算はどれくらいかなど、お互いのサラメシ事情を話すところから相当盛り上がっている。イノの会社もこの研修会場から歩いて3分ほどなので、お気に入りの店が同じ！　とか、あの店のあのメニュー構成は…など込み入った話をしている。とにかく話しやすい話題を、という2人のねらいどおりの展開だ。

Bグループも同じく、イノと同会社の社員2名と日能研職員1名という構成。どんなメニュー構成にしようか？　周りにはこんな競合店があるからコンセプトは…などと次々に意見が出ている。

どちらのグループもブレストのルールはちゃんと頭に入っているようで、批判的だったり、否定的な意見を言う人は一人もいない。いたるところに笑顔がこぼれていて、とても楽しそうな雰囲気。でも途中で話が脱線しすぎたようで、タツがKPを指しながら、お店の名前や価格にも目を向けて欲しいことを伝えたりもした。また、意見はたくさん出るけど、紙に書いていないグループを見ると、書くようにとそっと声をかけるなどの働きかけを2人はしている。なぜそっとなのかというと、ファシリテーターのイノとタツは、この日皆が話している場面ではなるべく口をはさまないようにしようと心がけているからだ。

あっという間に30分が経過し、ブレストタイム終了。ブレストって楽しい！　と顔に書いてあるようなメンバーも。ここまでのところ、ねらいとプログラムがマッチしているようで私も一安心。穏やかで楽しそうな雰囲気が流れている。イノとタツは仕事面ではどちらかというと厳しい表情が多い2人。今日はちゃんとプログラムのねらいに沿った顔になっている。

さてここからは、今たくさん出したアイデアをグループで一つの意見にまとめてほしいと伝えた。通常、意見をまとめるところでは意見の対立が起こりやすい。ここからの話し合いを2人がどう観察し、働きかけるかがこの講座のポイントとなる。

この2グループもやはり、意見を一つにまとめるというステップに入ったとたん、話が途切れがちになった。会社の上下関係なども決定のプロセスに影響しやすい。が、すでにブレストで出た内容が紙にたくさん書かれたままえんたくんの上に載っているので、目の前にあるそれらの紙の中から意見をまとめるという段階に移行しやすかったようだ。両チームとも話し合いの状態が紙にある程度反映されていたため、残り時間５分というところでそろそろ発表の準備をしてね、と促したらあっという間に企画がまとまっていった。えんたくん＋Ａ５カクハル（Ａ５用紙に各自意見を書いてメンバーと共有する）を使った効果か。

また、最終的なアウトプットをＫＰで行うという約束があったからだろう。残り数分というところで、どちらのグループも皆で手分けして10〜15枚ほどのＫＰを書きあげることができた。全体の構造と大まかな言葉ができていれば、手分けして書くことができる、というのもＫＰ法の大きなメリットである。

〈セッション②企画の発表、そしてふり返り〉

発表はまずＢグループ、コンセプトは、「身体にも、お財布にもやさしいカレー」だ。定番のビーフカレーや野菜カレーに加えて、痩せるカレー、二日酔いに効くカレーなどのオリジナルメニューも。発表時にもたくさん笑顔があり、楽しく話し合いをしてきたことが見てとれる。

次に、Ａグループは、「シカクい頭をマルくするカレー」がコンセプトで、内装は日能研の教室を模したものらしい。こちらのグループは10枚ほどのＫＰを３〜４枚ずつ３人で交代で発表した。ノリが良すぎて、本筋から少し外れているような感があるが、仲間と意見を交わし合い、

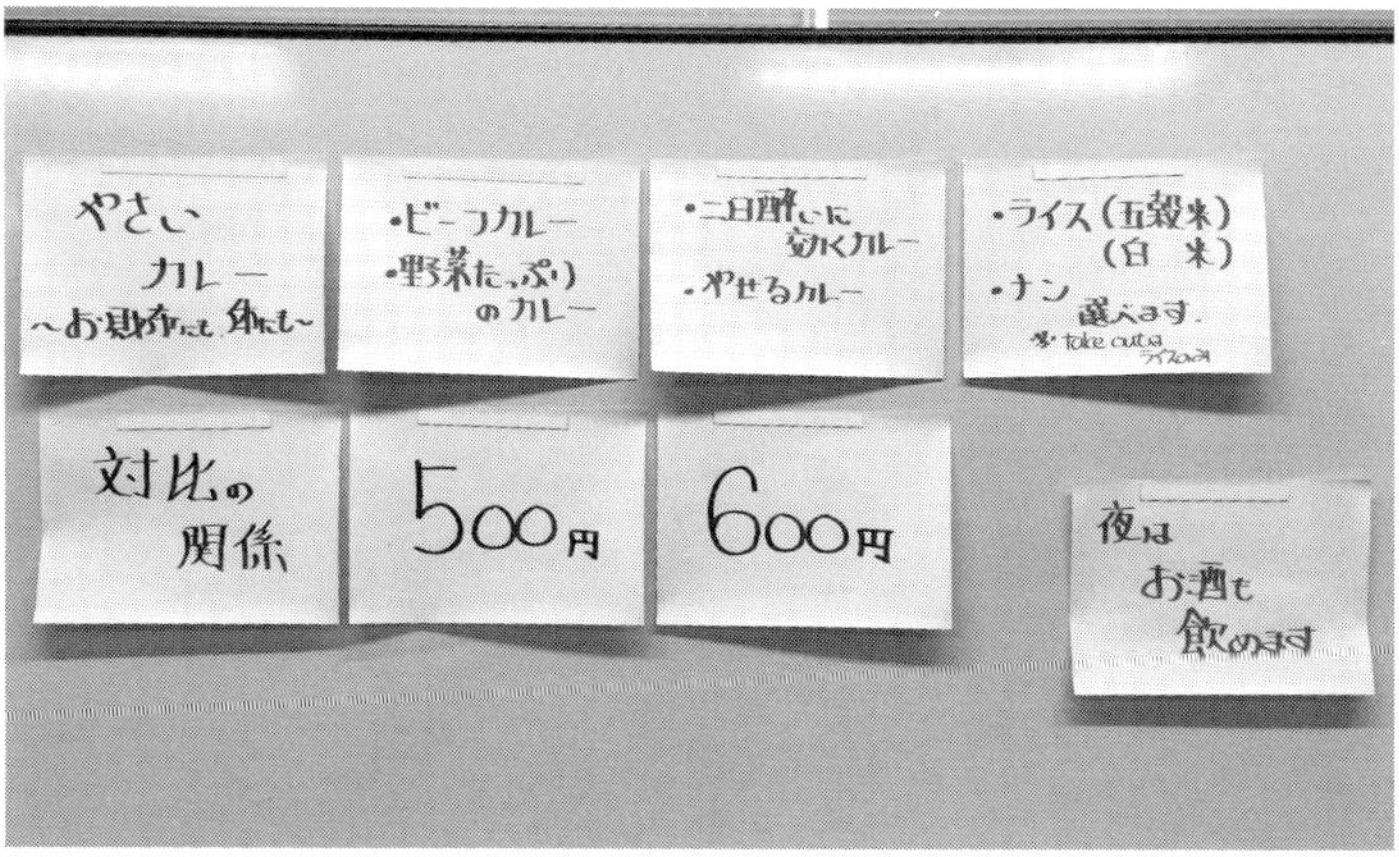

Ｂグループ：こんなカレー屋さんにしたい！

楽しかった！　というプロセスの充実ぶりが十分に伝わってきた。

ここまで1時間40分、休みもとらずにやってきたので、メンテナンスタイムをとった。皆お茶やお菓子でリフレッシュした。

企画会議のふり返りはＡ５の紙に、自分が見えていたもの、自分が感じたこと、自分が使ったファシリテーションスキル、チームに貢献したこと、などを書きだそうという投げかけで行った。数分後出てきた言葉には、「否定しない」「全員が意見を言えるメンバーだ」「ブレスト中のメモはわかりやすい」などがあった。ブレスト会議をやるねらいが、実習という体験を通して参加者にも伝わったようだ。一通り意見を共有して、お昼の時間に入った。

〈失敗は素直に認め、午後へ〉

午後は、イノ・タツから参加者にメッセージを伝えるところから始まった。これは予定していないものだったが、イノ・タツとOGNが一緒に、昼食をとりながらのミーティングで、率直にごめんなさい、と伝えようということになったため取った時間だ。具体的には…、カレー企画の際、えんたくんを3人の膝で支えると、ひょいっと抜けられなくなってしまうのに、そういった懸念を伝えずに始めてしまった。また、最初にいたテーブルから3メートル程前に移動してしまったため、自分の飲み物を取りに行けない状態がずっと続いていたのに気づかず午前中のパートを終えてしまった。これらのことについて、配慮が足りなかった、ごめんなさい。と2人からの言葉があった。

これには参加者も、実施する2人が空間デザインについての自分の失敗をさらけ出してくれた、ということで好感を持ってくれたようだ。こうして、起こったことを使って学びに変えられるのも、ワークショップスタイルの良いところだ。直さんも常々、3つの間、つまり、「時間・空間・人の間」を取り持つのがファシリテーターの仕事だと言っているが、まさにその3つが学べる、良い時間になった。

〈セッション③研修と日常をつなげるためのパート〉

さて、午後は午前中にやった会議を頭の片隅に置きつつ、「普段の会議を豊かにするために何ができるか」というテーマを提示した。まずは個人作業でアイデアを書き、それを元に話し合った。

皆、参加する中でいろいろなことを感じたり、考えていたということが、アウトプットすることによってよくわかる。同じ体験の場にいても、感じること、考えることは当たり前だが人それぞれだ。こうしてそれぞれの意見を出し合い、グループで話し合った結果、ひとつのグループでは「ゴールを決める」「結論を表現する方法を決める」「今何をする時間なのかKPで示すことによって、議論が脱線したときにも戻りやすい環境をつくる」などが普段の会議を豊かにするためにできることとして挙がった。

メンバーの一人である日能研の職員からは、いつも行っている打ち合わせの中に、すでに取り入れられている部分もあったし、これから取り入れたいと思った部分もあったというコメントがあった。また、イノと同じ会社の職員からは、一般的に会議というと、対立構造！　ねじふせる!!　独演会!!　のどれかというような「イメージ」があったが、今回は皆から意見を出すという体験ができた、という意見が出た。また、他者の意見を否定をしないというルールがあったから、話しやすかったということを言ったメンバーもいた。

もう一方のグループでは、F（ファシリテーション）の地図についての疑問が出た。「場に働きかける」というのは、場がうまくいっていないときに多くなるのか？　また、ファシリテーターとしてどう環境設定するか、場に働きかけないでもうまく進むことが理想的なのか、などファシリテーターの在り方につながるような話にも広がった。うーん、簡単には答えられないけれど、今後考え続けるには良いテーマだ。

ABグループのどちらのメンバーも、各々自分が会議招集者になったときのことをあれこれイメージし始めている。傍らで記録を取りながら見ている私には、セッション③で仕掛けたかけ橋（セッションと現実をつなぐ橋）がちゃんとかかっていることが形となって表れたようでうれしい。

最後のクロージングでは、この研修で学んだことを皆一言ずつ述べ、現場でも是非チャレンジしてみたい！　という前向きな雰囲気で終わった。

〈研修後のふり返りは、すぐやるのが鉄則！〉

プログラム終了後、実施者のイノ・タツと、直さん、タケちゃん、私でふり返りを行った。直さんからは、「同じ内容をもう一度やるとしたら」、という視点でふり返りをしようという提案があった。そしてたくさんの出来ていたこと、もうちょっと改善したらよかったことを外野である私達がいくつか伝えた。

それらもふまえて、２人からはたくさんのコメントが挙がった。例えば、

・会議室の空間の使い方をイメージしきれなかった。

・こういう発信をしたら、きっとこういう反応が来るはず、のような想定力が全然足りないことに気づかされた。

・F講座を始める前と終わった後のギャップがすごくあった。つまり、準備ばっちりと思っ

て挑んだが、実際には見えていないところが多々あって、終わったあとは充実感はなく、やり残した感が強く残った。

・事前に準備した通りに実施しようと思うあまり、参加者の様子に目が行き届かなかった。参加者の気持ちに寄り添えなかった。

出来なかったことに目が向いているけれど、出来ていたこともたくさんあったし、初めてにしてはとても良い出来だったよ、と直さんが声をかける。2人は疲れ切っていた様子だったが、最後に同じプログラムを是非またやりたいとのこと。良かった。もう二度とやりたくない、という感想が出たら、社内にファシリテーションを広めていく立場としてはつらいもの。

初めて本格的に企画したワークショップ型プログラム、イノとタツにとってはすぐには持ち帰れないほど学びの多い日になったようだ。企画し実践しないとトレーナーが本当の意味で理解できないことがこんなにたくさんあるのも、研修の全体像としてどうかと思うが、これがワークショップをファシリテートするということの現実なんだと改めて私も思った。つまり、準備ももちろん大切だが、その場で参加者のようすを観察しつつ、相手の反応に応じて働きかけを変えていくことの大切さは、ワークショップの場をつくる側に立たないと学べないということだ。

４回のＦＴＴ研修に加え、このＦ講座の実施で、２人は晴れて社内公認のトレーナーとなった。さあ、次のＦ講座はいつやろうか。今度は、どのように今回のことを活かそうか。今回と比べてどれくらい視野が開けてくるだろうか。今よりもさらにレベルアップした２人の姿を記録する日を待ちたい。

イノとタツのＦ講座「ファシリテーションスキルを使って、参加者が主体的になれる会議をつくろう！」タイムスケジュール

時間(分)	内　容	説　明
15	挨拶、自己紹介、今日の流れ・グランドルール・この会の簡単なねらいの提示、グループ分け。	会社が異なる人たちの集まりなので、自己紹介やねらいなどは丁寧に伝える。
80	**セッション①企画会議** 「別館にカレーライス店をつくろう」 各グループで企画会議(30分) →発表	ねらいは、企画会議を通じて、合意形成にいたるプロセスを参加者に体験してもらう。 ブレストの４つのルールを情報提供し、どんどん意見を出しやすい環境づくりをする。 えんたくんをグループメンバーで囲み、参加型のアクティブな雰囲気をつくりたい。
20	**セッション②企画のふり返り** 自分が感じたこと(楽しい、うれしい、気になる、グループに貢献できたな…)を、Ａ５用紙に記入→共有。	カレー企画で具体的に体験したことを、いくつかの視点で仲間分けすることで、一般化するためのステップにする。
50	昼食	ふり返りで書き出した紙の中の気になったものに、ふせんを貼り、赤・緑コメントを入れる。
45	**セッション③会議を豊かにするために** 「会議招集者として」、「会議参加者として」、という視点でお題についてグループで話し合い、KP化→発表。	まず、この講座の意図と今日行ったさまざまなしかけについての意図開き。そして①②で行ったことを一般化。これを共有し、日常の会議で活かしてもらえるような状態で持って帰ってもらいたい。
10	ふり返り	A4用紙にふり返りを記入し、全体で共有して、おしまい。

「資料編２．タイムテーブル」でさらにくわしく紹介している。

ねらいの明確化

プログラムを設計するときに「ねらいを明確に」することはとても大切です。ただこの「ねらい」、気をつけないと実施者側の用意した「正解」になり、参加者にはやらされ感が生じるものになってしまうことがあります。見よう見まねで研修のプログラムを作り始めた頃は、そんな失敗をたくさんしました。「こういうことを解らせたい」ための体験(アクティビティや実習等)を仕込んでおいて、ふり返りで「こういうことに気づきました」と参加者に言わせたい…。いわゆる予定調和なプログラムです。用意している(いわゆる)正解に寄せようとして反発されたり。そうでない答えが出てくると「えっ?」と動揺したり。ああ恥ずかしい…。

では「体験型プログラム」の「ねらい」とは。参加される方は、この体験をどのように受け止めるのか? どこに戸惑い、どこに楽しさを感じるだろうか? 参加者の立場で想像してみるのがスタートでしょう。

「こんな体験になるといいな」「こういうことが起きるだろうな」という想像を元にして、テーマと結びつける。「ねらい」を明確にするということは、この体験が参加者のどんな学びの要素になるのか、について考えられているということだと思っています。「こうなるべし」「これが必ず身に着く」という『ねらい』は違和感があります。体験は目的を持ってデザインし、プログラムとして組み立てますが、そこで参加者の「感じたこと」や「気づいたこと」はそれぞれに任せ、基本的に否定しないで活かしていくことが大切です。

一方で、社員研修等では、一定のクオリティのアウトプットや、一つのテーマに対しての成果物を形にすることが求められることも多くあります。こんな体験型でありつつも達成したいことが明確にあるという場合です。こんな場合には「参加者が主体となって、感じ考えたこと＝成果物」が研修をする側（会社や上司）から否定されるような展開を避けつつ、一定の範囲の中でも安心して参加者が考えや思いを出せるようプログラムを組む必要が出てきます。

特にファシリテーターの進行如何で、参加者のモチベーションを下げるようなことにならないよう「この範囲で考えましょう」「こういう条件を満たしたもので考えてください」と、事前にアウトプットについて情報を出しておくことが必要です。今回はこの範囲の中で考えますよ、とある枠組みを明確に提示しておくこと。

参加者が自由に考え自分を使って感じ、考えられるように、「ねらい」をとらえ、プログラムを設計したいところです。

（タケちゃん）

安心・安全な場づくり

ファシリテーターの大きな役割の一つに、安心・安全な場を確保するということがあります。グーグルが数年前に生産性の向上計画として立ち上げたプロジェクトの調査結果*によると、成功するチームには「心理的安全性」があったということです。「こんな発言をして、バカにされないだろうか？」「上司にしかられないだろうか？」という不安がなく、「ありのままの自分」として発言し仕事ができることが、生産性を高めることに繋がる、とこの調査により明らかにされたそうです。

職場だけに限らず、グループワークや、体験的な学びの場、もちろん会議やミーティングなども含めて、人が人と活動するときには「その場で安心して自分自身を表現できる」ということがとても大切になってきます。そのためにはファシリテーターは具体的に何をしたらよいのでしょうか？　私たちが考えてやってきたことと言えば、

・そもそも参加者は場のルールや雰囲気が解るまで「どんな感じだろう？」と緊張したり、不安になったりしているものだと知っておくこと。

・その懸念や不安を下げる言葉かけをすること。

（例：今日は何を言ってもやっても「失敗」ということはありませんので、どうぞお気軽に、等）

・参加者にとってハードルの低いだろうものから話したり、考えたりするようにプログラムをデザインする。
（例：チェックインで、名前とどこから来たかを話す、短くて皆が話しやすいものから入る等）
・発言を否定しない。まずは受け止める。参加者同士も否定しないで聞くという場のルール（グランドルール）を説明しておく。
・参加者の様子をよく見て、発言をしっかりと聞く。思い込みをいったん置いて理解しようとする。
等々…。

いわゆる名ファシリテーターという方は、こういう細やかな「安心・安全な場づくり」を自然にサラッとやっているんだろうと思います。もちろん、メタスキルとして「ほっとできる温かい人柄」や「上からでない立ち位置」「顔や表情、立ち居振る舞い」等も影響しているのでしょう。まぁ、持って生まれた顔や性格は変えられないので、「使う言葉を参加される方の立場で選ぶこと」「表情を柔らかくすること」「届く声で、でも温かい印象が伝わる声を出すこと」に気をつけていこうと思う毎日です。

（タケちゃん）

＊ グーグルが2012年から約4年かけて実施した生産性向上計画「プロジェクト・アリストテレス(Project Aristotle)」

第 2 章

ファシリテーション・トレーナー・トレーニングから生まれた道具箱

FTT研修中に参加者、オーガナイザーがともに作った「日能研ファシリテーションの道具箱」(85ページ)をもとに、読者の皆さんが様々な場面で活用できそうなものを20例ご紹介する。

道具箱 1

参加者情報の収集

「参加者中心」の場づくりの一歩目は参加者を知ること。それぞれの「参加の動機」や「期待すること」を知って設計に活かす。

必要な道具　事前アンケート、参加入力フォームの質問等。
環境設定　参加者と実施者が共用できるネットワーク環境を利用することもある。
参照・関連　道3グループサイズ

手順

①事前準備で：申し込み時に所属や年齢、性別などと併せて、「この研修（ワークショップ）に求めるもの」「○○について：アやったことがある　イ聞いたことがある　ウ今回初めて知った」等の質問に答えてもらう。また参加にあたって気になっていること等を書いてもらう（健康上の留意点なども含む）。社内研修等の場合は、主に仕事をしている地域や、職種、参加にあたっての期待を。可能なら上司や職場の仲間からコメントをもらうなども有効。

②当日スタート時にGCPアンケート（グーチョキパーアンケート）などで全体を把握する。GCPアンケートは、参加者に質問をして、その答を3つの選択肢で示す。その後参加者にグ

ー、チョキ、パーの３つのハンドサインのうち、いずれかを出してもらうアンケート法。アイスブレイクにもなる。また、一瞬で正確な三択アンケートができる。

例：「○○について、今回初めて聞いたという人はグー、過去に聞いたことがあるという人はチョキ、聞いただけでなくやったことがあるという人はパーを出してください」

ひとことメモ

✓事前に聞いておくことで、把握や予測ができる。もちろん、当日参加者の反応を見て、内容変更が必要な場面では柔軟に対応する。

✓社内研修など事前情報があることで、あまり「前のめりではない」参加者の存在が解る場合がある。参加・体験型の場では学ぶ側にも主体的な参画意識であるオーナーシップがある場づくりが大切。事前にそのことを伝えるなど、学ぶ責任を手渡しておく。一方、ファシリテーターは先入観を外して興味の持ちやすいプログラムの工夫や、なぜ前のめりになれないのかについて、共感的に理解ができるようであれば、それも大切にして進める。

（タケちゃん）

道具箱 2

配置・座り方

参加者の参画度を上げるためには、物理的な環境設定も大きな要素となる。目的を明確にして机や椅子の配置を選択したい。

必要な道具　床に座る場合、座布団やラグ、マットなどを用意しても。
環境設定　道具箱2は全て環境設定に該当する。
参照・関連　道3グループサイズ　道12PKT
道8A5カクハル
道13グループ状況の把握

手順

①椅子：有り・無し、机：有り・無し　可動か動かしやすいか等、会場の状態を確認する。
②目的にあわせて、掲示や照明、ホワイトボードやスクリーン等の位置を考慮し、配置する。ファシリテーターの立ち位置や、中心の有無（参加者が向く方向）、参加者同士の目線、移動があれば動線などを考える。

ひとことメモ

✓机と椅子が動かせる会場は配置のバリエーションが

多いが、固定されている場合、隣の席や前後の席でやりとりを行うとか、席を立って空きスペースを使う等で工夫する(しかない…かも)。

✓ 広い会場なら、「机・椅子」エリアと、何もないエリア(椅子のみも可)を同一会場につくり、場所を変えることで雰囲気を変える工夫もできる。床に座ったり寝転んだりできるスペースを作っておくのも良い。

✓ 情報発信がされるホワイトボードやスクリーン等に背を向ける場所に座った参加者への配慮が必要。(情報発信のときは座りなおすよう声かけ、等)

✓ 各グループ間の距離(音の聞こえる範囲)等にも気を配る(後ろの席の人と常にぶつかってしまう…というのも気づまりだ)。

✓ グループ内の椅子の配置にも目を配る。社内研修などでは上座下座ができていたり、知り合い同士が並びグループ内グループができていたりする。机の配置上、こぼれやすい位置(お誕生日席など)にいる参加者の発言が少なくなっていたり、明らかに乗れていない人の椅子が外にひかれていたり等あれば、グループ内での席替えも有効。

(タケちゃん)

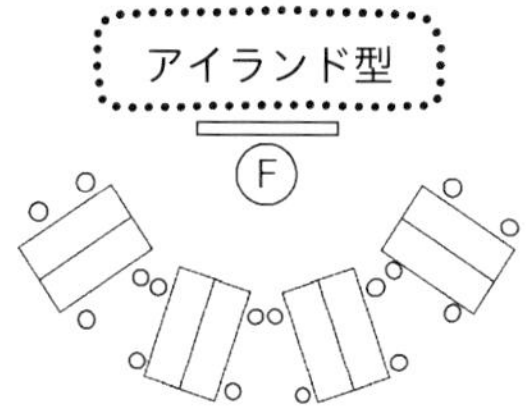

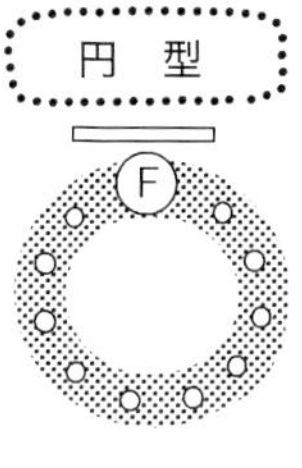

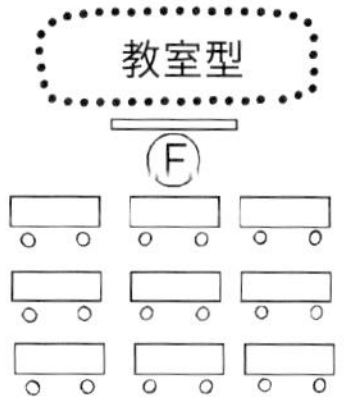

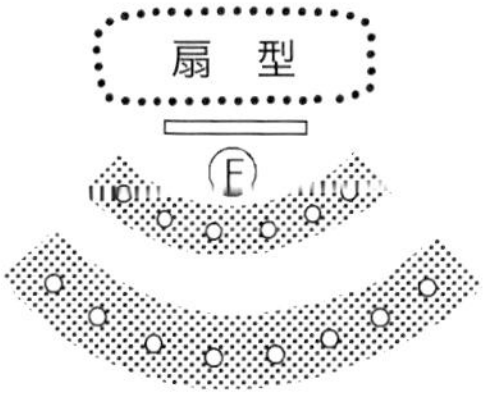

道具箱３

グループサイズ

メンバーの参画度を上げるためにプログラムに応じたグループサイズやグループの分け方を選びたい。時間配分にも影響してくる。

必要な道具　特になし。任意の仲間分けにトランプやくじなどを使うことも。
環境設定　椅子が動く会場であればどのようなグループでも作りやすい。動かない場合には動線を考え、組みかえの回数に配慮する。
参照・関連　道2 配置・座り方　道12 ＰＫＴ　道11 えんたくん

手順

① プログラムの意図、ねらいを考える。
② 使える時間と参加人数を照らしあわせ、目的を効果的に果たせるようなグループサイズを決める。

ひとことメモ

✔グループの人数によりメリットと注意点があるので、表で示す。
（タケちゃん）

人数	メリット	注意点
1人	個人作業・ふり返り等、自己理解や内省を促進するのに適する。グループで話す前に個人で意見を明確にする。他者との共通点や相違点が明確になり、流されず参画度が上がる。	個人によるばらつきがあるので時間管理に配慮が必要。書く以外のアウトプット（話す）は難しい。グループの活動と組み合わせる等の工夫を。
2人	自己紹介や質問出し、インタビュー、ふり返り等に適する。お互いに話をし、話を聞く等、じっくりとやりとりができる。	話すか聞くかの当事者に必ず成り続けるので、話しづらい相手とペアになってしまうと苦しい。固定ではなく組みかえるなどの工夫を。
3人	話し合いやふり返り等に適する。3人から多様性が生まれるので、ディスカッションなどの最小単位として考えられる。各人が長く話せるし、ちょっとだけ休むこともできる。	こじんまりとしているが最小単位としては効果的。似た人ばかり集まるとちょっとつまらない。えんたくんは3人だと支えるのがやや厳しい。
4人	話し合い等、全員が確実に当事者として参加できるサイズ。またえんたくんを無理なく囲む（足として）最少人数。	多様性も発揮できるが、ブレスト等だとややもの足りない印象も。
5～6人 それ以上	話し合い、ブレインストーミング等に最適。それ以上であっても可能だが、参画度が下がる（話をしないで聞くだけになる）メンバーが増える。	人数が多いと意見が多様に出て賑やかになることが多い。その分、話し合いが拡散し、まとまりにくい。逆に人数が多いことで発言しづらさが生じることも。
全員	スタート時、クローズ時など、その場にいる全員が参加している一体感を感じる。同じプロセスを同時に体験できるため、認識のずれや不公平感が少ない。	全員に対して発言することに重圧を感じるメンバーへの配慮が必要。 聞いているだけでの参加も可能だが、一方的な情報伝達だけになると参画度が下がる。

上表は『ファシリテーション革命』（中野民夫著）P79-80を元に武石が作成

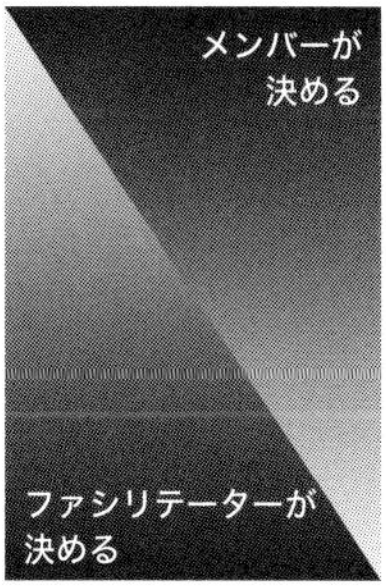

- すべて自由に自分たちでつくる
- ○人で、と人数だけ決めて自由につくる
- 座っている席の近い人で集まる
- 人間ＫＪ法で（自分達の話したいテーマのキーワードで仲間を募る）
- 共通点・相違点等を自分たちで探して集まる
- メンバー構成の決められた要素（年代・所属・性別など）で集まる
- ゲームをして偶然出会った人と
- くじやトランプなどを引いてその番号で集まる
- 一列に並んで番号を 1.2.3…（作りたいグループ数の番号まで）と言って数字で集まる
- 実施者側が決めたテーマと人数で集まる
- 実施者側が予め作ったグループで集まる

グループを作る際には、ファシリテーターの関与が高くなるほど参加者の自由度は下がる。自由度が高い方が参加者が「任されている」感じが比較的上がることが多い。

道具箱4

タイムテーブル作成

プログラムが大まかに決まったら、タイムテーブルをつくっていく。各テーマごとに、5~15分刻み程度で表計算ソフトで作表しておくと、当日の進行の指標になる。

必要な道具　表計算ソフトの表
環境設定　当日は作表したものを手元に置いておき、実際に進行した時間がわかるよう、記録する。
参照・関連　道1参加者情報の収集　道3グループサイズ　道9KP法　資料編2．タイムテーブル

手順

①プログラムのテーマを明確にする。実際に行う時間枠を大まかに決める。
②表計算ソフトで「開始時間」と「所要時間」の二つを列として作り、「開始時間」にスタートする時間を入力する。さらに、「実施内容」「ねらい」「準備するもの」「担当者」等、そのワークショップで事前に考えておきたい項目や、準備が必要な項目について、新たに列を加える。
③表計算ソフトの積算機能を使う。時間の項目に以下のように計算式を設定する。前行の「開始時間」と「所要時間」の和が次行の「開始時間」と表示されるように設定する。
④「導入（チェックインやアイスブレイク）」「内容（研修やワークショップのメインとなる体験や

話し合い）」「まとめやふり返り（チェックアウト）」の流れを考えて、各実習やアクティビティ、話し合いや講義パートなどを入力する。

ひとことメモ

- ✔多少の調整時間や「ずれてもこのパートで調整できる」という幅が持てるパートの目安をつけておく。
- ✔プログラムづくりの初期ではやりたいことが多くなり、どうしても詰め込み過ぎになりがち。プログラムのねらいを明確にして、削っていくプロセスが大切。
- ✔KP法は「だいたい12枚で3分」のように見積もりしやすい。時間調整の視点でも活用したい。
- ✔参加者にとって、どのような時間になっているのかを考える。講義やプレゼンなどの「聞く時間」、参加者同士の話し合いや質問など「話す時間」、個人作業やふり返りを書く「一人の時間」、グループでわかちあう「グループの時間」など。バランスを考えて全体の流れを作りたい。
- ✔実施後に、実際にかかった時間を入力し、ふり返る。

（タケちゃん）

【目　的】もう一度、参加したくなる会議のつくり方
【テーマ】『ファシリテーションスキルを使って、参加者が主体的になれる会議をつくろう！』

開始時間	所要時間	内容	ねらい	空間設計	KPで伝えること	レイアウト	課題・備考	必要なグッズ
9:00		F集合						
9:00	0:30	会場設営	・参加者が居心地よく過ごせるように ・セッションがスムーズにできるように	・自己紹介（A4）記入用の机椅子を用意 ・参加者全員が円を描くように座る椅子 ・壁際に荷物を置く机		机と椅子を8名分用意 全員が円を描いて座れるように椅子を配置 荷物置き場・道具置き場 お菓子・飲み物コーナー 自己紹介作成スペース（机・椅子） 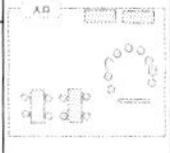	参考にファシリテーター二人の自己紹介を貼っておく グループ分けも貼っておく	・飲み物 ・タイマー ・ブロッキー ・がばん ・えんたくん ・受付で参加者チェックのためのリスト ・筆記用具 ・ホワイトボード ・WBマーカー ・A4_A5用紙
9:30	0:30	お迎え	・参加者の緊張や不安を和らげる ・今日の講座に主体的に参加をしたいと意欲がわくように				自己紹介は参加者には、来たら直ぐに書いてもらう。 ファシリテーターが声を掛ける！ ●A4用紙にニックネーム・朝食・今日の気持ちを書く	

⋮

道具箱 5

チェックイン・チェックアウト

スタート時と終了時に参加者全員が一言発する。必ず発言できる機会があることで、参画意欲が上がる。ファシリテーターは参加者の体調や気持ち等を知ることができる。

必要な道具　特になし。人数が多い場合はタイマーなどで時間管理を。

環境設定　全員の顔が見られる、場の一体感が生まれるような位置取り(円、馬蹄形など)。

参照・関連　道13 グループ状況の把握　道20 職場での実践とその共有

手順

① 全員がお互いに顔を見られるような位置に座る。椅子のみの場合は輪になるなど。

② 短く一言で発言ができるテーマを決めて、伝える。スタート時は自分の名前(呼ばれたい名前等)、開始にあたって、今の状態や気持ちを一言、この研修に期待すること、終了時は終了にあたって今日学んだことや感想を一言等。

③ 誰から発言し始め、どう進むのかを伝える(希望した人から自由に、最初は希望者でそこから時計回り、ファシリテーターの両隣の人がじゃんけんしてスタートを決める、等)。時間制限がある場合は「一人○分以内」と伝える。

ひとことメモ

✓大人数の場合は、小グループに分けてPKT的に実施することもできる。

✓話すことが思いつかない人は、「パスあり」、「パスして2周り目に話す」などのオプションを事前に伝える。全体で考える時間が必要なら30秒ほど時間をとる。

✓ファシリテーターが短く例を言う方法もある。例示の影響力が大きいので、長くならないこと。内容の精査は必要。

✓時間管理をメンバーに任せる方法も（話し終わった人がタイムキープし、時間になったら優しく伝える、等）。より参加者中心の場作りができる。

✓チェックアウトで個人の疑問や、次回までにやりたいと考えていること、等が語られた場合、次回チェックインのときに「あれってどうなりました？」と投げかけたり、「前回からの変化や取り組み」をテーマにしたりして一連のつながりを作る。

（タケちゃん）

道具箱6

ブレインストーミング

グループ討議の４つの段階（共有・拡散・混沌・収束）の「拡散」段階で活用できる。参加者が主体的に考えを広げるために効果的な手法である。

必要な道具　アイデアを書きとめる用紙やホワイトボード
環境設定　テーマに応じ適切な人数グループ（3～6名程度）にする。参加者同士顔が見え話しやすい椅子の配置。
参照・関連　道3グループサイズ　道8A5カクハル
道7アイスクリーム会議

手順

①テーマを決める。テーマは見えるところに書いておくかメンバーに書くよう伝える。
②ブレインストーミングのルールとして「批判厳禁」「自由奔放」「質より量」「連結解体」を確認する。
③参加者を小グループに分け、制限時間を伝える。
④グループで自由に意見を出し、紙やホワイトボードにアイデアを書き出す。あるいは各人が1枚に1アイデアを用紙に書き出し、それを皆で見る（カクハル）。
⑤分類・整理が必要な場合、カクハルの用紙はKJ法やマインドマップ（概念地図）などに使う。

ひとことメモ

✓安心・安全な場の確保に配慮する。「こんな発言、馬鹿にされないか」等の懸念を下げるよう、事前に「批判厳禁」を必ず伝えておく。参加者に上下関係（上司・部下）がある場合は、グループ組みで配慮したり、実施中の様子を見て介入したりする。

✓時間を短めに設定し、「×分で××個以上出しましょう！」と勢いをつける方法も。アイデアに詰ってきたとき「残り○分で、あと10個出してみましょう！」なども同様。

✓言葉でアイデアは出ても、書いていない場合は「連結解体」につながりづらいので、「書く」のが大切。

✓拡散に結びつかないような質問や議論になっているとき、メンバーの知識の説明や講義になっているときなどは軌道修正する。

✓「それは難しいんじゃない」等の批判的発言には「ですよね、～とすると何があればいけそうですか？」と、受け止めて広げる（YES、ANDの）介入も効果的。

✓軽いテーマにして、アイスブレイクやウォーミングアップとしても。

（タケちゃん）

グループ討議の４つの段階

道具箱 7

アイスクリーム会議

グループでの討議の4つの段階（共有・拡散・混沌・収束）を体験するプログラム。ファシリテーターの介入練習にも使える。

※日能研オリジナルプログラム

必要な道具　A5用紙（ブレスト用）、マーカー（各グループ1セット）、KP用A4用紙（各グループ15枚程度）、KPマグネット、ホワイトボード、タイマー
環境設定　参加者同士顔が見え話しやすい椅子の配置。
参照・関連　道6 ブレインストーミング　道8 A5カクハル　道16 シールで投票

手順

① これから仮の企画会議をすることを参加者に伝え、会議の4つのプロセス（共有・拡散・混沌・収束）を説明する。
② 参加者を3人〜6人程度の小グループに分ける。
③ 2ラウンド実施する。第1ラウンドの企画テーマは「この夏絶対に売れるアイスクリームの商品企画」。商品名、アピールポイント等を話し合い、後でプレゼンすると伝える。
④ 話し合いの制限時間を伝える。ブレインストーミングのルールを確認する。
⑤ グループで自由に意見を出し、ホワイトボードに記録係（メンバーの一人）が書き出す。ある

いは各人が1枚に1アイデアを用紙に書き出し、それを皆が見られるように置いていく(貼る)。【共有】・【拡散】

⑥ 出てきたアイデアを元に、グループで一つの商品を決定する。【混沌】・【収束】 商品名、ポイント等を書き出す(時間があれば、プレゼンの時間をとっても良い)。

⑦ 第1ラウンドのふり返り：ここまでのプロセスをふり返る。今の会議でどのようなことが起きていたか、4つのプロセスでどのような関わりが起きていたか、お互いに聞き合えていたか、次に同様の会議をするとしたらどんな工夫ができそうか、等(起きていたことに合わせてふり返りのテーマは変更する)。

⑧ 第2ラウンド実施。企画テーマは「この冬、絶対に売れるアイスクリームの商品企画」。最終的には各グループからA　商品名、B　コンセプト、C　ここが一押しの売りポイント！　の3点を入れ込んで、KP法で3分間プレゼン発表する、と伝える。

⑨ 第1ラウンドと同様に話し合いを実施。途中頃合いをみて、プレゼンの方法についても情報提供をする。3つのポイントが盛り込まれたKPを各グループでつくる。「イラストを使ったり、商品コピーやキャッチフレーズなどを盛り込んだりして、魅力的なプレゼンを！」等盛り上げる。

⑩ 各グループ3分での発表タイム(その後商品について他のグループメンバーからの質問タイム等を設けても良い)。

⑪ 各参加者に小さいシールを2枚渡し、全部のプレゼンの中から自分が買いたいアイスクリームを2つ選んで貼るようにする。

⑫ まとめとふり返りをする。ふり返りは目的によって次のようなバリエーションで。

・第2ラウンドで新たに工夫したことや第1ラウンドでの学びを活かせたところ／会議の各段階で感じたことや考えたこと／ファシリテーターの関わりで効果的だったと思うこと／今後日常の会議で取り入れてみたいこと／グループで考える、作り出すことのメリット／グループで生産的な話し合いをする上で必要と感じたこと等。

ひとことメモ

✔企画のテーマは「参加者全員が知っているもの」を選ぶと取り組みやすい。

✔時間によっては1ラウンドのみの実施で終え、プレゼンとふり返りに入ることも可能。時間がある場合は、第2ラウンドの質問後に商品企画の練り直しをした上で再度プレゼンをする方法も。

✔グループプレゼンのあと質問する場合は、攻撃や揚げ足取りにならないように配慮する。メモでフィードバックを渡す等の方法を用いるのも可能。

✔あまり競争的にしたくない場合は、最終の投票を省いても良い。

（タケちゃん）

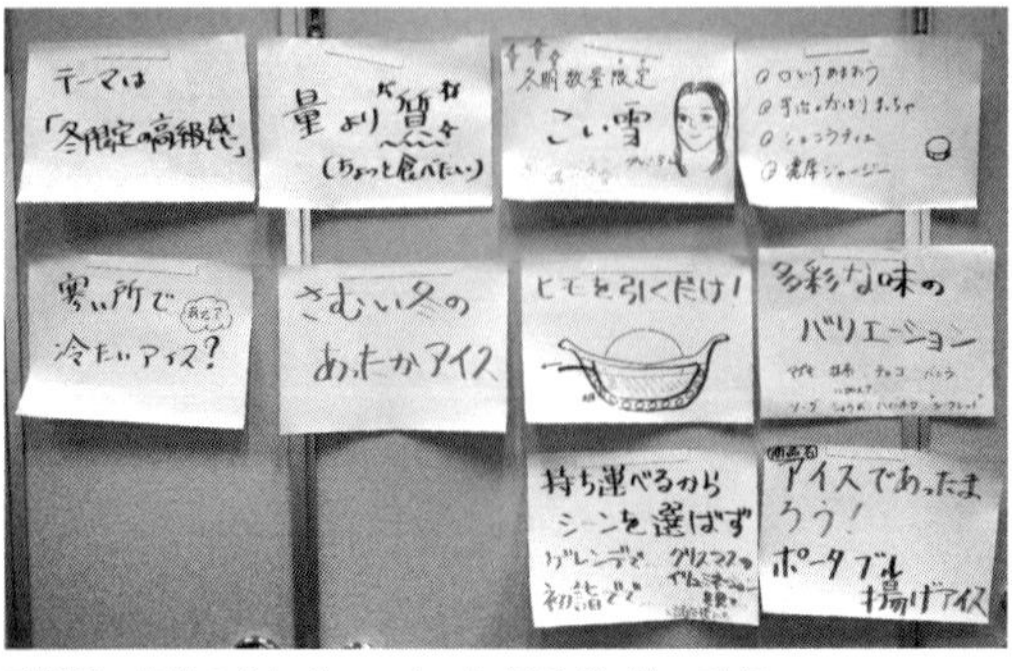

手順⑩　複数の参加者でつくった企画プレゼンのKP

道具箱 8

A5カクハル（A5用紙にマーカーで書き、掲示して共有する）

糊つき付箋紙を使っての共有は少人数なら効果的だが、大人数で眺める場合やまとめ等、全体化にはやや小さい。A5、もしくはB6サイズの用紙を使うと効果的。

※川嶋直オリジナル

手順

① A5（B6）用紙とマーカーを用意する。マーカーの見にくい色（黄色等）はセットから抜いておく。

② テーマに応じて1枚につき1項目をマーカーで書き出す。できるだけ太字で見やすく書くよう伝える。

③ 書かれた全ての用紙を壁や床などに並べて、参加者同士で眺める。

④ 話し合いながら動かしたり、カテゴリー分けしたりする。

必要な道具　A5用紙、B6用紙、マーカー、椅子のみの場合はクリップボード等。貼ったり眺めたりできる場所（床・ホワイトボード・壁）マグネットやマスキングテープ。

環境設定　参加者同士で紙を眺めることができるスペースを確保する。

参照・関連　道2 配置・座り方　道6 ブレインストーミング　道16 シールで投票

ひとことメモ

✓つぎのような場面で活用できる。

アイスブレイク：自己紹介のキーワードを書く等。

ブレインストーミング：1枚1項目で書き出し、その後分類したり書き足したりする。

情報共有・合意形成：付箋紙で共有するより大人数で実施したいときや、ダイナミックな動きを作りたいときに。

参加者から講師への質問やテーマに対する疑問出しに：口頭での質疑でなく、質問を1枚に1項目書く。似た疑問等を分類することもできる。

まとめに：個人がふり返ったキーワードを書き、グループで共有、まとめる等。

✓参加者に「掲示して見える大きさの文字で書く」ことを事前に伝えておく。

✓糊つき付箋紙はホワイトボードや壁に貼ると、相性によって剥がれ落ちることがある。ホワイトボードや壁などの垂直面で共有する場合にはKPマグネットと併せて使用することで、貼る→剥がれる→拾う…無限サイクルから解放される。

✓書いたものを貼りだすと、かなりの高確率で「写真を撮ってよいか」と参加者からリクエストされる。テーマや場面に応じてルールを決めておく(個人の記録目的ならＯＫ、個人が特定できる成果物はＳＮＳに出さない、参加者同士撮影前に必ず確認の声かけをする等)。
(タケちゃん)

〈用紙の各サイズの比較〉

紙	縦×横(mm)	４行書ける文字サイズ	見える範囲(※)	グループサイズ
付箋紙	75×75	28ptで７文字×４行程度	１m先で読める	３～５名
Ｂ6判	128×182	60ptで８文字×４行程度	５m先で読める	10～20名
Ａ5判	148×210	72ptで８文字×４行程度	５m先で目を引く	20～30名

※は「公共交通機関の旅客施設に関する移動円滑化整備ガイドライン」（国土交通省総合政策局安心生活政策課）を参照して武石が作成

道具箱 9

ＫＰ法（紙芝居プレゼンテーション法）

伝えたいことを10数枚のＡ４用紙に書いてホワイトボードなどにマグネットで貼りながらプレゼンテーションする手法。同時に準備段階では（個人やグループの）思考整理の手法として有効。

※川嶋直オリジナル

必要な道具　Ａ４サイズのコピー用紙、マグネット、ホワイトボード（あるいは黒板）
環境設定　ホワイトボードなどでの壁面プレゼンテーションの場合には、マーカーの字の太さから、８メートル以上離れると見えづらくなる。椅子だけで50名程が限界。
参照・関連　道４ タイムテーブル作成　道10 ミニＫＰ

ひとことメモ

✓手順説明時に…「何時までに・何をする・発表の方法は…」などをコンパクトに書き、作業開始時にそのＫＰを貼りながら伝える。グループ作業時間中は貼りっぱなしにしておく。時間・話し合うテーマなどは必要に応じて直前に修正する。

✓プレゼンテーション時に…一般的には１セットのＫＰは、４分・15枚以内、１枚の文字数20文字以内、壁面に１枚ずつ貼りながらプレゼンする。文字数は出来るだけ少なく、情報を絞り込んで（捨てて）シンプルに構成する。

✓参加者（生徒・受講者）からの発表時に…ファシリテーターから提示された課題に対して、グループでの検討結果を発表する道具として有効に機能する。バラバラの紙にキーワードだけ一気に書けば良いので、数人で手分けして短時間で発表資料作りができる。口頭だけｏｒ模造紙による発表と比較しても(各班４枚程度のＫＰ発表だとした場合)、５～６班の発表全体が壁面に残り俯瞰して見ることができるし、何よりも各班の検討結果がシンプルに示されて分かりやすい。

なお、ＫＰ法の準備として、表計算ソフトに縦３行×横５列の15セルの表を作り、そこに言葉を入力してデータ化する方法がある(３行×５列はホワイトボードでの掲示を想定している)。メールなどでも共有しやすい。

(川嶋)

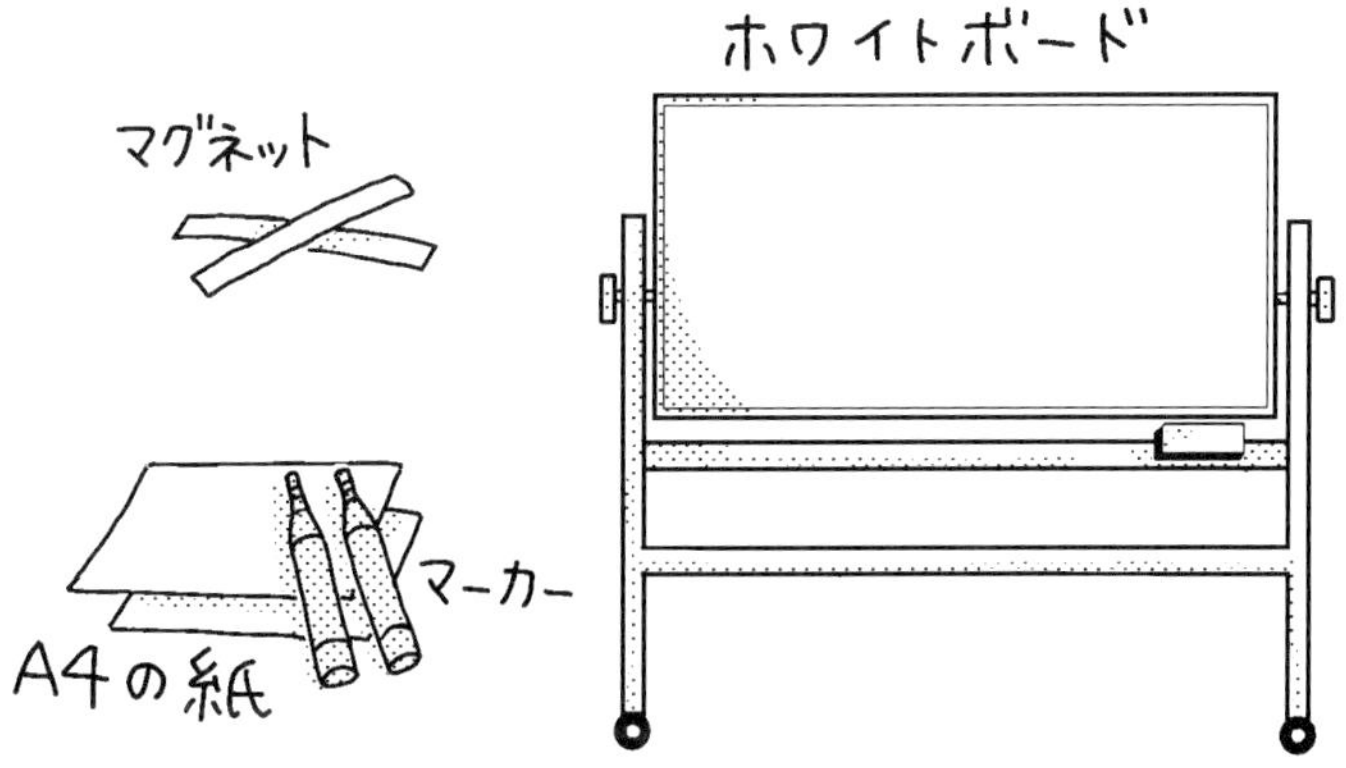

—KP法の必須アイテム—

KP法については以下も参考にしてください。

『KP法　シンプルに伝える紙芝居プレゼンテーション』(川嶋直著　みくに出版、2013年)
『アクティブラーニングに導くKP法実践』(川嶋直、皆川雅樹編著　みくに出版、2016年)
「KP法YOUTUBE動画チャンネル」(2019年1月現在24本の動画掲載)
https://www.youtube.com/channel/UCiIMr-4De2iv8fv5nD0zg6g

道具箱10

ミニKP（ミニ紙芝居プレゼンテーション法）

必要な道具　A5～8サイズの紙（目的により選択）
環境設定　共有のための水平なスペース。データ上での共有ができる環境。
参照・関連　道4 タイムテーブル作成　道9 KP法

ミニKPはA5～A8サイズの用紙を使用する。掲示のためではなく、もっぱら机上で、「少人数へのプレゼン」、「グループの合意形成／思考整理」、そして「個人の思考整理」の道具として使われる。

※川嶋直オリジナル

ひとことメモ

注意すべきポイントは用途ごとに異なるので以下別々に述べる。

✓少人数の机上KPの道具として

基本的に壁面掲示のA4サイズのKPの用紙をA5～A6サイズにしただけのもの。紙を数センチ移動するだけでよく、壁面に貼る・はがす作業が不要なため取り組みやすい。テーブルを囲んだ打合せ等で使う場合、見る方向によって上下がズレるため、同サイドに集まって眺める等工夫が必要。

✓グループの合意形成／思考整理の道具として

糊付き付箋紙と比較して、裏紙で良いので気楽に書け、糊がないぶん移動が簡単。記入したKPシートを足すのも捨てるのもスピーディーに行える。

✓個人の思考整理の道具として

Ａ４サイズのＫＰセットを作成する段階でＡ８程の用紙にキーワードを書き↓並べ替えたり↓加除したりして頭の整理をする。大きな紙にひとりブレストして書いたキーワードを切り抜いて並べても機能としては同じミニＫＰだ。

✔講座の準備段階で講座全体を俯瞰するための道具として

エクセルなどの表計算ソフトを使った進行表の準備と同時に、Ａ７〜８程のミニＫＰを使って、講座の要所要所で使うＫＰ（作業手順／講義や情報提供）を全部並べて俯瞰する。「手順説明のＫＰ」「考え方の整理のＫＰ」「ふり返り方等の手順説明のＫＰ」等、全てＡ８程の小さな用紙に書き出してテーブルに全部並べて４時間全体を俯瞰する。手順が伝わりにくかったり、実習の内容を入れ替えたり、講義のキーワードが洗練されていなかったり、大事な言葉が抜けていたり…等が見えてくる。講座全体のシミュレーションがミニＫＰと一緒に出来るのがポイントだ。こうした確認が終わって初めてＡ４サイズのＫＰに清書する。（川嶋）

道具箱 11

えんたくん

「えんたくん」とは8ミリ厚のダンボール板を直径1メートルの円形に切ったもの。ワールドカフェという対話の方法と相性が良い。

※川嶋直オリジナル

必要な道具　えんたくん、えんたくんと同直径の記入用紙（クラフト紙）、（えんたくんの個数は参加人数÷5～6程度）、水性マーカー（各色1人1本：濃い色）

環境設定　椅子席だけで参加人数分座れる面積（空間）があれば十分。人数分の椅子。人数が多い場合には、えんたくんのインストラクションはパワーポイントで行ったほうが良いので、PC＋プロジェクター＋スクリーンの用意が必要。

参照・関連　道3 グループサイズ

手順

① 4人～6人で椅子で円座を作り、膝の上に「えんたくん」を乗せ、同直径のクラフト紙をその上に載せて水性マーカーで話したことを書き留めながら話し合いを進めてゆく。

② 一定時間（10数分）メンバーで話したら、ホストを1名残して他のメンバーは他のテーブルに移動してまた10数分の対話を行う。こうした席替えを何度か行いながら最初に提示されたテーマについて話し合いをすすめるのが一般的な方法だ。

ひとことメモ

✔話すけど書かない、話が長い、人の話を聞いてない。３つの「困った」は…
　えんたくんミーティングを始める前に「３つのお約束（※）をえんたくんの中心に書いてください」とお願いする。
　※「3つのお約束」とは「話を聞こう、短く話そう、言葉を書き留めよう」。

✔言葉の空中戦を避けるために
　大事なキーワードはえんたくん用紙上に必ず書き、そのワードを指差しながら話し合いをすすめるよう促す。書かれた文字たちを俯瞰することで新しいアイデアが浮かんでくる。

✔自分用のメモじゃない
　「書く」と言っても、自分の覚えのためのメモではないので、自分の目の前に小さな字で書くのはダメ！　対岸の人でも読めるような大きさでキーワードだけしっかり書くように仕向けよう。

✔最後のハーベスト（収穫）の方法
　グループ数が多い場合…各グループでテーマについて印象的だったアイデアやキーワードを１グループＡ４×１枚に大きな字で書いて正面のホワイトボードなどに掲示、ファシリテーターはそれを見て、読んで確認。分かりにくい＆面白いものにはツッコミを入れる。
　グループ数が６までの場合…各グループ３枚程度のＫＰで印象的だったアイデアやキーワードを書き出し、正面のホワイトボードに貼りながら発表する。
　個人の気づきを優先する場合…各自１枚のＫＰを作り、グループ内で共有する。

（川嶋）

えんたくんについては下記を参考にしてください。
　『えんたくん革命』（川嶋直、中野民夫著　みくに出版、2018年）
　えんたくんは㈲三ケ日紙工がネットで販売している。https://段ボール.net/
　※えんたくんは川嶋直が2013年11月に開催された「清里ミーティング2013」のために発想し、このミーティングで初めて使われた。

道具箱12

PKT（ペチャクチャタイム）

別名「バズセッション」。講義形式の研修などでは、情報を受け取るだけになりがち。参加者同士で話す時間を設け、主体的な参加や相互的な場づくりを工夫する。

必要な道具　時計（タイマー）、終了の合図用に鈴など
環境設定　参加者が2、3人で話せるよう、椅子を動かす。4人以上になったら2つに分ける。席固定の会議室などでは、隣同士や前後で組を作れるようにする（一人ぼっちがでない配慮が必要）。
参照・関連　道2 配置・座り方　道3 グループサイズ　道13 グループ状況の把握

手順

①講義などを聞いた後、近くにいる参加者で2、3人のグループを作る。
②PKTのテーマを伝える。（感想や疑問、自分なりの理解、感じたことなど）
③参加者はテーマについて話し合う。ファシリテーターは時間になったら全体に合図を送る。
④各グループで話していたことのうち、全体で確認しておいた方が良いものがあれば、全体化してから次に進むこともできる。

ひとことメモ

✓時間さえ確保できればこれだけで「相互参画的」な場づくりにできるという、非常に簡単で素敵な方法。一方でタイミングやテーマ設定に注意が必要。ぼんやりしたテーマで意図なく多用すると「何のために話しているんだっけ…？」と参加者の疑問が生じ、無理やりやらされている感が出てきてしまう。

✓全参加者が何らかの反応ができるところがポイント。安心・安全な場で気軽に口を開けるような声かけで始める。

✓テーマを明確にし、「何について話すのか」を解りやすく伝える。

例：「どんなことでも良いのでここまで聞いた感想を話してみてください」等。

✓全体ではプレッシャーがあって話せないが、相手が1～2名なら口を開きやすい参加者もいるので、ファシリテーターはよく観察し、何気なく聞き耳を立て、次の進行に役立てる。

✓話が盛り上がりすぎたり、逆に沈黙が降りてきたりがあるので、時間配分に注意。人数によるが、通常2～3分、長くても5分以内が無難。（タケちゃん）

道具箱13

グループ状況の把握

ファシリテーターは場の様子や個人をさりげなく見て、聞いて、状況を把握することが必須となる。同時に自分の「見る」「聞く」クセを知る必要もある。

必要な道具　特になし
環境設定　参加者の邪魔にならない立ち位置、ファシリが全体を見やすい立ち位置を探す。
参照・関連　道1 参加者情報の収集　道2 配置・座り方　道14 コ・ファシリテーターの目的と働き

手順

①実習や話し合いが始まったら、全体を俯瞰して場を見ていく。広角レンズで広く全体を写すイメージで、死角のないように視線を動かし見ていく。

②参加者のネガティブサインを拾う：表情や姿勢で困惑が見て取れる、座っている位置や姿勢がややひいている、体全体からネガティブな感情が感じられる動作（落ち着きなく体をゆする）などをキャッチしたら、視点をグッと個人に絞ってどんな状況なのか見ていく。周りの人とのやり取りはどうか、どのようなことを言っているか、等々細かく見、聞く。

③ＰＫＴ等ではどんな言葉が場に出ているか、可能なかぎり参加者の間を動き回りながら全体

の声や音を聞いていく。共通している言葉やキーワードは、疑問が残っている様子か、感情表現はどうか、等。

④ 個人やグループの状況を見、聞いたうえで個人や全体への働きかけをする。

ひとことメモ

✓特定の個人を近くでじっと見つめたり、視界に入って耳を澄ますと参加者が「マークされた」ように感じて発言やふるまいに自由度が下がる危険がある。ファシリテーターは自分が向いている方向とは反対の人の声を聞く（背中で聞く）意識で立ち位置をとっていく。参加者の安心・安全の確保が大前提となる。

✓自分自身のこだわりや得意不得意で、注目しがちな人や見逃しやすいサインなどがあるかもしれない。自分は今どんなふうに場にいるのか、客観視したい。

（タケちゃん）

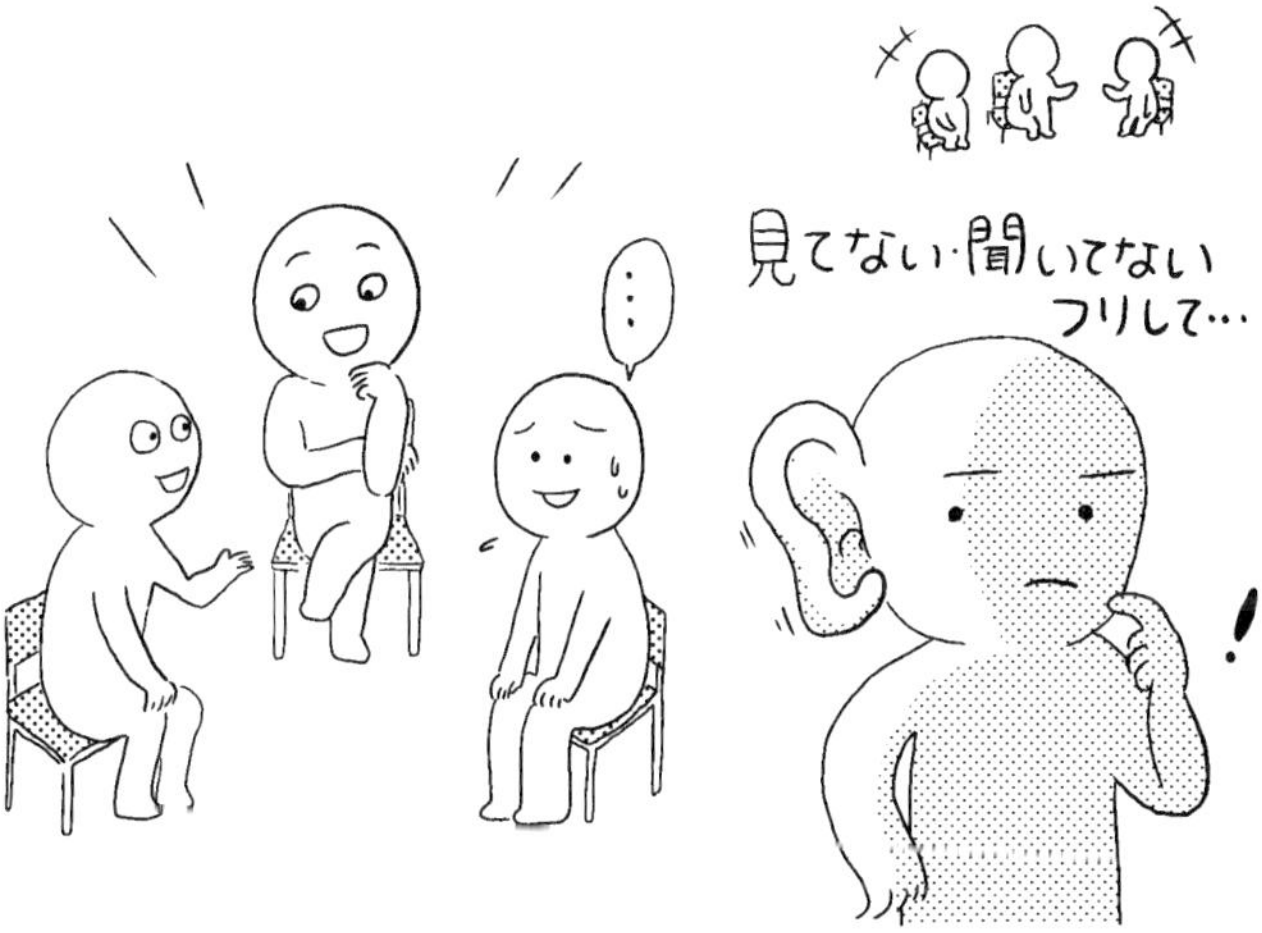

道具箱14

コ・ファシリテーターの目的と働き

ファシリテーターと共働してグループの成長・成熟に関わるコ・ファシリテーター（Co：一緒に・共同の意）。共に関わる存在がいることで、より客観的な視点を得られる。

必要な道具　特になし
環境設定　参加者にコ・ファシリテーターの存在と、どんなことをする人かをスタート時などに知らせておく。
参照・関連　道3グループサイズ　道5チェックイン・チェックアウト　道13グループ状況の把握

手順

コ・ファシリテーターは各場面で次のように働くことができる。

◎グループにメンバー的に関わる。参加者の一員として問いかけたり、明確化の手伝いをしたりする。メンバーのひとりとして自己開示のモデルとなる。

例：解らないのって自分だけ？と思ってドキドキしてました。

◎ファシリテーターの説明を聞いて、解らない点や抜け落ちた情報等を援助的に質問する。

例：用紙に書くのは1枚に1項目っていうこと？

◎場で起きていることや発言などをファシリテーショングラフィック等で、見える化する。

◎ペアを作るときなどグループを小さく分ける際の人数調整役になる。

◎グループや参加者の様子や場の状況を見聞きし、随所でファシリテーターと相談して進行に反映させる。

ひとことメモ

✓ファシリテーター2人のどちらかがコ・ファシリテーターとしての役割を続ける場合もあれば、場面によってどちらかがコ・ファシリテーター的な動きをする場合もある。

✓参加者の安心・安全のため、メンバーとして入るときにはどんなかかわりをするのかを、その場で、あるいはスタート時に前もって伝えておく。

✓ファシリテーターとコ・ファシリテーターだけでの会話、やりとりが長くならないように注意する。

✓死角をなくすため、ファシリテーターの対称の位置取りをすると良い。

✓ファシリテーターとの打ち合わせは物陰で素早く。参加者の注意をひかないようにする。（タケちゃん）

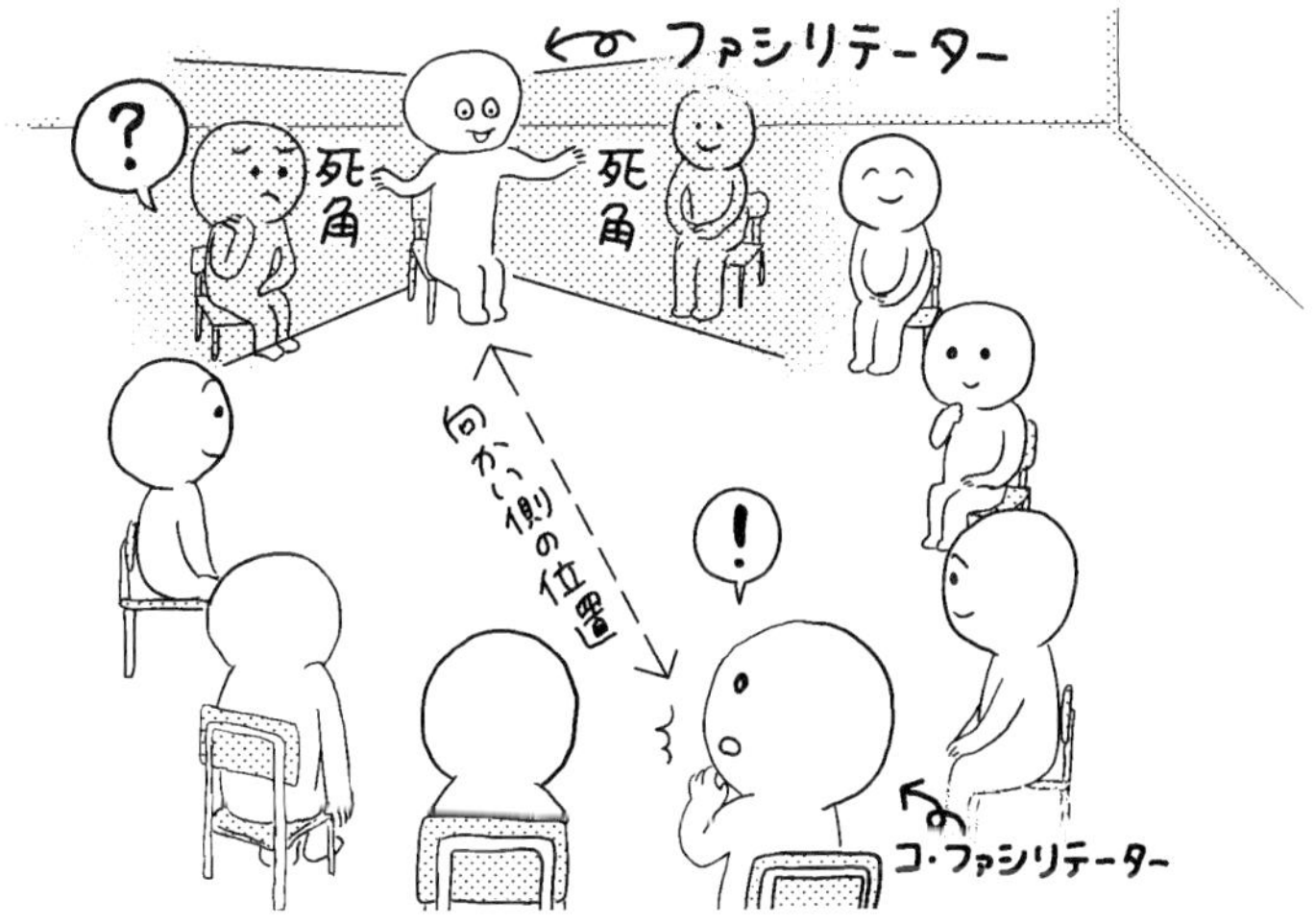

道具箱15

書いて渡す

フィードバックとその方法①

プレゼンテーションや成果物について、参加者同士で感想や意見を書いて渡しあう(フィードバックする)方法。書かれたものが手元に残るので、ふり返りにつなげやすい。

必要な道具　A5～B6用紙(用紙サイズと記入時間は正比例する。時間がタイトなときはA6サイズも利用)

環境設定　各グループ4～6人程度に分ける。批判や攻撃にならないように、各人が尊重しあえるグループ状況になっていることを確認する。

参照・関連　道13グループ状況の把握　道16シールで投票　道17赤・緑コメント(ピア・レビュー)

手順

①プレゼンや発表の際に、聞き手はそのプレゼンについてのフィードバックを紙に書き、後で発表者に渡すことを伝える。

②書き方の書式について説明する。

例：それぞれの方のプレゼンについて、ひとりに1枚、A5用紙に横書きでフィードバックを書きます。左上に「○○さんへ」と発表者の名前を書き、右下には「××より」と書いた人の名前を書きます。

③フィードバックに関しての注意点を伝える。具体的に書くこと、感じたことは「わたしは～と感じた」とわたしを主語に書くこと、プレゼンの場合は「内容」と「やり方(声の大きさ、

目線の配り方等)」についてそれぞれ書くこと、わかりやすかったところ、より工夫ができるところを探して書くことなど。

④　一人のプレゼンが終わったら、他のメンバーはフィードバックを書く(3～5分程度)。発表した人はその間に自分のふり返りをメモする。

⑤　全員のプレゼンが終了してから書いたフィードバックを相手に渡す。しみじみと読む時間をとる(5分程度)。

ひとことメモ

✓「良かったところ」だけでなく「違和感を持ったところ」についても事実を元に書かれているのが効果的なフィードバック。単なる批判ではなく「相手の成長(プレゼンのレベルアップ)」に役立つものを書く、という視点を強調する。

✓「アドバイス」の記入について、どれくらいの力点を置くかは、目的やグループメンバーの特質、グループの状況によって選択する(あくまでフィードバックとして「事実」と「感じたこと」だけを伝える方法を選ぶ場合もある)。

✓実施する目的や意味付けを肯定的に伝えておく。書き手・受け手双方に「安心・安全な場」の確認が必要。双方の懸念を下げるような声かけを。ファシリテーターは用紙を渡した後のメンバーの反応を良く見聞きし、必要ならフォローや全体に発信をする。

✓全員が終わってから渡す。途中で渡すと、渡された人は用紙を読むことに気を取られて次のプレゼンが聞けない。(先に発表した人は後の人へのFBが辛口になりがち。後に発表する人は自分が終わるまで率直に書きづらくなる場合もある)なので、最後に一斉に渡すようにする。

(タケちゃん)

道具箱16

シールで投票

フィードバックとその方法②

成果物などに、全参加者がフィードバックする方法。テーマを決めてその成果物に小さなシールを直に貼る。視覚的に解りやすく、誰がどこに貼ったかわからないので、記名式のフィードバックよりハードルが低い。

手順

① 成果物を全員に見えるように掲示する(ポスター、KP用紙、カクハルなど)。
② 全参加者に一人数枚のシールを渡す。
③ 「興味のあるもの」「やってみたいもの」等のテーマで各人が直接成果物にシールを貼る(1作品に複数シールを貼る・貼らない、自作品に貼る・貼らない等、ねらいによって決める)。
④ 貼り終わったら全員で眺める。シールの多いものから並べ替えることも。

必要な道具 小さなシール(人数や成果物サイズによるが、直径5～8㎜程度の円形カラーシール等)遠くからもはっきり見えるものであること(デザイン・素材・色等)

環境設定 成果物を貼る場所を確保する　全員が動けるスペースであるか確認。

参照・関連 道6 ブレインストーミング　道8 A5カクハル　道13 グループ状況の把握　道15 書いて渡す

ひとことメモ

✓全参加者が何らかの意思表示や、反応を示せるところがポイント。主体的なかかわりや相互的なやりとりの促進に役立つ。気軽に楽しく「いいね！」を表現できるよう安心・安全な場づくりが求められる。実施を受け入れられる様子かどうか参加者状況を把握する。

✓シールは５㎜程度の丸型で濃い色の見やすいものがお勧め。

✓（対象が子ども達である場合は特に）集票によってシールが貼られなかった子がスポイルされる雰囲気にならないよう配慮が必要。シールを貼る際に「他より良く出来ているもの」「素晴らしいもの」のような比較や評価的な言葉は避けたい。

✓厳密な投票や比較、単一の基準による評価が必要な場合には不向き（コンペなど。評価競争を明確化したい場合は普通に投票をすればよい）。

✓全く得票がない成果物がでた場合、その扱いに関して考えておく。フォローするのか、ファシリテーターやスタッフがさりげなく票を入れるのか、あらためて見直す時間をとるのか、等。

（タケちゃん）

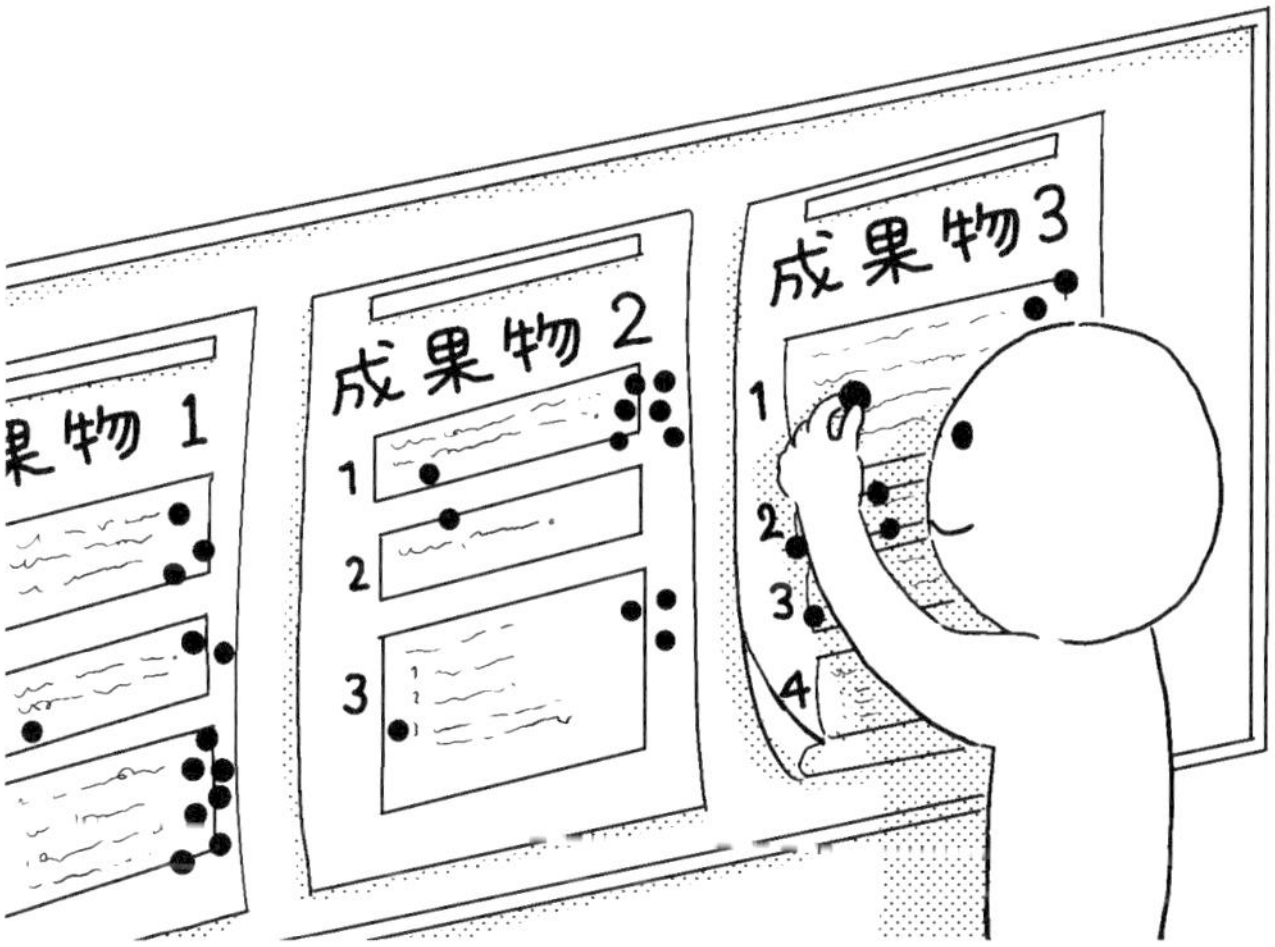

道具箱17

フィードバックとその方法③

赤・緑コメント（ピア・レビュー）

成果物やふり返りを参加者同士で読み、赤・緑色を使い分けコメントを書く方法。色別でフィードバックの視点が定まり、書きやすくなる。視覚的にも伝わりやすい。

必要な道具　三色（赤・緑・青）ボールペン・ピアレビュー用紙もしくは付箋
環境設定　記述でピア・レビューを行う場合には小グループ（4～5名）を作り、各グループで机をあわせた「島型」の配置にしておくとやりやすい。
参照・関連　道2 配置・座り方　道15 書いて渡す　道18 ラーニングパートナー（LP）

手順

①参加者はふり返り（もしくはテーマについての記述）をピア・レビュー用紙（記述用紙の両脇に余白を設け、コメントを書き込めるようにしたもの）に書く。ファシリテーターは書いたあとで仲間同士読み合うことを予告しておく。

②各人の記述が終わったら、ピアレビューの目的について説明する。自分の記述に仲間からコメントをもらい、成果物や自分の考え方を磨いていく方法であることを伝える。

③コメントの色分けについて説明する。
緑コメント：共感できる、自分に似ている、近いと感じる内容等について自分の考えや感じ

を緑色で書く。肯定的な感情をもとにした疑問、相手の考えを肯定的に促進する問いなども含む。

例：○○だから××と考えていることがよく解りました。さらに考えるとしたら△△もあるのでは？

赤コメント：そのままでは受け入れられない内容への疑問や、自分とは異なると感じた内容について、自分の考えや感じを赤色で書く。

例：自分にはこのつながりが解らないんだけど、詳しく教えてもらえる？

④どちらのコメントも「どの部分が」「なぜ」そう考えるもととなったのかを明確にして、相手の役に立つよう詳しく書くことを伝える（「全体的に」「何となく」等のあいまいさを避けるため。書いた人についてでなくあ

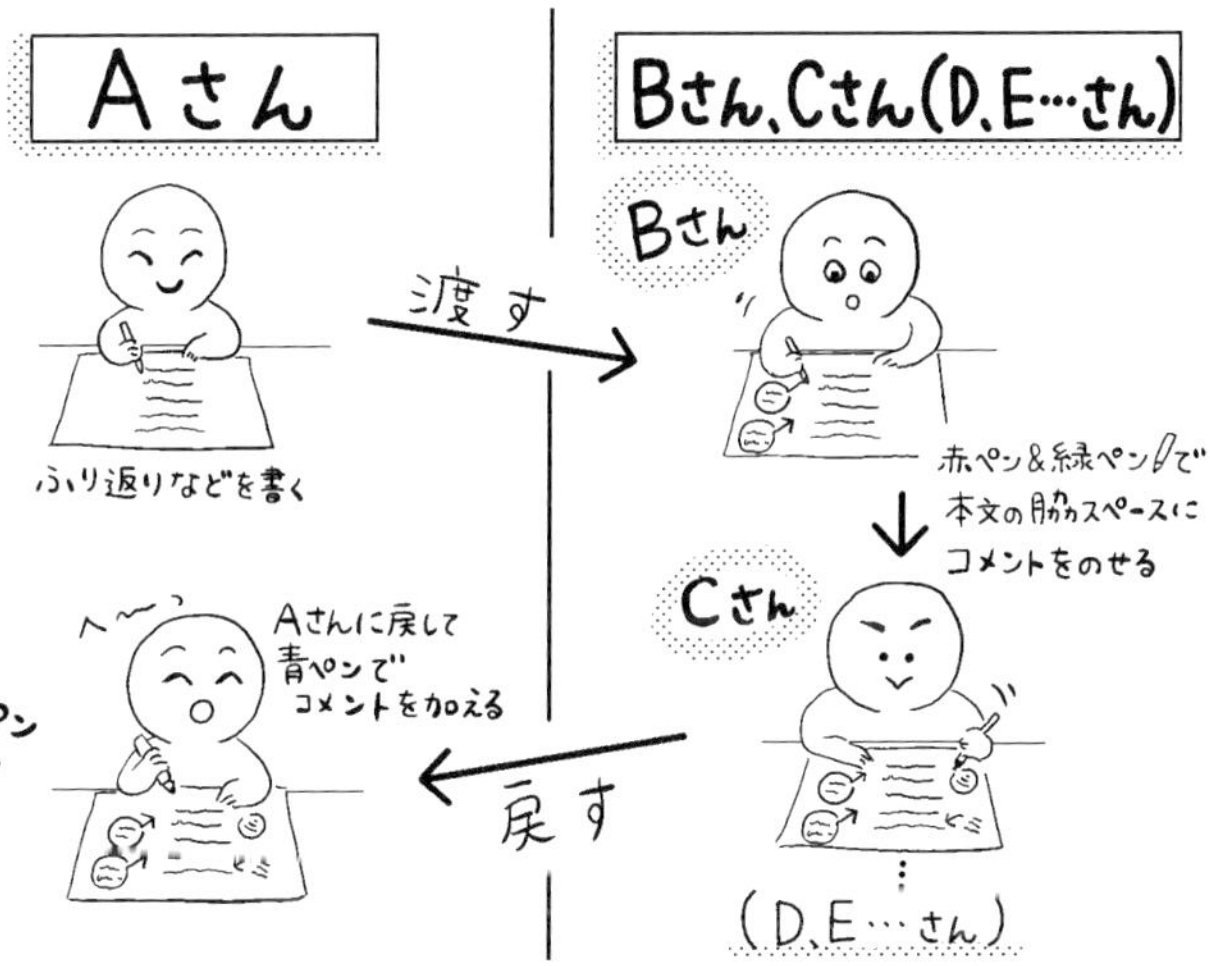

くまでも書いたものに対してのコメントであることを強調する)。

⑤目的についての説明後、用紙をコメントを書く人に渡す。書く人は、まず全体を読む(用紙を渡す前に「ペンを置いて全体を読む」ことを言ってから場合も)。読み終わってからコメントを書く(量によるが、少なくとも10分程度)。

⑥複数名からコメントを入れる場合は、もう一人に記述用紙を渡して記入をくり返す。

⑦コメントを入れ終わったら、青コメントについて説明する。

青コメント:赤・緑コメントを読んで、自分が感じたこと、どう考えたかを、記述を書いた本人が青色で書く。赤・緑コメントを受け止めてどうしていくか、方針や考え方の見直し等を、自分自身を育てるため、具体的に書く。赤・緑のどちらのコメントもスルーしないことが大切(まずは読み、必ず一言は書く、等)。

⑧記述→他者の記述を読み赤・緑コメント(必要な人数だけ繰り返す)→自分の記述に青コメントで一セット。その後用紙をいったん回収し、改めて同じテーマで再度新しく記述する(ダイヤモンド記述)場合もある(単なる書き写しでなく、あえて前の記述やコメントを見ずに、自分が受けとれた赤・緑コメントや青コメントを基に自分の中から新しいものを生み出し書く、のが日能研流のこだわり)。

ひとことメモ

✓もともとは日能研に通う子ども達が、記述を磨き合うために使っていた手法。宝石のダイヤモンドを磨くことができるのはダイヤモンドである、というエピソードから、仲間同士の磨きあい＝「ダイヤモンド記述」という名称にした。

✓以下、大人が行う上での留意点を述べる。「赤コメント」を書きにくいと感じる大人は多い。無難な緑コメントだけだと、書き手が前提を見直すことができず他者の視点を活かせない。そうならないために、事前に赤コメントの大切さを伝えておく。書きにくそうな人を見かけた場合「この理由はどうつながるのですか？　わからないので教えてください」のように疑問形を使うなど、文型による書きやすさで後押しする。

✓大人には、青コメントまで説明を一度にしてしまい、「自分の成長のためのコメント」が入れやすい赤・緑を入れるように求めることも効果的。

例：「無難な『素晴らしいですね』などの緑コメントには、青コメントは『ありがとう』くらいしか書けません。自分を育てるコメントが生まれる赤・緑をお願いします！」等

✓厳密さを大切にする参加者から、緑か赤か、どちらの立場か迷って書けないという質問が出ることもある。基本的にコメントを入れる本人の判断にゆだねる。一か所に緑と赤との両方が入ることもある等の説明もしておくと書きやすくなる。

✓ピア・レビュー用紙…記述用紙の両脇に余白を設け、コメントを書き込めるようにしたもの。A3サイズの紙の真ん中にA4判の記述スペース（罫線が引かれたもの）が置いてあるイメージ。

（タケちゃん）

ピア・レビュー用紙

道具箱18

ラーニングパートナー（LP）

参加者同士パートナーとなり、ふり返りや相談をする。気軽に情報確認や気づきの共有ができる。実践の場に戻ってからもやり取りを続け、学びの継続につなげる。

必要な道具　特になし
環境設定　特になし。日数の長い研修や、連続して行われる研修であるとより効果的。
参照・関連　道1 参加者情報の収集　道17 赤・緑コメント（ピア・レビュー）　道20 職場での実践とその共有

手順

①参加者同士で、2人組（もしくは3人組）を作る。この2人組（3人組）がラーニングパートナーであることを伝える（ゴール・モニタリング・パートナーという呼び方をしている団体もある）。

②研修の各回で、何らかのテーマを決めてラーニングパートナー同士で話す時間をとる。

③各人の職場から離れて行う研修（OFF-JT）の場合には、職場に戻った際もパートナーの制度を継続する。お互いに連絡を取り合い、学んだことをどう活かしていくか、次の働きかけに関して相談し合う。

ひとことメモ

✔パートナーの組み方に関しては、①何も予告せず参加者同士が偶然に組む、②参加者に目的を伝え、多様な学びが得られそうな相手を選んで参加者が決め、組む、③研修設計側が予め組み合わせを作っておく、等がある。③研修設計側が予め組み合わせを作っておく、等がある。参加者が決めると自主性や自立度はあがるが、場合によっては同質性の高い者同士になる、既存の上下関係等が残るリスクがある。

③の場合、なぜこの組み合わせになったのか疑心暗鬼が生まれることもあるので、理由があれば説明できるようにしておくのも大切。目的にあわせ、組み方を選ぶ。

✔人数の多いワークショップ等でも、ラーニングパートナーと「確実に1対1で話せる」「繰り返し会って理解を深められる」ため参加感も上がり、自分が学んでいる実感が生まれやすい。一方で、一人で長時間話す参加者がいると、相手は聞くばかりという事態が起きるので、目を配り必要があれば働きかける。

（タケちゃん）

道具箱19

ブッククラブ

一人で本を読むだけでなく、仲間からも学べる極めてお得な方法。ここでは、メーリングリスト、ＳＮＳのグループ機能等を利用するオンライン・ブッククラブを紹介。

必要な道具　テーマとする書籍・オンラインが使える端末
環境設定　各人にメーリングリストやＳＮＳのグループ機能等が使える環境があること。
参照・関連　道18 ラーニングパートナー（ＬＰ）　道20 職場での実践とその共有

手順

① 仲間を募集し読む本を決める。
② 投稿日ペースを決める。週に一回投稿し合う場合は、一週間で読む範囲を決める。
③ 投稿日までに、決めた範囲を読み、各自が投稿用のコメントをつくる。
④ 投稿日に、自分の投稿をするとともに、仲間の投稿を読む。
⑤ 仲間の投稿を読んでフィードバックを積極的に投稿する。また、自分の投稿への仲間からのフィードバックにも積極的に応えていく。

ひとことメモ

✓オンライン・ブッククラブは、大人数で行うこともできるが、やりとりを通して学びを深めるのであれば、5名前後で1グループを組むのが効果的。

✓メンバーが共に同じ本を読んで行うことも、各々が自分自身の興味関心のある本を選んで行うこともできる。

✓同じ本を共に読み合う場合は、本の内容や書き方が参加メンバーにとって難し過ぎない方がよい。初めて行う際は、新書レベルくらいの本がお勧め。

✓開催期間は、6週間くらいで1冊を読み終える程度。期間が長すぎると惰性的になるし、短すぎてもタイトになるので、程良い期間で設定する。初めは、投稿日が近づいてきたら、お知らせメールを出すとブッククラブを活性化させるのに有効。

✓コメントについて、次の視点を参考に提示することもある。参考になった点／学んだ点／よかった点／おもしろかった点／わかりにくい点／疑問・質問／さらなる説明・解説が必要な点／仕事でやってみたいと思ったこと／応用できそうなこと／その他、何でもクラブのメンバーと共有したいこと、など。

✓メールによるブッククラブの良さは、
1 コメントを書き出すために読むことで、通常読むより深く読める。
2 書き出しながら、考えることで学べる。
3 人が書いたのを読んで、考えられる。
と、三重の得がある。

さらに、
4 他のメンバーが書いたコメントにフィードバックをつけようと読むと、さらに学べる。
5 それを実際に書くと、さらに考えることができ、学べる。
6 それを他の人が読むと、学びが広がっていく。

4～6は、どれだけメンバー相互にフィードバックができるかにかかっている。4以降がないと、せっかくのブッククラブの価値も大分下がってしまう。ファシリテーターは、4以降が積極的に行えるように適宜投げかけを行っていくとよい。相互フィードバックができると、一層盛り上がるだけでなく、学びも深まる。

✓参考図書として、『読書がさらに楽しくなるブッククラブ』（吉田新一郎著　新評論、２０１３年）がおすすめ。ブッククラブを行うことの意味やその方法、具体的な事例が紹介されている。

（タケちゃん）

道具箱20
職場での実践とその共有

OFFの場での研修は職場（On The Job）に持ち帰りどう実践するのかが大きなポイント。各回の間に、職場での実践を挟むよう研修を組み、実践したことについてはログシートに記入し仲間と共有、フィードバックしあう。

必要な道具　ログシート　または社内PC環境で共有できるフォーマットなど
環境設定　実践を共有しあうグループを4～6人程度で作る。批判や攻撃にならないよう、各人が尊重しあえるグループ状況になっていることを確認する。
参照・関連　道17 赤・緑コメント（ピア・レビュー）　道18 ラーニングパートナー（LP）　資料編3. ログシート

手順

① 複数回の研修（最低2回）を設定し、各回の間に実践期間を設ける。各回の研修時に次回までに実践しその報告をシートにまとめ、共有するよう伝える。

② ログシートを用意する。特にフォームは決めなくてもかまわないが、「実践の事実」（「いつ」「どこで」「だれと」「どんな目的で」「どうした」「どうなった」）と「ふり返り」（「なぜそうなったか：分析」「次に向けてどうしたいか」）などの項目があると実践を続けるうえで活かしやすく、共有もしやすい。

③実践を共有しあう小グループを作る。ラーニングパートナーがいる場合は、パートナーを複数（2〜3）組み合わせて作ると効果的。

④実際に職場で取り組み、実践をログシートに記録する。

⑤ログシートを共有する。社内であれば共用できる社内フォルダや社内メールを、所属が異なる場合は情報共有のしやすいグループウェアなどを利用する。

⑥お互いに実践記録を読みあい、質問やコメントを書き込む。

ひとことメモ

✓ログシートの項目は、準備の指針となるように作っておくとよい。実践が目的ではあるが、記録して共有する前提だからこそ細かく準備することもおきてくる。

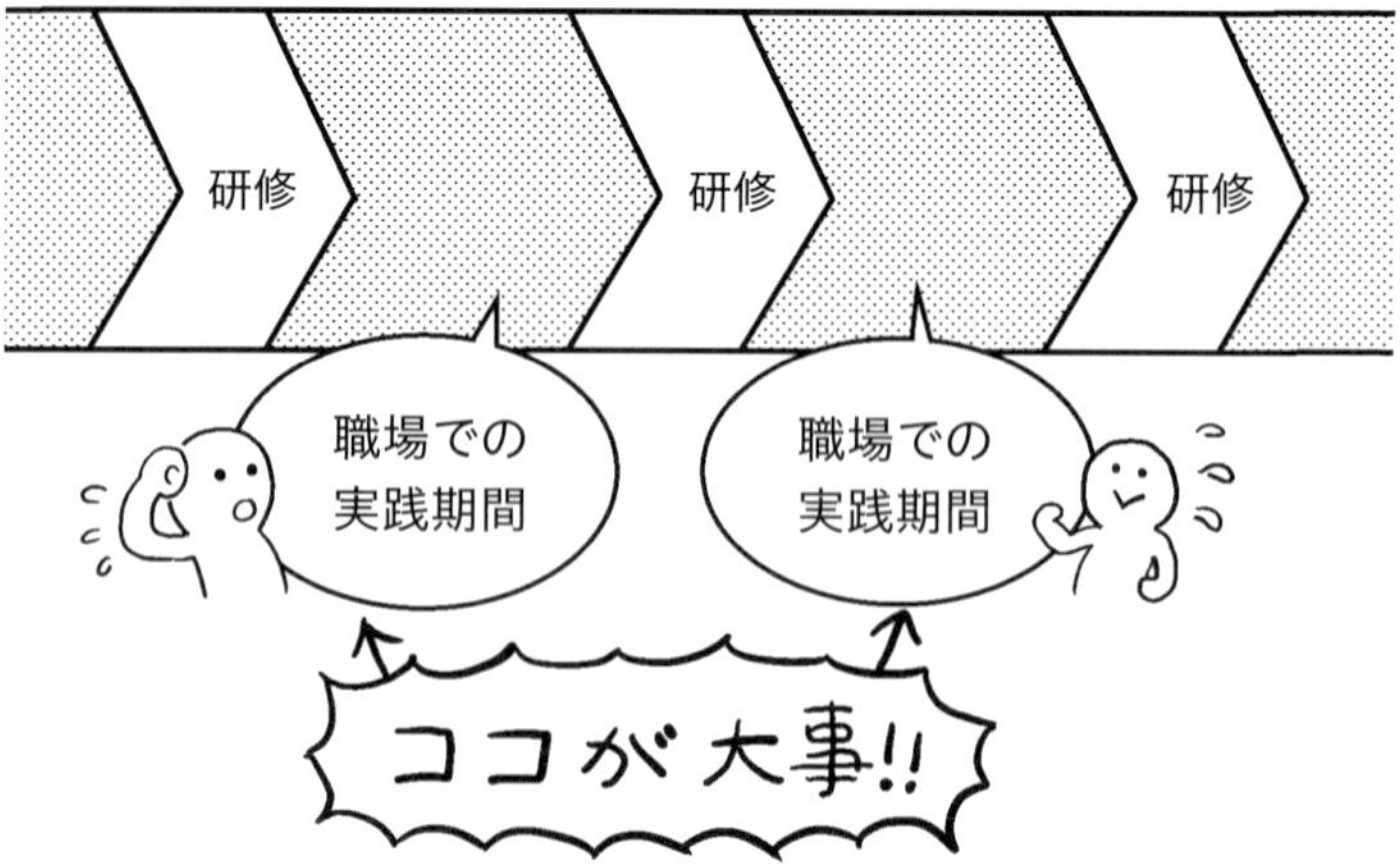

✔いわゆるＯＪＴと集合研修を組み合わせて研修全体を設計する場面でも、各研修場面をつなぐ役割としてログシートは有効。

✔期間内の共有が厳しい場合（部署内や社内で共有できるＩＣＴ環境がないような場合）は、ログシートを次回研修時に共有する。回し読みし、簡単に報告する等（開始時に行なうと研修―実践―研修の橋渡しがスムーズになる）。

✔「実践をする」ことに大きな意味があるので、成功例だけでなく、失敗事例も書いて共有するように必ず伝える。失敗例を明るく共有し、学びにつなげたい。

（タケちゃん）

プログラム・デザイン

「プログラムをデザインする」とはプログラム成功（つまり「ねらいの達成」）のために、時間内に誰が何を何処で誰にどうやるのかの設計図をつくる作業だ。

プログラム・デザインはなぜ必要なのか

「参加者の様子を見ながら柔軟に、そして臨機応変に対応するのが参加型の学習では大事なのでは？」という考え方もあるだろう。確かにそれは一面では正しい。しかし全体のデザイン（設計図）なしでワークショップをスタートすることは、航海図を持たずに船をこぎ出すようなものだ。しっかりとした計画を立て、準備をしておくことによって予期せぬことへの柔軟な対応も可能になるのだ。

表計算ソフトで時間・空間のデザインを確認する

進行表（時間割）の作成はエクセルなどの表計算ソフトを使うと良い。一番上の行（タイトル行）には「開始時刻／所要時間／ねらい／内容／担当／会場レイアウト／準備物／備考」等の各項目を記入する。また必要に応じて「会場（研修会場が数か所に渡る場合）／参加者（プログラムによって参加するメンバーが変わる場合）」／それ以外の要素を加える。2行目以降の開始時刻のセルには、直前行の開始時刻＋所要時間の計算式を入れ、3行目以降にその数式をコピー&ペーストする。こうしておけば各行（プログラム）の所要時間を記入するだけで次の行の開始時刻が自動的に反映される（最終行では終了時刻と辻褄が合うかが分かる）。例を182ページの「道具箱4」や資料編2. タイムテーブルに載せた。

プログラムデザインをする上で大切なポイント

・何のためにやっているのかを常に意識すること

プログラムをデザインするには「一体何のためにその時間を過ごすのか」という、プログラム全体（ワークショップ／研修）のねらいの確認が大前提だ。ねらいは文章化して絶えず意識しておくべきことだ。また、それぞれのプログラム単元毎にも、大きなねらいを達成するためのそれぞれのねらいがあるはずだ。ただ単に、プログラムを羅列するのではなく、起承転結のようにねらいだけを並べても、つながりと流れのあるストーリーになるようにデザインしよう。

・参加者を理解し、参加者目線からデザインを検証すること

プログラムデザインにまだ慣れないうちは、先に触れた進行表に「参加

ミニKPで流れを確認

者のつぶやき」という列を作ることを推奨している。それぞれのプログラム実施のタイミングで参加者はどう感じるか？「特に疑問や不安などネガティブな反応」を想像し文章にしてみると良い。その参加者のつぶやきに対してプログラムはちゃんと応えるものになっているか？を検証してみよう。

そのためにも、参加者は何を知っていて何を知らないか？どんな経験があるのか？ないのか？今回受講の動機は？意欲は？など参加者の理解が重要になる。

・進行表を使って時間的に無理がないか検証すること

前記のエクセルを使い、プログラムの細かい項目（作業手順の説明／作業／発表準備／発表【例：1班4分＋質疑3分＋入れ替え2分＝合計9分×5班＝45分＋予備5分＝50分】／休憩時間等）を一班（9分）一行ずつに書き出して時間的に無理がないか確認をする。また、各班毎の開始時刻が書いてあれば、進行が大体時間通りなのか？遅れているのか？早いのかが分かり、ペース配分の参考になる。

進行表は基本的には時間のデザインを確認するためのものだが、同時に空間のデザインや参加者同士の関係性のデザインも記入し確認する道具としても使いたい。

・ミニKPを使ってスタッフ間でプログラムの流れを確認すること

エクセルの進行表と同時にミニKP（人数によるが、4〜5人程だったらA8サイズ）でプログラムを確認してみよう。プログラムの要所要所で「実習の手順を説明するKP」や「実習で学んだことをまとめる講義のKP」を用意しよう。プログラム全体のKPを時間にそってすべて並べてスタッフ全員で俯瞰してプログラムの流れに無理がないか（手順説明内容／講義内容）など流れの確認をしよう。

（川嶋）

第 3 章

ファシリテーション・トレーナー・トレーニング参加者から聞く、その後の成果と実践

第３章では、ＦＴＴ研修参加者に研修の成果や今の仕事にどう役立てているかをインタビューした。

インタビューは、執筆者の一人である川瀬が研修参加者が活動している現場に行き、業務の合い間をぬって行った。

ファシリテーション・トレーナー・トレーニング参加者から聞く、その後の成果と実践　授業編

FTT研修1期生　理科担当Kさん、国語担当Yさんへのインタビュー

日能研では、昨今のアクティブラーニングブームが来る前から、子どもが主体的に学ぶことを大切にするアクティブラーニング型授業を模索し続けている。集団対話型の授業を通して、教師側からの刺激だけでなく子ども同士が学び合えるような空間づくりをしている。

授業担当者（日能研ではモデレーターと呼んでいる）に求められる要素は5つあり、そのうちのひとつがファシリテーター。いわゆる「教える」という従来のティーチャーモデルから、子ども達から「引き出す」ことにシフトした新たな授業担当者像をつくり、こうした新しいスタイルの授業にチャレンジしている。

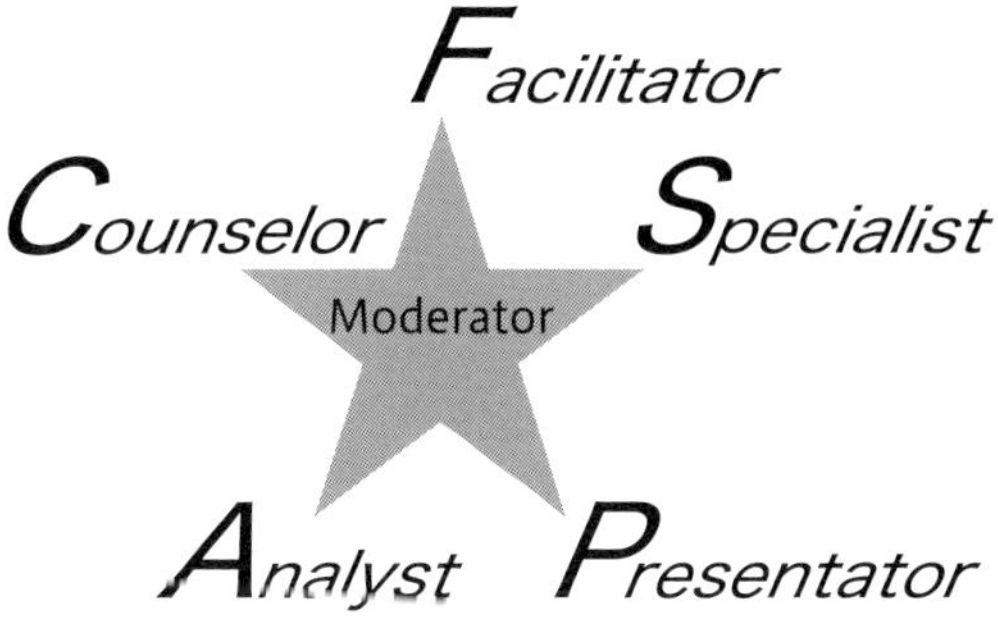

『モデレーターの要素』
※かつては、SpecialistのところがTeacherになっていた。

では本書で取り上げたＦＴＴ研修に参加したモデレーターは、研修で学んだことを日常でどのように活かしているのだろうか。

1期生：理科担当Ｋさんの場合

ＦＴＴ研修は、ご自身の授業スタイルにどのような影響を与えましたか？

研修を受けた２０１１年以前から、子ども主体の授業は心がけてきました。が、ＦＴＴ研修を受けてファシリテーターとしての居方、プログラムの作り方を学び、授業の準備の仕方・授業中の関わり方が大きく変わりました。それまでは「大人が」何を使ってどのように教えるのか、という視点で授業を組み立てていたように思います。

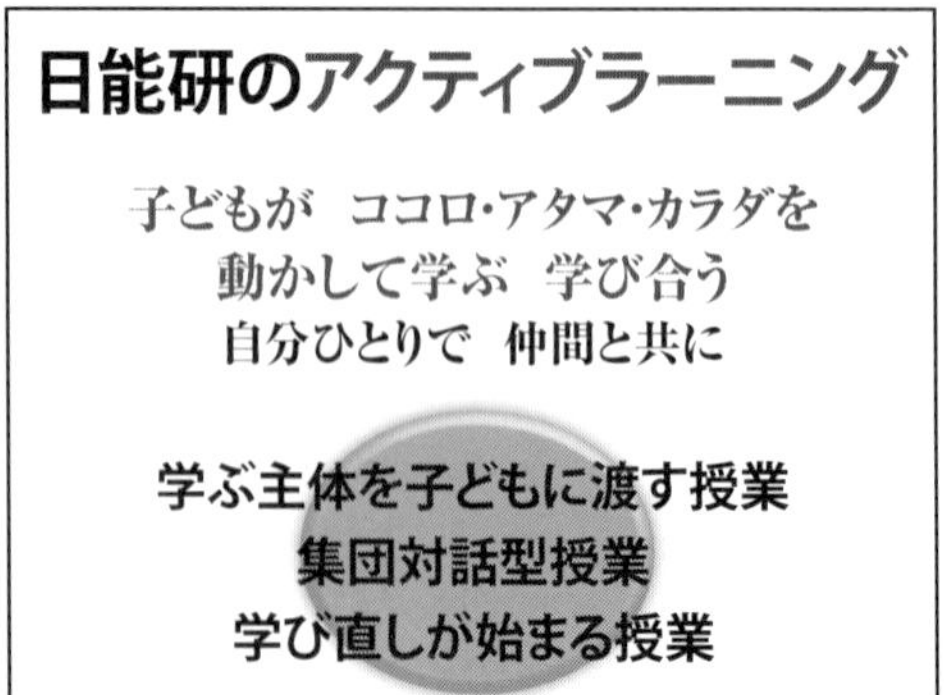
日能研のアクティブラーニング
子どもが　ココロ・アタマ・カラダを
動かして学ぶ　学び合う
自分ひとりで　仲間と共に
学ぶ主体を子どもに渡す授業
集団対話型授業
学び直しが始まる授業
モデレーターに共有されている授業像

研修を受けてからは「子ども達が」自分でつかむための成果目標・行為目標という視点で授業の準備をしています。その際に、子ども達が実際に活動する様子をイメージすることを大切にしています。また、授業中は、その場で起きていることをコンテンツの視点だけでなく、プロセスの視点でも観察し、その情報を元に介入することで、子ども達へのアプローチに柔軟性が増したように感じています。

具体的に、どのような技を授業でよく使いますか？

今担当している5・6年生の授業でよく使う技は、ＫＰ法、ＰＫＴ、Ａ5カクハル、チェックイン・アウト、介入等です。こういった技を場面に応じて使い分けていき、それらを有機的につないでいくことでインタラクティブな授業をつくっています。

授業を設計するときに気を付けていることはどんなことですか？

授業の設計については、Ｆ講座を作成した時と同様に、この授業をやる「意図・ねらい」を明確にし、そこに行くためにどんなしかけをしていくかというように、プログラム的な考え方で授業をとらえるようになった、という意識の持ち方が最大の変化です。子ども達同士の活動の時間が増え、子ども自身の思考・感情・意思が表出することにつながっている、という効果が出ていると思います。今後もどんな風に「ファシリテーション×授業」で新たなチャレンジができるのか、思案中です。

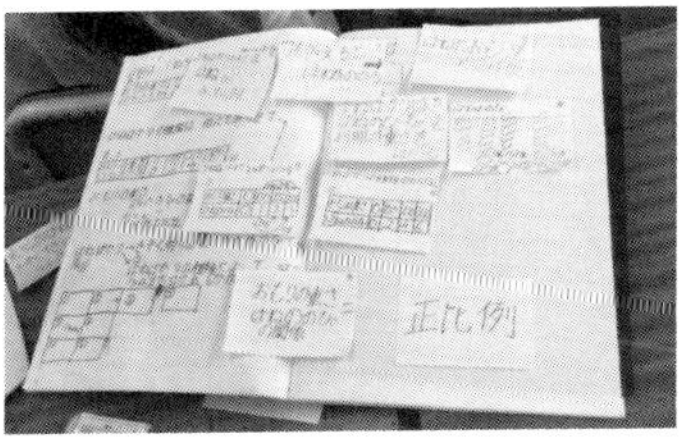

ミニＫＰ作成中のようす

グループでミニＫＰを精査しているようす

1期生：国語担当Yさんの場合

FTT研修でやったことの中で、日頃の授業でよく使っている技や考え方はありますか？

授業中は常に「Fの地図」中のサイクルを回しているんだというイメージを強く持つようになりました。つまり、子ども達の状況を観察し、それを元に自分で分析・判断し、働きかけ方を微調整していく。授業はこの連続だと思っています。授業が予定した通りに終わることはほとんどありません。そうきたか！　やっぱり！　うーん、じゃあこうしよう！　などと、子ども達とのやりとりを楽しみつつも、ねらいを見失わず、どのようなプロセスをたどっていくことが目の前にいる子ども達にとってベターなのかを考えています。

子ども達は、ワークショップスタイルの授業にどのような反応を示しますか？

多くの子が「自分（たち）で考えるから楽しい」と言います。「がんばれた！」「自分でできた！」「オレってスゴイかも！」というような言葉を聞くこともあります。従来型の授業より

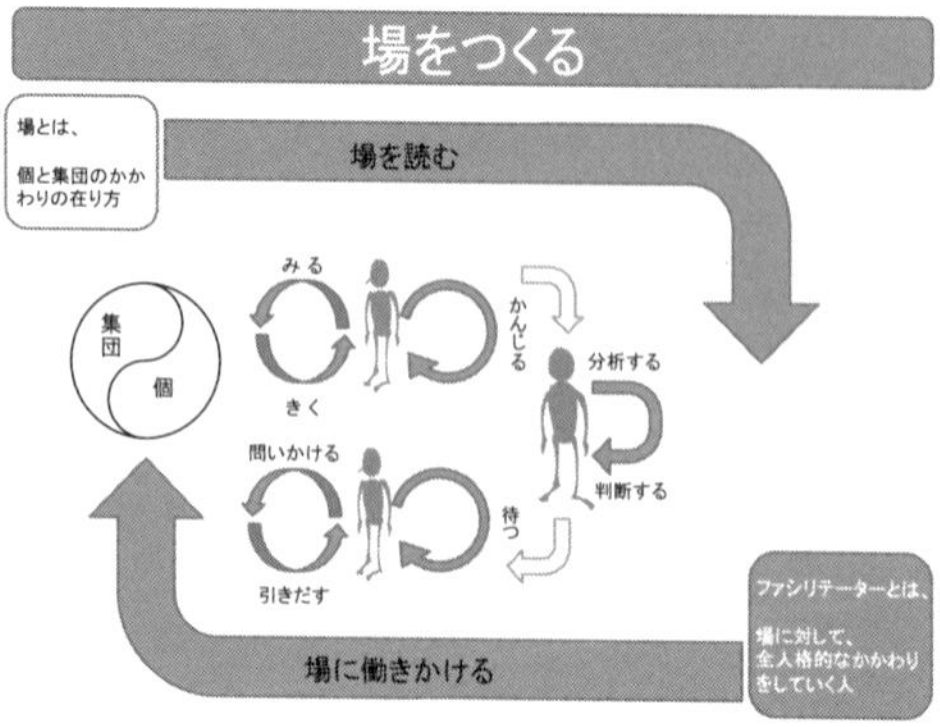

も、子ども達がアタマ・ココロ・カラダをフル回転させているのは、見ていて強く感じます。子ども達のモチベーションを高めるために、授業担当者である私はブリーフィング・ディブリーフィング（ふり返り）などで、子ども達を「その気」にさせているのでしょうね。

一方で、課題としてはやはり「家では一人なのでアクティブにならない」ことが挙げられます。「Y先生が、授業のときみたいに声をかけたりはげましたりしてくれたらいいのに」と言われます。でも、内的動機があってこそ、主体的行動が始まる――今はそれを信じ続けている……のだと思います。

いや、もっとシンプルに、「チョーク&トーク型」よりも「ワークショップ型」の方が私自身が楽しい、ということに尽きるのだとも思います。

Yさんの授業のようす

ある日の午後、Yさんの担当する授業を覗いてみた。この校舎の内装はほぼ木材で覆われていて、見た目にも柔らかな雰囲気だ。そこにいる子ども達と大人の関係も親密で落ち着いている。いわゆる従来型の塾のイメージとは異なり、家庭的な雰囲気を感じる。

授業が始まった。子ども達は自分の席に座り、まわりの仲間としゃべってくつろぎながらも、Yさんの投げかけへの反応は早い。早速本題への導入。「みんなにとって長文って、どれくらい

Ｙさんの授業の時間の使い方（２コマ分）

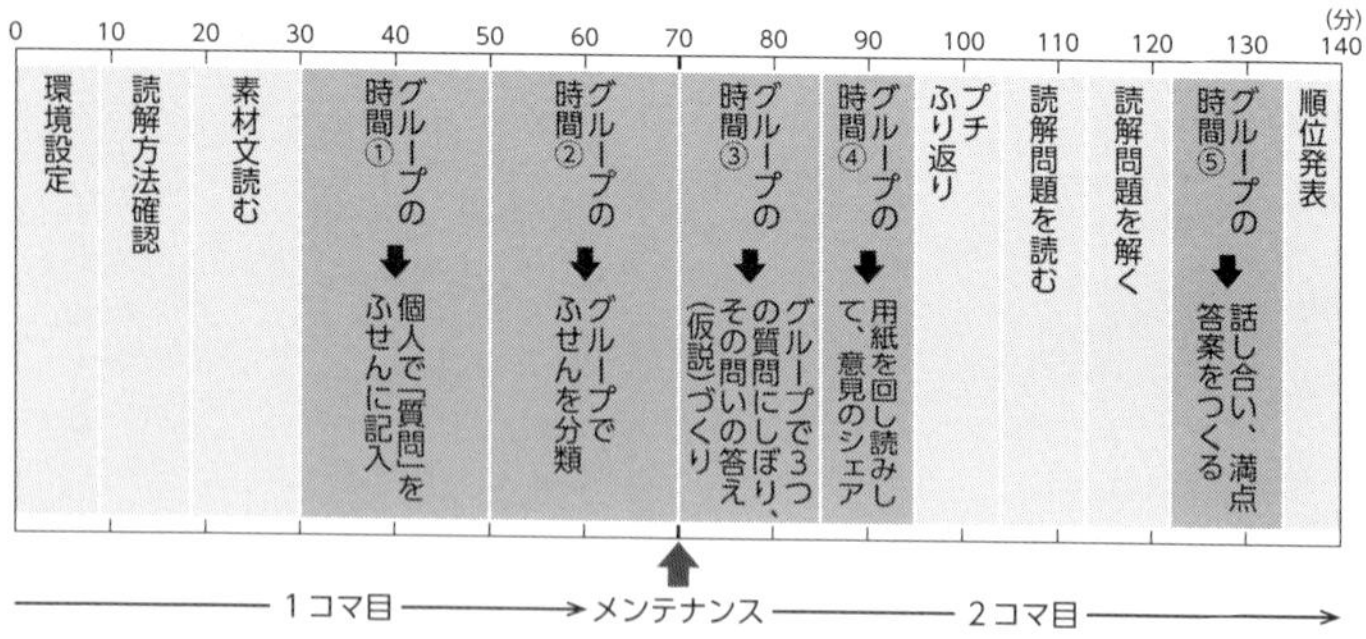

140分中、80分ほどをグループの時間にあてていることがわかる

の長さかな？」今回の授業のテーマ「長文」と自分との接点をつくってから今回の課題に入ろうという意図が感じられる、Ｙさんらしい丁寧なスタート。

　しばらくやりとりをしつつ子ども達の発言を引き出しながら今日の状態をチェック。ウォーミングアップが整ったところで本日の文章をＹさんが範読する。文章は、うそをついたことがばれてしまわないようにする主人公のお話。主人公がうそをごまかそうとするくだりに多くの子はドキドキ。子ども達が等身大で物語に入り込んでいる空気感が

授業の手順、ねらいやポイント等はＫＰで示す

伝わってくる。

文章を読んだ後テキストの設問には触れず、「質問づくりで読解を深めよう！」という課題に入る。物語を読んでもっと知りたいと思ったことを、付箋1枚に1質問ずつ書いていく。子ども達は慣れた様子でテキストをめくりながら、質問を付箋に書き始める。これらのねらいや手順はKPで黒板に掲示されている。

文章を読んで、疑問や質問を付箋に書き出す

2枚の付箋が書き終わった子は「おかわり！」と言うと追加の紙が貰えるシステムのよう。「おかわり！」「おかわり！」の声があちこちから聞こえてきて、その声によって子ども達同士がテンションを上げていくのが感じられる。こうした主体的な授業づくりのしかけによって、子ども達はかなりの時間集中して

グループで質問が書かれた付箋を分類中

頭を使い続けている。その後は、付箋（質問）の分類、ベスト3の選出とその理由の書き出しを行った。

グループの意見を書いた紙を各グループで回し読み。このシェアの仕方は、まるで大人のワークショップそのもの。読解というと講義型の授業スタイルをイメージする人が多い。みんなこのやり方でついていけるのかな？　と見ている私が心配になるが、子ども達は何のためらいもなく、他グループの用紙を見て、活かせることを自分のテキストにメモしている。すごいなぁ、子ども達。仲間から学ぶことを当たり前に受け入れている。残りの時間は、他の文章を読んで課題に取り組み、グループ皆で解答の根拠を確認し合って自分達の考える満点答案をつくろうというものだった。

前半拡散させて、後半ギュッと収束させていくという学習塾らしくメリハリのある展開で、あっという間の140分（70分×2コマ）だった。

グループで話し合い、満点答案作成中

会議編　ファシリテーション・トレーナー・トレーニング参加者から聞く、その後の成果と実践

16教室を統括している(当時)2期生のCさんへのインタビュー

この研修を経て、ファシリテーターのイメージはどのように変わりましたか？

それまでファシリテーターというのは、簡単に言うと進行役的な立場で、立ち位置としては一歩後ろから見守る、というようなイメージを描いていましたし、自分もそうしていました。けれどF講座を実践してからは、かなり意識が変わりました。

具体的に言うと、単に進行役的に場を回すだけではなく、その場にいる参加者と一緒にいるというような存在だということに気づきました。何かのワークをしている時も、参加者がどういう状態かを感じられる位置にいながら、参加者の様子を観察するということが大事なんだということにも気づきました。これらは今まであまり意識してこなかった視点です。

FTT研修の中で印象に残っているプログラムは？

最も印象に残っているのは、「自分を知る」ワークです。今まで短い期間でふり返ることはあ

ったけれど、生まれてから今までの期間の自分をふり返る、ということを通して、自分が何を大事にしているのかに気づいたのです。つまり自分の持っている「価値観」を明確にできたような気がします。自分が育ってきた環境やいろいろな場面で培ってきた価値観が、現在の私のあらゆる思考や感情のベースとしてあるんだな、ととらえられたことは大きかったです。中でも、ずっと所属していた野球部で培われたものが大きく影響しているなと…。つまり、どこかこう、プログラムの中で終わりの時間については必ず帳尻を合わせようとか、正直縦社会的なものがあったんだなあとか(笑)。自分のくせを知ることができて、より自分を客観視することにもつながりました。

普段、どのようなお仕事をしていますか?

東京エリア16教室を統括しています(当時)。各教室の子どもの学習状況や教室としての働きかけを見守っています。その中から、課題の抽出を行ったり、先々のイベントで何に重点を置くのか、どのようにすすめていくのかを考えて、本部や社内の各種プロジェクトチームとやりとりをし、現場に方向性を示し一緒に動かしています。

こうした時間もある一方、教室で子ども達の顔を見ながら、子どもの学びにダイレクトに向き合う時間も大切にしています。

日頃の会議に、研修で学んだことをどう活用していますか？

子ども達を取り巻く大人、例えば教室のスタッフ、授業担当者などと会議をすることが日常的にあります。会議を主催するにあたっては、次の3点、①事前の入念な準備、②当日の柔軟な運営、③事後のふり返り、を意識するようになりました。

①については、会議の目的を確認し、ねらいに沿ったプログラムを作成できるよう情報収集を意識的に行うようになりました。また、常々心がけているのは参加型の場づくりです。そこにいる参加者たち一人ひとりの個性が会議のアウトプットに反映されるような展開をイメージしてプログラムをつくります。が、「そこまでは想定してなかった」「そうきたか！」などということも多く、なかなか思った通りに行かないことがあります。この点についてはFTT研修後初めてF講座を企画したときに、納得がいくまでじっくりとプログラムを練り直すという経験をしたので、そこで得た感覚やコツは今でも活きているなと感じます。

②の当日の運営についても、今までとかなり意識が変わり

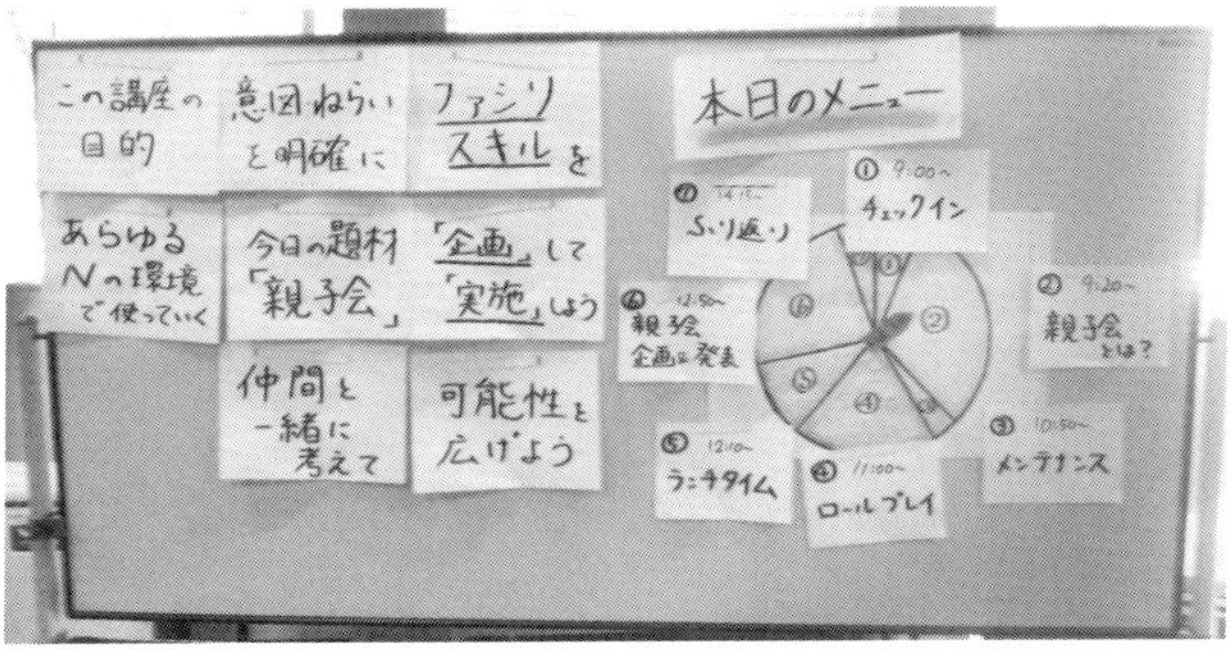

Cさんが初めて実施したＦ講座のスタート時のKP

ました。会議の場の作り方、グループサイズ、壁面の使い方、その他机の置き方やグッズの置き方なども小さなことも意図を持って行うことで、会議に参加している人の気持ちが変わり、それにより会議そのものがだいぶ変わってきたように感じます。この5年ほどで、どの教室にも会議用のプロッキーは常備するようになったし、皆で何か書いて貼る、ということが社内では「当たり前」になりました。これはこのＦＴＴ研修による会社全体の変化だと思います。我々ファシリテーショントレーナー達がそうやって、研修で教わったこと、いいなと思ったことをフル活用して会議を開くことで、新たなファシリテーター的資質を持った人が生まれてくる、というような感じでしょうか。

③のふり返りについては、川嶋さんは「自分が何を伝えたかではなく、参加者がどう感じたかにアンテナを向けなさい」と常々おっしゃっていました。ふり返りについては、忙しくてつい後回しにしているうちに忘れてしまう…ことも多いのですが、自分が次にステップアップするためには参加者からの生の声というのは貴重で、何ものにも代えがたいんです

Ｆ講座受講者に対して、フォローアップ研修を企画、実施したときの一場面。床に置いてあるのは「日能研のファシリテーションの道具箱」の一部だ。

よね。最近は意識してフィードバックをもらうようにしています。参加者のマイナスのつぶやきなどは、主催者に面と向かっては言いにくいですが、こちらから丁寧にお願いすればもらえる可能性が高くなります。そういったことは今後やっていきたいことです。またフィードバックはその場でもらうのが自分にとって一番効果が高いし、相手への負担も少ないですね。

その他、この研修でやったことが活かせたような、印象深い会議をあげてください。

日能研のグループ会社の社員が集って全体で行う会議を企画、実施したことがありました。グループ会社とはいえ、背景や考え方が異なる人たちが集うので、準備は念入りに行いました。会議のテーマは、「日能研に通う子ども達の継続した学びづくりに向けて、取り組みの工夫の共有」と定めました。準備段階で最も気を使ったのは、当日の会議資料であるデータ資料作成でした。その他、メンバーがどのように座ると共有が行いやすいか、意見が活発化しやすいかのシミュレーションを事前に十分にしてから臨みました。

当日はかなり緊張しましたが、共に企画を練ったメンバーからの手助けを借りながら進めました。実施後、日能研という看板の元で、全国で展開していることを強みに変えるために、この時間はとても貴重であり、場を促進することの有用性を感じました。こうして、社内のさまざまな場面でファシリテーションをすることを通して、自分の成長はもちろん、まわりの仲間も共に成長していることを感じる日々です。

研修を行う場所の環境設定

日頃から、日能研の教室に限らずいろいろな場所で研修やワークショップに携わっている。参加者は大人の場合もあれば、子どもの場合もある。人数もさまざま。いずれにしても、実施前にその場所に行き、部屋の大きさ、導線、机や椅子、ホワイトボードなどの備品の数や使い勝手を確認し、自分の思い描く空間づくりがどの程度できるのかをチェックしておくことは、研修やワークショップをやるうえでとても大切だ。

ＧＥＭＳプログラムをある外部イベントで実施しようというときのこと。事前打ち合わせで「当日水を使用する場合どこに排水したらよいか？」と質問したら、主催者は頭をかかえた末に、１００メートルほど先の川を指さして「川に運んでもらいましょうか」と真顔で言われたことがあって驚いた。結局、その場では水を使わないプログラムに切り替えて事なきを得た。当日やることと環境のマッチングはとても重要。この例は多少大げさだが、環境が内容を選ぶことは少なくない。逆にそこにある環境をうまく使うことができれば、いつもとは違った効果が生み出されるような展開をすることも可能となる。

社内のＦＴＴ研修を設計する打ち合わせでは、私達ＯＧＮは会議室をどう使うか、壁をどう活用するかということを常に頭の片隅において話し合

column 4

写真1

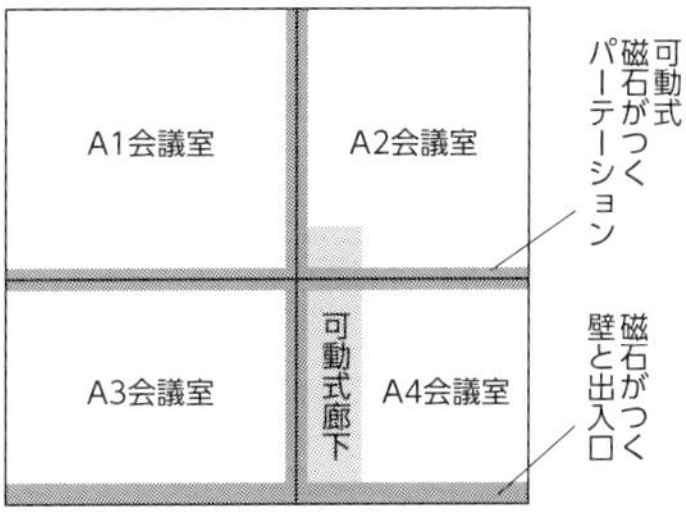

いをしてきた。ではＦＴＴ研修の会場となった新横浜本部Ａ会議室を、実際どのように使ったかということを紹介しながら、環境設定をする際に必要なことに触れていきたい。

日能研のＡ会議室は、直さん曰く、「ＫＰを貼りたい放題、間仕切りも変えられるのでとても使いやすい会議室」だそう。

Ａ会議室は、Ａ１会議室からＡ４会議室までの４部屋から成っている。が、部屋を仕切っているパーテーション（間仕切り）はすべて可動式のため、大きな１部屋にすることもできるし、２分割の部屋にすることもできる。一番小さいＡ４会議室だけ仕切って、ワークショップ等の準備部屋にすることも可能。ちなみに写真１は、Ａ会議室を２分割したときの、真ん中のしきり。１つの仕切りが半間ほどの幅で、天井から床までこの仕切りで仕切ることができる。仕切り同士をつなげていくとまるで壁のように隙間がなくなるので防音効果も高い。これが横に12枚並んでいる。通常のＫＰセットなら、仕切り２枚の幅があれば貼りきれるので、ＫＰセットが横に６セット並ぶという広さ。ＦＴＴ研修では、全体でビデオメッセージを見たり、レクチャーの時や、全体発表の時などは２分割の状態で行うことが多かっ

写真2

た。実習のときも2部屋に分割して行った。この時はさらに、奥のパーティションを1枚分あえて入れずに通路にして、2部屋の様子が見られるようにした。

写真2は、FTT研修第4回のファシリテーションマンダラを完成させているところ。出来上がったマンダラ9枚を壁一面に見た時は壮観だった。今までやってきたことがマンダラに集約されて、見た目にもインパクトのあるふり返りができた。

だが、場所は広ければ広いほど良いというものでもない。よくあるのが、広い部屋をそのまま使って、なんとなく落ち着きどころがないというパターン。こういうときはホワイトボードで空間を仕切ったりすることが多い。

その他、おもしろい使い方をいくつか。2期生によるF講座（テーマはファシリテーショングラフィック）を行ったときに、1メートル置きに3枚ほど間仕切りを入れ、その間仕切りをホワイトボード代わりにして模造紙を貼り、そこで行われている話し合いを、ファシグラで見える化していった。（写真3・4）

また、机と椅子は固定式ではないのですべて移動が可能だし、ホワイト

写真3

写真4

ボードもA会議室全体で4台ある。だから、ホワイトボードを引っ張ってくれれば、どこを前にして空間をつくることもできるし、机の形だってどうにでもなる。自由度がとても高いからこそ、意図に合った環境設定をすることができる。

A会議室がこういうフレキシブルな状態になったのは、今から20年以上も前のことだが、社員がその環境を活かせるようになったのは、この6～7年くらいかもしれない。その流れをつくるのに、このFTT研修も多少なりとも貢献していると思いたいが…。授業と言えば講義形式が当たり前だった時代から、グループで、時には輪になって、時には個人で…と、意図に合わせて臨機応変に場づくりをするというようなことを、社員自らがFTT研修やF講座等で経験したからこそ、子ども達に提供する授業の場づくりも変わってきたのかもしれない。

（まこさん）

参加者の学びを促進するために働きかけること――介入

　このFTT研修でたびたび登場している「介入」という言葉。「介入実習」なるものもあります。

　体験学習における介入とは「何らかの意図を持って相手にかかわっていくプロセス」「（体験学習の場では）具体的には実習を中心とした学習活動のあらゆる場面で、メンバーの学び（気づき）を促進するために、ファシリテーターが直接問題に関わっていくこと」（『Creative Human Relations』プレスタイム）と言われています。本書で取り上げている「介入」は、「授業や話し合いの場などで、ファシリテーターが参加者の学びを促進するために働きかけること」を広く指していると考えください。

「子どもの学び中心」で授業をしたり、話し合いの場をつくったりするんだよ、皆はファシリテーターになるんだよ…、とスタートした授業変革でしたが「じゃあ何をしたらいいの?」「黙って見ていればいいの?」と、現場では一時期「司会進行をする（仕切る）」か「黙ってみる（放任）」かの「どちらかのかかわりしかできない!」などの混乱が起きていたようです。

　そこで「介入」できる力をつけよう、というテーマがこのFTT研修の、大きな一つの課題として存在していたのです。

　介入って、そうは言ってもなかなか難しいもの。特に話が盛り上がって

column 5

いるときに、「不用意なことを言って、場を止めちゃわないかな?」「自分が操作していることになるんじゃないかな?」と思うと口がはさめなくなる。また沈黙が続いているときに「沈黙を自分が破っていいのかな?」とか「あれこれ言ってかえって混乱させたらどうしよう…」とファシリテーターばかりが空回りする…ということも。「結局見ていただけ…」という経験をした方もおられるのではないでしょうか。

介入をする際に、「今自分はどのプロセスに関わろうと思っているのか?」を考えることはとても大切です。「コンテント(会議の内容や授業の課題そのもの)」なのか「タスクプロセス(考えを進めるための方法や話しあい方)」なのか「グループプロセス(参加メンバーのグループとしての動きや個人の気持ち)」なのか。これを捉えられるようになれば、より効果的な介入ができるようになるのだろうなと。我々もこの介入実習をするにあたり、参考図書を読みあさりながら、いろいろと考えました(この3つのプロセスは『プロセス・エデュケーション』津村俊充著　金子書房、2012年から引用しています)。

そんな訳でこのFTT研修では、「下手な鉄砲も数打ちゃあたる!」とい

column 5

う弊社代表（ミッキィ）の雑な（?:）方針で、とにかくたくさん介入しよう！と実践を積んでいきました。上手くいったこともいかなかったこともあったのですが、最も学びになったのは「やった後で動画を見てふり返る」こと。実践して、第三者の目線でふり返ってみると「あんなこともできたな〜」「これは外したよね〜」というのが見えてくるのです。「実践」と「ふり返り」を繰り返しながら、介入のスキル（センスも?:）を身につけていくしかないようです。

（タケちゃん）

第 4 章

社員全員をファシリテーターにしようとなぜ日能研は考えたか？

日能研代表 高木幹夫に聞く

インタビュー 川嶋 直

高木幹夫（たかぎ・みきお）
1954年横浜市生まれ。私学進学を目指す小学生のための学習塾、日能研代表。1980年代初めから学習評価法等の最新情報を得るためしばしば渡米、取材を重ねた。その中で出会ったプレップスクールの授業（子ども達が教師と共に対話し、学びを深める）に刺激を受ける。現在も「子どもの学び中心」の授業や場づくりを推進中。

なぜ社員全員をファシリテーターにするのか？

川嶋直（以下、川嶋）　今日のインタビューでお聞きしたいのは一つだけです。「なぜ社員全員をファシリテーターにしようと思ったのですか？」ということです。いかがでしょう。

日能研代表・高木幹夫（以下、高木）　まさに今、必要なものだからです。

川嶋　トップが言い出さないと、こういうことは動かないものですが、なぜそういうふうに思われたのかということをお聞かせください。

高木　そうですね。子どもがどういうふうに学び育っていくことができるか、ということが小学生を預かる日能研のメインテーマです。

この30年ほどの間、アメリカを中心に様々な学校での学びを視察してきました。そのおかげで日本との「学びの場」の違いのイメージはできるようになったんです。でも、じゃあどうやって日本で新しい学びの場をつくったら良いのだろうか、と考えてきました。

一つの例として、アメリカのニューハンプシャー州にあるフィリップス・エクセター(Phillips Exeter Academy)という200年以上の歴史のある寄宿制の学校、プレップスクール(大学進学準備教育を行う私立中学・高校)というのですが、そこに行ったときに、ハークネステーブルという楕円形のテーブルがあって、それをもう何十年と使って学びをつくっているのを見たのです。でも、そのテーブルさえあれば、フィリップス・エク

日能研代表　高木幹夫

セターのような学びができるかというと、当然テーブルがあるだけではできない。テーブルを、学びの場に変化させる人が必要なわけです。学びの場をつくるためには、どういう人がいたら良いか、という課題をずっと考えていたわけですね。

川嶋　ハークネステーブルというのは、すごく大きなテーブルですか?

高木　日能研本部の4階にあります。あとで見てください。大きいですよ。15人くらい座れます。まあ、アメリカンサイズですよ。そこで子ども達が集って学んでいくんです。

川嶋　教室の机が、その大きな楕円形テーブルだけなんですね。

高木　そうなんです。ハークネステーブルというものを最初につくったのがそのエクセターなのですが、その後、色々なプレップスクールに行くと、けっこうそのテーブルが置いてある。

エクセターではまさに「自分が自分で自分を育てる」という学びをしているのですが、その話を向こうの学校の人としていると「実は生徒達はすでに準備ができていて、その上でハークネステーブルにつくんです」という話になってくる。エクセターの生徒は中3から高3までいる。その前のジュニア・プレップ、その前の小学校、その前の幼稚園がある。もちろん付属校ではないんだけれども、見学すると、やっぱりどの段階でも「自分が自分で自分を育てる」準備をしているんですよ。

川嶋　プレップ・スクールに入る前から自分で学ぶ準備がされているんですね。

高木　入学前にジュニア・プレップで、自分が自分で自分を育てるとか、仲間同士で育て合うとか、そういう学び方ができるようになるための準備をしている。その前の小学校でも、その前の幼稚園でも。

もちろん、それぞれの段階でやっていることは違うけれども、その様子をずっと見ていたので、どうやってそういう環境に日能研や私学が変わっていくかを考えたんです。変われるチカラを持っていると思っているし、変わるつもりもあると思っている。けれども、子どもが先に変わるか、先生が変わるか、どっちが先に変わるかというのが常に難しい。先生が変わるから子どもが変わるというのもあるかもしれないけれども、子ども達が変わろうとしていくことによって先生が変わるというのも当然ある。

川嶋　先生というのは、日能研の先生ですか？　私学の先生ですか？

高木　両方ですね。

合格は、子ども達にとってはゴールではない

高木　例えば、世間一般では受験勉強というのは合格のためにするものということになっているんですよ。ところが日能研では「自分が自分で自分を育てる」なんてことを大切にしている。もちろんうちに通っているのは小学生だから、そうした（受験勉強は合格のためにするものという）分かりやすい目的意識に縛られないということがある。でも、それって、「自分が自分で自分を育てる」という視点で考えたり、新しい学びとして考えてみると、かえってメリットなんですよ。

川嶋　目的意識が薄いというのがメリットなんですね。

高木　メリットです。

ちょっと話がずれますが、目的達成のためには未来のある時点に目標を設定して、そこから逆算して現在を考えるバックキャスティングで行くか、今を起点とするフォアキャスティングで行くかというのがありますよね。必ず「そこ」に行かなきゃいけないというときにはバックキャスティングという手法が有効だけれども、ゴールが１００％固まっていなければ、そもそもバックキャスティングできないわけですよ。

例えば「目的」的にやるということは、その目標に到達した姿が明確であるということなんですよね。これまで「合格」というのはどちらかというと「目的」的に使われて

きたんだと思うんです。でも実際は、合格はゴールじゃなくてスタート。子ども達も僕らがそう言っているから、一緒に「スタートだ」と本当に思ってくれている。そうすると、合格って当然バックキャスティングでは考えられなくなる。合格して終わりじゃないわけだから。

合格のためだけに学びを展開するなんていうのはこの立ち位置から見ればナンセンスなんだけれども、世の中の受験というのはみんなそのナンセンスをやっているわけですよ。

川嶋　「入ればＯＫ」と考えてしまう。

高木　合格すればＯＫという学びはナンセンスなんだというのは、もうみんなが分かっているはずなんだけれども、でもその中でつくられてきてしまったシステムと習慣ってやっぱりあると思うんです。「こうやればうまくいく」とか「こうするもんだ」とか、様々。それを壊したい。壊さなきゃいけない。

それが今度、学習指導要領が改訂されるとなって、「何を学ぶか」だけだったものが、

インタビュー　川嶋直

「どうやって学ぶか」、そして学んで社会の中でどういうチカラを発揮することができるかに変化してきている。まさにこの感覚が大事なんだと思うんですね。

こうした時代に日能研として、新しい学び方の指針として「プロフィシエンシーブック」[1]をつくり、知識ベースではなく「思考技法」ベースで学びの組み立てをするというチャレンジはもうしているし、それをもとにした教材も一応すでにある。

ところが、じゃあそれをどう活かせているかということになると、スタッフの誰も新しい学び方で学んできた経験がないわけなので、発展の余地はまだまだある。

日能研の教室で教えるスタッフも、6~7年ほど前から名前を「ティーチャー」から「モデレーター」と変えてきました。モデレーターというのは、「ファシリテーター的な視点とカウンセラー的な視点を持ち、その上で教科の専門性を持って子どもの前に立つ人」と一応定義をしているわけです。

日能研では、カウンセラー的視点としては「認知カウンセリング」[2]を提示して社員はそれをできるようにしようと言っています。科目の専門性ということでは各教科に様々な勉強会があります。そうするとあと足りていないのはファシリテーターの部分ではないかと。ここをどう育てていくか、と考えた。そのとき「ああ、なんだ。ファシリテーションの分野で日本で指折り数えられる人が身近にいるじゃないか」と思って、(川嶋)直さんに相談をして研修をお願いしたわけです。

その際に、どういう設定が良いかなと考えたのですが、「ファシリテーターになりましょう」という研修ではファシリテーターになれない、ならないだろうと思った。「ファシリテーターを育てるトレーナーになりましょう」という形にしていけば、その人もきっとファシリテーターになれるだろうし、その人がファシリテーターを超えてトレーナーになろうとする過程の中で、たくさんの仲間をファシリテーションという形の中に巻き込んでくれるんじゃないかと、取らぬ狸の何とやらを考えたわけですよ。

トレーナーになるためには自分達でファシリテーション講座（F講座）を企画しなければならない。F講座をやることで、トレーナーが自分の仲間にファシリテーションを伝えていく。そういう循環ができていくのではないかと。

この研修はもう4期続いているのですが、最初から連続してやろうとは思っていませんでした。1回やってみて「これは良い」と思ったわけ。さらに、第1期生が研修に参加するのを見て「うらやましいな」「あの人たちは良いな」と思う社員達もいたので、続けてきて4期までになったわけです。

社員全員がファシリテーターになって学びの場をつくる

川嶋　これまでに42人の修了生というのがいるわけですけれども、中には必ずしも授業をもたない人、教室にも立つかもしれないけども、そうじゃない場面での仕事が中心の人達もたくさんいらっしゃったかなと思うんです。もし「ティーチャー」を「モデレーター」にして、その「モデレーター」の力をつける、モデレーターを「ファシリテーター」にするということだけだったとしたら、現場に立たない人のFTT研修の参加というのは、そんなに必要ないという考え方もあると思うのですが、いかがでしょう。

高木　阻害要因はない方が良い、という考え方です。

これは自分の経験でもあるんですが、強い言葉ってやっぱり何かを動かしてしまう。直接、子どもにかかわらない人でも、それぞれの関係の中でちゃんと耳を傾け聞くことができる、言うことができる。そういう「場」が大事なんだと認識することができる。会社全体としてこの認識が必要だと考えたわけです。学びの場をつくる上で大切にしたいこと、声の大きさでなく一つ一つの意見を大切にすることを子ども達に言っているわけだから。そういう意味で、直接子どもの前に立つ人だけがファシリテーターになればいいのではなくて、日能研の環境のなかの人は、誰もがファシリテーターになってほしいと僕は思っているんですよ。

川嶋　空気というか、別の言い方をすると社風ですね。社風は風ですけども、ファシリテーションや人と人との関係づくりを通して、子ども達に向かうのと同じように変わった方が良いんだという、積極的な意向というのがあったのでしょうか。

高木　変わった方が良いというか、変わらなきゃいけない。もし変わらなかったら「嘘つき」でしょう？　「子どもの前ではこういうふうにやっているけど、実は子どもがいないときには違うんですよ」だったら、嘘つきじゃないですか。

川嶋　そうですね。嘘つきは良くないですね。

高木　日能研は子どもに「やろうね」と言っていることは、できるだけ自分達もやることにしているんです。そういう意味では、子どもの前だけでやるというのは違うかなと。

ＦＴＴ研修の成果はいかに？？？

川嶋　２０１１年からＦＴＴ研修の第１期が始まって、足かけ８年になろうとしています。８年と言えば新入社員が８期入ってくるということですから、相当の長さだったかなと。人もずいぶん入れ替わったりしていると思うんですけど、ＦＴＴ研修をやって何か目に見えた効果というのはあるんでしょうか。

高木　ある当たり前がつくられてきた気がします。ことさら肩に力を入れて「こうしなきゃいけない」というんじゃなくて、周りを見ればそんな形で動いているので、それが当たり前だと。

川嶋　そんな形というのは？

高木　ファシリテーターとして人と接するということです。もともと威圧的な人はそんなにいませんでしたけど、今は本当にいなくなりましたね。

川嶋　受けとめるとか、聞くとかが普通になったということですね。

高木　社内で人との関係の中で話題になっているのは、「威圧的ではないリーダーシップって何?」ということです。目的志向性ではない、バックキャスティングではないフォアキャスティングのときのリーダーというのは、どんなやり方があるか。あらためてそこが問題になってきているかなと。

「目標に向かって行くぞ!　そのためには計画を立ててPDCAサイクルを回していくぞ!」みたいな、数字で追いたてて管理するようなやり方は、みんな理解しやすいわけですよ。ところが目的志向ではない形で、どういうリーダーシップの発揮の仕方があるかは、これから考えて深めていくところではないかな。

川嶋　そのリーダーシップというのは、社員同士の中でのリーダーシップという意味でしょうか?

高木　いや、子どもとの関係も含めてですね。目標を使わないでどうリーダーシップを発揮するかというのが、分かりやすい課題として今浮かび上がってきています。逆に言えば、このことが浮かび上がるくらい、ファシリテーションということが浸透してきたのかな。

川嶋　そのほかにはなにかありますか?

高木　何て言ったら良いんだろう。「やらかしちゃった」というのが共有されている。やったことがファシリテーション、ファシリテーターの立ち位置からしたら、「ああ、そうだよね。これダメだよね」という感覚。社内のみんなが共通して結構分かっている。僕は、それはすごいと思うんです。できることよりも、「ああ、ダメだよねこれ」というのが、みんなで分かる。

川嶋　違和感の共有ですね。

高木　そうそう。それはすごいと思う。

強いリーダーが引っ張る時代は、終わった

川嶋　2002年に『ファシリテーター型リーダーの時代』(フラン・リース著　プレジデント社)が出版されたのが印象に残っているんです。内容は詳しくは覚えてないんですが、強いリーダーが「こっちだ！」と言って「おー！」とみんながついていく時代は終わるというメッセージだったかと。これからの時代どういうリーダーシップが可能だと考えていますか。

高木　バブルが崩壊したとき以来、みんなが本当にずっとそれを探していたはずなんですよ。目標達成型でどれだけがんばっても去年よりマイナスの結果にしかならない中で、どう

やって自分達が未来へ進んで行くか。ずっと探していたわけだけれども、残念ながら、目標とか目的とかを使わないでものを考えるということができていない。

さっきの子どもの話に戻れば、子ども達が大人になったときに、合格、進学のために過ごした時間が、実は限定された目的のために何かをするという時間ではなかったという経験が、彼らにとって世界のなかでの新しい居方とかあり方をつくり出すときのプラスになったら良いなと思っているんですよね。

川嶋　自分と社会とのかかわり方というか、自分が社会の中でどう役割を果たすのか、もしくは自分のやりたいことと社会とをどう折り合いをつけていくのかとか、そういう中に自分の中の目的みたいなものをつくり出していくということでしょうか。

高木　世の中に満足とか喜びとか、それから楽しいとか嬉しいとか、もちろん「やったー！」とか「できた！」というのもあるんだろうと思うんだけれど、それだけじゃなくて、今感じている何かが、ずっとつながり広がっていくというような価値もあるのではないかと思うのです。

がんばった、達成したという物差しではないルーブリック評価

川嶋　そういう目的志向型の「がんばれ」ではない方向性を、組織としてどう見出していく

か、もしくは個人としてどう見出していくかということと、日能研が進めているルーブリック評価[3]とは関係があるんでしょうか？

高木　ありますね。そもそも「満点」という考え方は、目的志向的だと思っているんですね。ルーブリックは「熟達」という視点で考えるので、今自分がどれくらいできて、これから先、自分が自分を育てるためには、どんなことをできるようにするか。それがルーブリックの表からは読み取ることができるんです。

ルーブリックと本当に真面目につき合うことができたら、例えばできたと思っていたことがあって、その上の段階に行ってやっていったら、前にできたと思っていた内容が「あれ？　もっとできても良いな」と思えるようになったりする。ルーブリックとのつき合いって、ゴールがないんですよね。

川嶋　なんだか職人の成長を聞いているようですね。

高木　そうですね。

川嶋　職人って、できればできるほど分からなくなるって、達人はみんな言うじゃないですか。まさに、満点という考え方からどう逃がれられるかということだと思うのですね。だって満点って、到達点があるんだよ。ということじゃないですか。

高木　でもそこで終わりじゃないんだとルーブリックで伝えられると思うし、社内ルーブリックの最高の7段階まで行ったと自分が思ったとしても、その項目に書かれていること

日能研社員ルーブリックの構造(一部)

機能（評価項目）		自分が成長する	協働する	Nファンをつくる	豊かな合格を創る
要素（キーワード）		目標をもって行動する ふり返り 仲間とつながる	情報共有 コミュニケーション フィードバック シナジー ファシリテーション	Nの理解 伝える 価値観へのアプローチ 行動の変化	アドミッションポリシー 入試問題研究 思考技法 価値観 成績分析
熟達度 レベル	8				
	7	[illegible]	[illegible]	[illegible]	[illegible]
	6	[illegible]	[illegible]	[illegible]	[illegible]
	5	[illegible]	[illegible]	[illegible]	[illegible]
	4	[illegible]	[illegible]	[illegible]	[illegible]
	3	[illegible]	[illegible]	[illegible]	[illegible]
	2	[illegible]	[illegible]	[illegible]	[illegible]
	1	[illegible]	[illegible]	[illegible]	[illegible]

全部ができるのかというとそうではない。積み上げ式ではないし熟達だから。それに日能研のルーブリックは必ず一番上にブランクが設けてあって、「自分でそのブランクを埋めようよ。７段階まで行ったらその上にやりたいことが出てくるだろう。それをつくろう」というふうにつくってあるんです。誰かがゴールを決めて、その誰かが決めたゴールに到達したからそれで終わりじゃないんだ、ということなんですね。

ルーブリックを使った評価というのは「自分が自分で自分を育てる」指針となるものだから、どういう育て方をするのかというのは自分自身の問題だし、取り組んできた先にさらに自分が課題を見つけることができれば、それはそれでルーブリックに新しい項目や段階が加わっていくという進歩のし方がある。こうした形でルーブリックを使っていきたいなというのが私の考え方なのです。

評価としての考え方と「自分が自分で自分を育てる」という成長の視点が同じところに立っているのかなと思います。

川嶋　「なんで日能研で社員全員をファシリテーターにしようと思ったのですか？」という質問から始まって、海外の色々な学びの場でどうしてそういう学びができるんだろうかという疑問を持ったとお聞きして、さらに高木さんとしては自分が自分で自分を育てることとか、仲間同士で育て合うとか、そういう場を実現したいという話のなかで、結局、ルーブリックというのも同じ文脈の中にあるということが見えました。

高木　自分（スタッフ）の成長というか、さっきの「嘘ついちゃいけない」というのもその通りだなと思うんですけど、子ども達だけが成長するんじゃなくて、「君だって成長するでしょ？　僕達も成長しようよ」ということなんですね。

川嶋　そうですね。子どもの前でだけ何かができれば良いというのは、間違っていると思っています。

高木　社員全員が成長することが、子どもの成長に一番寄与できるということですか？

川嶋　その通りだと思います。

高木　やっぱり、子どもを中心において、教育を仕事としている会社だからそう思うということなのでしょうか？

川嶋　いや、僕はね、今の世の中の素敵な会社ってみんなそうじゃないかと思うんです。お客さんの前でだけ、役割ができていれば良い、ということと同じじゃないですか。バックヤードに戻ると「なんださっきの客は、このやろう」とやっていて、お客さんの前でだけニコニコしているみたいな。

高木　信用できないですよね。そういう会社も人もね。

川嶋　マニュアルがあって、そのマニュアルはしっかりしていますというのは、やっぱりちょっと違う。求めたいのは、本当に「その人」と話をすることです。僕がいちばん素敵だなと思うサービスというのは、その人そのものがそこにいて、何かをしてくれる、手

川嶋　伝ってくれる。そういう場がつくられていたら、それは社長がいなくても上司がいなくても、その場というのはきっとずっとあると思うのです。今世の中で「いいな」と思える会社とか場は、そういう意味では、みんな同じなんじゃないかなと思っているんですけどね。

今、世の中では「働き方改革」ということで検討が始まっていますが、まだまだ時間のことについてだけがテーマになっているように思います。本来ならば、何のために働いているのかとか、その働きが何の役に立っているのかが大事ですよね。今時間のことを言っているのは、結局は働かされている人たちにとっての話なので、自分で「こういうふうになりたい」とか「こういうことを実現したいんだ」と思って働いている人は、そういうニュースを見ても意思は揺らがないでしょう。僕は、こういう「今なぜ自分は働いているのか」とか「何のために働いているのか」と問い続けたり、どっちに向けて成長し続けようとしているのかということも含めた働き方というのを考えるべきだと思いますね。

高木　そうですね。僕は割合、個人の時間を大事にしていて、それはスタッフにも伝えているのですが、家族とのこととか行事があるとか言われたら、「じゃあどうにかしよう」みたいに。個人のそういう事情を周りが大事にするかしないかということがポイントだと思うのですね。ある人が個人の時間を大事にすることによって他の人が忙しくなるかも

しれないけれども、それが互いに受け入れられるかどうかじゃないかな。

川嶋　分かりました。時間にもなりましたし、まだ言い足りないことがあれば。

高木　色々なシンポジウムや研修会、プログラムに行くじゃないですか。その会が良いと思うかどうかって、ファシリテーションができているかどうかなんですよね。ティーチングされちゃうと、「ああ、面白くないな」と思っちゃう。良いファシリテーターがいると、「このプログラム面白いな」と思う。

僕は、「ファシリテーション」というのはきっとそれなりに定義できるんだろうと思うんですよ。でも「ファシリテーター」は、全員違う。それが面白いところですよね。ティーチングとティーチャーはかなりキュッと結びつけられちゃうところがありますが、ファシリテーターとは何か、となると規定することはできない。

ファシリテーターは、本当に多様ですね。そういう意味では、社員全員がファシリテーターになるということは、社員全員が多様になるということですね。

川嶋　今日は、貴重な時間をありがとうございました。

1　「素材」と「思考技法」を切りはなし、知識と知識のつながりをつくる方法である「思考技法」を明確にあらわしたものがプロフィシエンシーシート。そのプロフィシエンシーシートをまとめたものを日能研では２００４年にリリースした。その後、２回の改訂を経て、２０１９年に最新版がリリースされた。

2　認知カウンセリングとは、認知心理学と教育実践を結びつけて、学習者の相談、支援をする活動。日能研では多くのスタッフが研修を受けて、実際に子ども達に対応している。

3　ルーブリックとは、学習到達状況を評価するための、評価基準表のこと。パフォーマンス評価の一種であり、学習者の行動レベルが表中の各セルに示されているため、評価を「見える化」したものとも言える。ルーブリック評価では、評価の項目や尺度が評価される学習者自身に事前に知らされるので、成長のための評価だとも言える。

ファシリテーター　スキルとマインド

「ファシリテーター」は技術（スキル）だけではなく、在り方が大切…といわれます。書籍を見ても、たとえば中野民夫さんは「スキル」と「メタスキル」、ＦＴＴ研修でもお世話になっている直さん（川嶋直さん）は「ファシリテーターの姿勢（立ち位置・マインド）」という呼び方でそのことに触れています。

私たちの研修では、「自分を知る」ことから「場にいる自分は、どんな見方をしているのか？」「どんな影響を与えているのか？」を見つめるというプログラムの中で、この「メタスキル」や「マインド」の部分を参加者とともに考えてきました（研修なので、勢い「スキル」や「やり方」的な、「道具箱作り」等が注目されがちですが、「マインド」のテーマはどの期でも必ず時間を取って取り上げました）。

ファシリテーターとはどういう存在なのか？　単なる「進行役」「司会」ではなく、どんな人なのか？　「教師」とはどう違うのか？　これらに関しては何度か実習の中でも取り上げ、話し合ってきました。まずは私たちの大切にしている「授業」「教える」という場で、何を大切にしたいのか？「子どもの学びを中心にする」のが我々のミッション。相手が自ら興味を持ち、それを動かし続けることが前提となります。では、そのためにどんな

「マインド」が必要なのか？　これが、なかなか難しいことでした。

「やってはいけないこと」「気をつけたいこと」の方角から考えていくといくつも上がってきます。「教え込む」「相手（参加者）より自分（ファシリテーター）が話している時間が長い」「正解はすべてこちら（ファシリテーター）が持っている」「落とし所が決まっていて、そこに行くように仕向けられる」などなど…。相手（参加者）が自由に学べない、自分（ファシリテーター）が中心になっている状況を生むマインドセットはいかがなものかと容易に想像がつくわけです。

一方で、単なる「丸投げ」で「放置」するのがファシリテーターのマインドではないでしょう。そんなことは当たり前、と言われそうですが、相手中心を作ろうとするあまり、全く何も手が出せなくなり「その場の流れ」や「参加者の向くまま」にしか場が作れなくなってしまうという経験をした人も少なくないのではないでしょうか（弊社の研修では、何人かは必ず通る道…でありましたが）。

あくまでも、参加者が主体的にやり取りし、学びが生まれていくように、安心できるための働きかけをしていく。その場の目的を明確にして、参加者が迷子にならないように時にはちょっと近くに行って声をかけたり、行

『ファシリテーション 実践から学ぶスキルとこころ』
中野民夫　他著　岩波書店

『KP法 シンプルに伝える紙芝居プレゼンテーション』
川嶋直著　みくに出版

き先をみんなで見られるよう働きかけたりする。参加者の行く方向が明確になれば、相互理解の上、方角を変えることも選択する。プログラムがある場合は効果的に体験できるようにデザインする。実は、これらの働きかけは細かい「スキル」や小さな「声かけ」、物理的な「場づくり」の総合体ともいえるものなのですが…。ファシリテーターは相手を中心にしつつも傍にいたり、ちょっと距離をとったり、疑問を投げかけたり、待ったり、励ましたりします。位置取りを変えながらも常に相手を見て、感じて、判断をしてかかわりを続けていくのです。

よく見ること、聞くこと、感じること。そのために自分がどのような受け取り方をするのか、何を見つけやすく、何を見逃しやすいか、どんなことが好きでどんなことが苦手なのか…、知っていることが必要になります。メタで自分を見られる小さな「衛星」を周りに飛ばしておくような感じ、でしょうか。ファシリテーターの「マインド」として大切なことは多様にあり、これが正解、というものはきっとないのでしょう。

「マインド」が先か「スキル」が先か。ありきたりだけれどこれは相互補完的であるように思います。「マインド」の理解は「スキル」の獲得によって進むでしょうし、「マインド」が明確になってくれば「スキル」は自然に使えてくるようになるということです。

本書で紹介したのは「研修」。私たちは「スキル」を実践の場面から明確化し、それを意識して現場に持ち帰り実践し、と繰り返す中で、それぞれがファシリテーターの「マインド」を育てていったように思います（さらに、実践の中で他にも「センス」っていうものも見えてきたりして、これげかりは後付けで身につけられないんじゃないかと、頭を悩ます部分もあったのでした）。

（タケちゃん）

資料編

1．企画シート

F講座の企画を立てるときに、まず最初に記入するのがこのシート。直さんが以前働いていたキープ協会の環境教育の分野で使用していたものを、汎用性が高いからということで紹介していただいたがそもそもは、藁谷豊氏（ワークショップミュー代表）のフォーマットがベースとなっている。

このシートは、①〝思い〟②〝与件（外せない条件）〟③〝マーケティング分析〟④ポテンシャル分析〟と順を追って記入していくことによって、やりたいことが整理されていくような構成だ。それらをまとめて、⑤で〝整理〟し、⑥〝コンセプト〟をつくり、それを細分化した⑦〝目標〟を成果目標と行為目標に分けて立てていくというのがスタンダードな流れだ。

■「企画づくり」作業の手順

①思い
クライアントがある場合には、クライアントの思いと企画者（あなた）の思いを、企画者の主催事業の場合には企画者の思いを書きます。

なぜその企画を作りたかったのか、純な生の「思い」を書きましょう。

②与件
与件とは予め与えられた条件のことです。つまり、その企画を作る際の事前に提示された「変更できない条件」です。

具体的には、開催場所・時間・人数・対象・予算などの一部あるいは全部＋αです。

③マーケティング分析
この企画の対象とする人々の心もちはどうなっているのかをどのように把握しているのか整理しておきましょう。つまり市場の把握ですね。また社会や時代をどのようにとらえているかも大切な視点です。自分の企画に都合の良いプラスのことだけではなく、都合の悪いマイナスも把握しておきましょう。

④ポテンシャル分析
手の内の資源、つまり、人材・自然・資金・資材・施設・組織などなど何が使える資源なのかを整理しておきましょう。プラスのこともマイナスのことも…。

⑤以上を整理すると
上記をまとめてひとつの文章にしてみましょう。この企画を承認してほしい人を説得するつもりで書いてみましょう。

⑥コンセプト
この企画を一言で言えば何なのか？出来るだけ短い言葉で整理してみましょう。この短い言葉がコンセプトです。コンセプトは、企画者から主催者・実施スタッフ・参加者さらにこの企画を見つめる全ての人に、この企画の意味を分かりやすく伝える「記号」でもあります。

⑦目標
［成果目標］　この企画（事業）をすることで、誰にどうなってほしいのか？
どんな事業実施の結果としてどんな成果がほしいのか？
［行為目標］　上記の成果をあげるために、具体的に何が出来たら良いのか？

企画シートの項目と記入方法

■子どもが主体的に参加する夏期前子ども会の場をつくる

①思い
・子どもが主体的に参加するための場づくりをしたい。
・意図を持った場づくりをしたい。

②与件
・9：00〜14：30
・A会議室　・定員は12名

③マーケティング分析
・夏期講習を全体とおいた時の、部分としての子ども会ではなく、子ども会だけが切りはなされて実施されている。
・子ども会の事前／当日／事後の連動性がつくれていない。

④ポテンシャル分析
・FTT研修で学んだスキルがある。
・OGNメンバー、FTT1・2期生のサポートがある。

Aさん
・教務スタッフ・タスクスタッフとしての経験がある。

Bさん
・教室スタッフとして夏期子ども会を含む子ども会を企画し実施した経験がある。

⑤以上を整理すると
●スタッフが、子ども会を実施する際に、参加者である子どもが主体的に参加する子ども会の場をつくる事ができる。
・「子どもたちが主体的に参加する」という視点で、事前・当日・事後を連動性を持って組み立て、ファシリテータースキルを使って、事前準備・当日の進行をしていけるようになる。
・部分を分担して担うのではなく、全体の中の部分という全体に目を向けることができるようになる。

⑥コンセプト
ファシリテータースキルを使って、
子どもが主体的に参加をする夏期前子ども会の場をつくる。

⑦目標
［成果目標］　・参加者が主体的に参加しやすい環境設定（会に参加するための期待感を高めるための仕掛け・事前準備・会場づくり・当日のプログラムと進行など）をつくる視点を持つ。
［行為目標］　子どもが主体的に参加する子ども会の場をつくる／考える

3期生の企画シート記入例

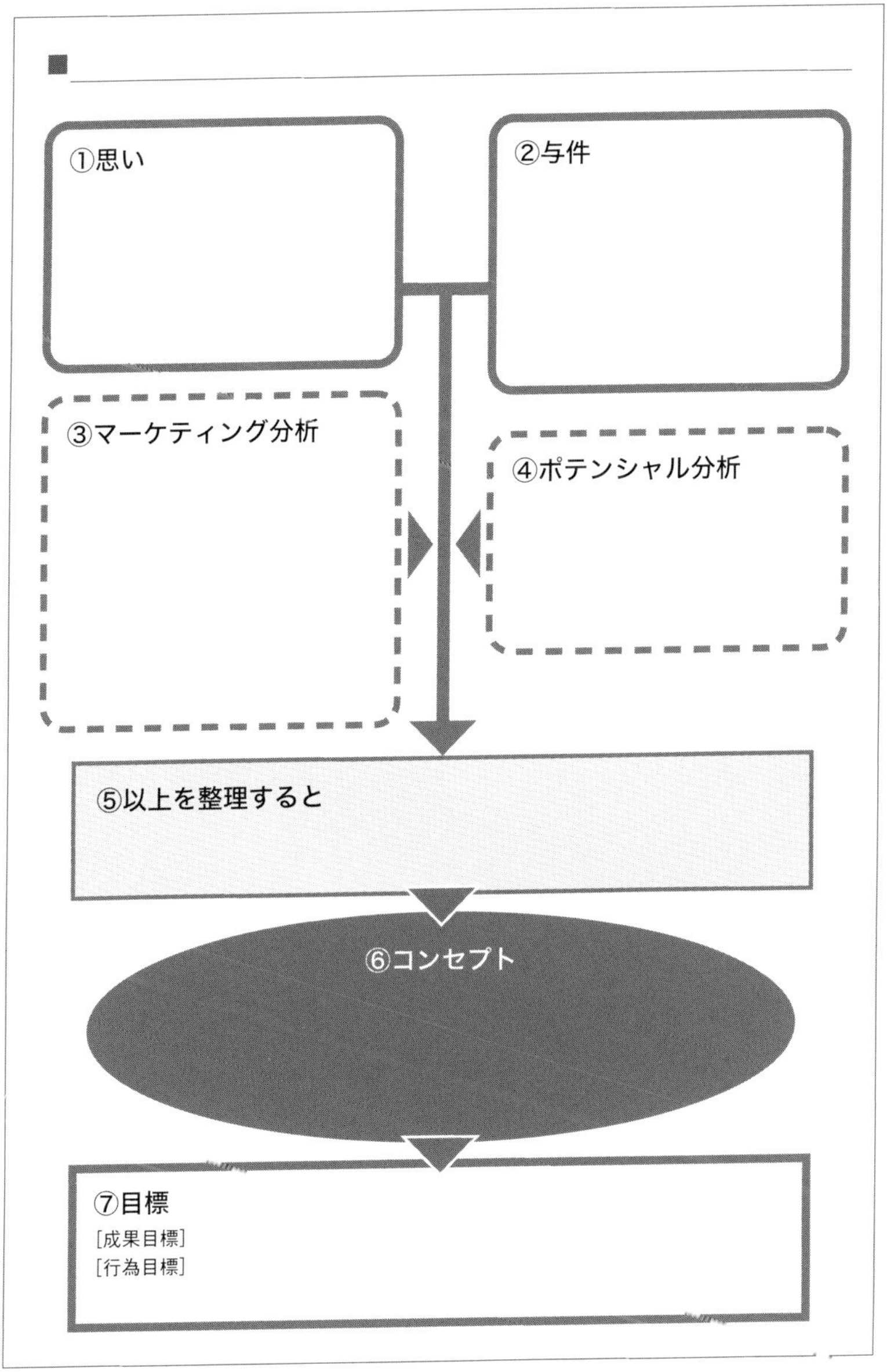
①思い
②与件
③マーケティング分析
④ポテンシャル分析
⑤以上を整理すると
⑥コンセプト
⑦目標
[成果目標]
[行為目標]

企画シート（原版）

2. タイムテーブル（進行表）

「タイムテーブルの作成」は、「プログラムづくり」とほぼ同義になるほど社内で広まった言葉だ。ここでは、Ｆ講座実施の場合について述べる。

まず資料編１で紹介した企画シートを記入後、タイムテーブル作成に入る。企画シートに記入した行為目標や成果目標に至るために、プログラム全体をどう構成していくか、また各部分で行うアクティビティーをどのような意図やつながりを持って行うかなどを、ここに書き表しながら言語化していくことで、共に企画をつくるメンバーと同じ土俵にのっているような状態で準備していくことができる。

時間割シートに、どのような項目を入れるかはさまざまだ。ここでは次のページのシートで扱っている項目を紹介する。

一般的な項目ではないが、「参加者の（想定される）つぶやき欄」を設けることもある。意図としては企画者側目線だけでなく、参加者目線も忘れずにということで、インタラクティブな場づくりには欠かせない要素だ。つぶやき欄の使い方としては企画段階で想定するという準備の形で使うこともできるし、ふり返り時に実際の様子と照らし合わせることもできる。特に場づくりに慣れていない場合にはこの欄をつくっておくことをお勧めする。

【目　的】

【テーマ】

実施者：

開始時間	所要時間	内容	ねらい	空間設計	課題・備考

タイムテーブル（進行表）原版

会議をつくろう！』

❼ レイアウト	❽ 課題・備考	❾ 必要なグッズ
机と椅子を8名分用意 全員が円を描いて座れるように椅子を配置 荷物置き場・道具置き場 お菓子・飲み物コーナー 自己紹介作成スペース（机・椅子） 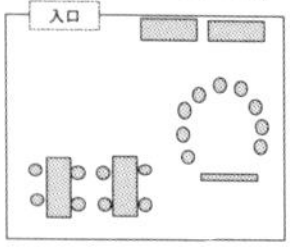	参考にファシリテーター２人の自己紹介を貼っておく グループ分けも貼っておく	飲み物 タイマー ブロッキー がばん えんたくん 受付で参加者チェックのためのリスト 筆記用具 ホワイトボード WBマーカー A4_A5用紙
	自己紹介は参加者には、来たら直ぐに書いてもらう。 ファシリテーターが声を掛ける！ ●A4用紙にニックネーム・朝食・今日の気持ちを書く	
	自己紹介の一人あたりの持ち時間。30秒厳守。紹介が終わるたびに「よろしくお願いします」と声を掛ける。	タイマー
全員の円から 4～5名のグループで円を描くように座る。 ※複数グループが理想 	多様なアイデア・意見が沸きあがってくる場にするために必要なこと。 成果物はKPでの発表とする。 KPの発表の後は拍手！	ブロッキー KP制作用のA4用紙 ふせん
KP作成時は机に移動 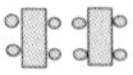		A5用紙 ブロッキー メンディングテープ
		ふせん ブロッキー
	ファシリテーターは参加メンバーを観察。 →各メンバーにフィードバックする。 KPの発表の後は拍手！	ブロッキー 模造紙を使用 ふせん えんたくん 配布資料 「F講座時間割り」 「道具箱」
全員の円から机に移動 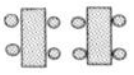	各自の気づきは発表を行わないが、コピーはとっておく。 →次回の参考資料とする	A4用紙

❶「開始時間」

❷「所要時間」

予想される所要時間を記入する。

❸「内容」

活動を短い言葉でまとめておくことが大切。１セル内に内容を複数入れるときには、それぞれの所要時間を書き入れることも忘れずに。

❹「ねらい」

ここは事前に充分に練るところ。ねらいが多すぎるとわかりづらいので、最終的には内容ひとつに対して２つ程度が妥当か。

❺「空間設計」

「空間設計」と❼「レイアウト」は一緒にしても構わないが、ここで挙げた例では、「空間設計」に自分たちも含めた人の座り方やその際の注意点を書き、いわゆる机・椅子の並べ方などは「レイアウト」の項目に入れている。

❻「ＫＰで伝えること」

KPのタイトルとかかる時間を記入する。

❼「レイアウト」

空間設計で兼ねることもできる。図で入れるとひと目見てわかりやすい。

❽「課題・備考」

課題・備考は、企画が練られ、時間割のバージョンが上がるに従って当たり前だが内容が次々に入れ替わる。複数人で企画するときは、こうした欄が不可欠。

❾「必要なグッズ」

やりたいことを、当日やることに変えるためにもこの欄は不可欠。紙のサイズなどで時間のかかり方が変わってくるので、細部まで書き入れたい。

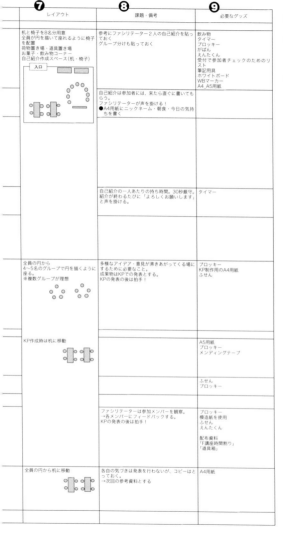

【目　的】 もう一度、参加したくなる会議のつくり方
【テーマ】『ファシリテーションスキルを使って、参加者が主体的になれる

❶ 開始時間	❷ 所要時間	❸ 内容	❹ ねらい	❺ 空間設計	❻ KPで伝えること
9：00		F集合			
9：00	0：30	会場設営	・参加者が居心地よく過ごせるように ・セッションがスムーズにできるように	・自己紹介(A4)記入用の机椅子を用意 ・参加者全員が円を描くように座る椅子 ・壁際に荷物を置く机	
9：30	0：30	お迎え	・参加者の緊張や不安を和らげる ・今日の講座に主体的に参加をしたいと意欲がわくように		
10：00	0：05	ファシリテータから挨拶・一言	・本講座の目的と大切にしたいことを伝える。自分たちの紹介。 目的：参加者が主体的に講座のセッションに参加し、これを体験してもらうことで、ファシリテーションスキルが合意形成に役立つことを実感してもらう。 大切にしたいこと：参加者が主体的に関われるように、安心・安全な場であること。 ・OGN・観察者、川嶋直さんが、どんな役割でそこにいるのかを伝える。 ・また自分たちファシリテータートレーナーはスーパーファシリテーターではないことも伝える。	ファシリテーターを馬蹄形で囲む。ホワイトボードが見えるように、椅子ごと体の向きを変えてもらう KP用のホワイトボードを用意する。	講座の目的・大切にしたいこと スタッフの紹介→FTT講座の卒業試験であることを説明
10：05	0：05	参加者同士の自己紹介タイム 名前(ニックネーム)・今朝の朝食・今日の気持ち	・普段関わり合いの少ない部署の人同士なので、アイスブレイクも兼ねての話をする。 ・声を出すことで緊張感を緩和する。 ・参加者同士が知り合うことで、安心・安全な場をつくる。	自己紹介する際にお互いがよく見えるようにする。	
10：10	0：05	講座のインストラクション グループ分け	・KPで本日の大まかなスケジュールと方向性を共有することにより、参加者にとって安心・安全な場であることを認識してもらう。 ・セッションの意図を伝え、これをやることで参加者のニーズに応えられるのではないかという期待感を示し、参加者のモチベーションをつくる ・KPの板を残しておくことで、今日の進行や目的がいつでも確認できる状態にしておく。	グループごとに円を描いて座ってもらう。 グループ分けは参加者の手にゆだねる。	タツ スケジュール ・セッション①～○○分 ・セッション②～○○分 ・メンテナス～○○分 ・セッション③～○○分 ・ふり返り～○○分 ・ニーズと講座の目的を大まかに説明
10：15	0：80	セッション① 模擬「企画会議」を実施する。 テーマ「日能研別館1Fにカレーライス店をつくろう」 ●ファシリテーターからセッションの説明(KP) グループごとに ●企画会議(70分)KP作成時間含む ●KPを使って発表(5分×2)	・セッションの説明はあえて硬い雰囲気で行い「企画会議」の緊張感を演出する。最初からくだけた雰囲気にならないように注意。 →参加者にはセッションが始まる前に、企画会議のマインドになってなりきってもらう。その気になってもらう。 ・企画会議を通じて、合意形成にいたるプロセスを参加者に体験してもらう。 ・Fは各グループの様子をそれぞれ観察する。 (誰がどんな働きかけをしていたのか、それによって何が起きていたか)	●会議の4段階を掲示 ●ブレストの4つのルールを掲示 ①発言発案に良い悪いの批判をしてはならない。 ②アイデア発想は自由奔放にする。 ③発言・アイデアの量を求める。 ④他人のアイデアをヒントにした改善便乗を歓迎。	タツ 会議の4段階 ①情報の共有→事前リサーチ ②拡散→ブレスト ブレスト4つのルール ③混乱→アイデアを深める ブレスト4つのルールに縛られない ④収束→合意形成～発信 上記を踏まえた安心安全な場が用意されていることを伝える。
11：35	0：10	メンテナンスタイム			
11：45	0：20	セッション② セッション①のふり返り。 ●ファシリテーターから説明 ●セッション①で感じたことを言葉にしてみる(10分) ●出したものを掲示する(5分)	・企画会議で体験したことや、会議の場面・全体を通して気がついたことを言葉にしてみる。 ・お互いにどんなことが見えていたのか、またどんな風に見られていたかを確認する。		タツ ・主体的になれたとき ・主体的になれなかったとき ・ファシリテーションを意識したとき を思い返してもらう
12：05	0：05	お昼のアナウンス	お昼の時間を利用して、気になった「要素」に赤緑コメントを入れる。 二人以上にコメントして欲しいと伝える。		タツ ・二人以上にコメントして欲しいと伝える。
12：10	0：50	メンテナンスタイム	・セッション②の「要素」にふせんを使ってコメントする。		
13：00	0：45	セッション③ 『普段の会議を楽しくするために』①・②までをふまえ、進行する。 ●ファシリテーターからセッションの説明 ●要素の抽出を話し合う。 ●KPで発表(5分×2) ●ファシリテーターからフィードバック	・①②のグループを変える ・セッション①②はどんな意図で行ったか情報共有。 ・セッション①で体験したことを会議招集者として、会議参加者として使える要素をグループ内で話し合い、合意形成を行う。 ・会議の4段階をここでも体験してもらう。	グループごとに円を描いて座ってもらう。 グループ分けは参加者の手にゆだねる。	イノ ・講座の意図聞き ・講座の工夫 ・各セッション(会議)の工夫 ・会議招集者として ・会議参加者として ・それぞれの視点で役立つと思う要素を話し合う
13：45	0：10	全体を通してのふり返り ●ファシリテーターから説明 ●自分自身でのふり返り(10分) ⇒A4用紙に今日の気づきを書く ●参加者同士でPK(5分)	今日話をしたことのふり返りをし、気づいたことを確認。 楽しい雰囲気のまま、何かを強制しないで今後も講座に参加し続けたいと思えるようにする。	4名座れる机を用意し、椅子からそちらに移動する	イノ
13：55	0：05	●ファシリテーターからお礼と挨拶			

第１章「ＦＴＴ研修からＦ講座実践までの道のり」で紹介した４期生イノ＆タツペアが実際に使ったＦ講座の時間割

3. ログシート

一般にログシートとは、ダイビングやフライトなどで記録を書き込むノートのことだ。ファシリテーションしたときもログ（記録）をつけてみよう！と、1期生の時に始まった。ログは各自由に記録しても良いが、フォーマットがあることで、自分がやったことを意識下から引き上げられるし、また言語化により、次の設計に生かしやすくなるというメリットがある。取り組み方はそれぞれだったが、自分のファシリテーションをふり返るためにはとても良いツールだったと答えてくれた人がたくさんいた。

ログシートに、どのような項目を入れるかは、研修の設計側が考えてつくればよい。

日時	4月25日 10：00 ～ 18：00	場所	本部
体調	まずまず	天気	晴れ

テーマ	タスクスタッフミーティング 「タスクの問題点、解決課題、行動案を話し合って決める」

ターゲット	環境
GESタスクのメンバー AM＝14人 PM＝12人	
アプローチ	
・発言する人だけでなくしない人にも目をむける。全体を見る。 ・意見を整理する。	いすのみで輪になる 紙にかくため床に降りることも。

プロセス	〈全体を見る〉に関して 1人1人A5の紙に書いて問題点を出すときには、ほとんどのメンバーが意見を言った。整理するところまでは、積極的な人が多かった。その後、まとめて結論を出そうとすると限られた人だけ発言する傾向になった。「決める」「責任をもつ」、「自分ごととして考える」が弱いのかな… 〈意見を整理する〉に関して 「今そのことを話してるんじゃないんだけど…」っていうちょっと的外れな意見が出たときにスルーしていいのかちゃんと戻ってとりあげた方がいいのかの判断がむずかった（言いたいだけで、そこまで想いをもってない？こともあった）。

言いたそうな人、小さい声でボソッと言った人の全体化は、いつもよりチャレンジできた

一言ふり返り	ファシリテーターに徹するのではなく自分も意見を持ち考えながら参加することのむずかしさはある。でも他の人もファシリ的に動いてくれることもあるから、お互いそれで助かることも。

ログシート記入例

4．学び家《か》アクション（ふり返りシート）

参加型の場づくりにおいてのしかけは様々にあるが、これは場の学びに貢献するにはどのような行動をとったら良いのか、ということをダイレクトにわかりやすく示したものだ。使い方としては、数値に○をつける方法もあれば、自分が一番頑張っているものをいくつか挙げたり、ひとつの項目を取り上げ、ふり返りを書いてグループでシェアするなどがある。

ＦＴＴ研修では「ここぞ！」というタイミングで何度も使い、その結果メンバー間のやりとりが増えて、場が動いていった。

学び家アクションふり返りシート

■自分の考えを直接、仲間に伝える　0　1　2　3　4

■疑問をつくり、質問をする　0　1　2　3　4

■仲間の疑問にこたえる　0　1　2　3　4

■誤解や間違いを見つける支援をする　0　1　2　3　4

■間違えを恐れず、考え・気づきを書く　0　1　2　3　4

■話しあいに参加し続ける　0　1　2　3　4

■自分のすべてで、成長に貢献する　0　1　2　3　4

■自分を準備して、学びの場に参加する　0　1　2　3　4

学び家アクション

学び家ってどんな人？

学び家	教わり家
●探求する	●過去に照らして答えをつくる
●自ら学ぶ	●教えてもらう（受け身）
●たくさんの正解を見出す	●一つの正解を求める
●すべてのことを情報とする	●正解探しをする
●好奇心と探求心を大切にする	●効率性と再現性を求める
●仲間と共に	
●他者との協働をもとにする	●他者との競争を前提にする
	●競争したら勝ちたい
●未知と出会ったときに工夫する	●未知と出会ったときに想定外と感じてパニックになる
●「わからない」を楽しむ	●「わからない」が苦手
●あらゆることにポジティブ	
●突飛なこともやってみる	
●失敗をおそれない	●失敗しそうなことはやらない
●ふり返って学ぶ	●教わったことが理解できてから次を教わろうとする（積み上げ式）
●挑戦し続ける	

『「学び家」で行こう』（高木幹夫著　みくに出版、2014年）19ページより抜粋

5. マンダラート

そもそも曼荼羅は、仏教の世界観を表したものだが、ここでは左の図ような構造を持った図のことを指している。この曼荼羅のように中央から8方向に広がるマスを用いた発想法をマンダラートと言う（マンダラートはデザイナーの今泉浩晃氏によって考案された発想法だ）。

やり方は以下の通り。

① 3×3マスをつくり、その中央のマスにテーマを書き入れる。
② その周辺の8つのマスにテーマに関連したことや発想したことを書き入れる。
③ 8マスの外側にそれぞれ3×3マスをつくり、その中央のそれぞれのマスに、②で書いた8つの関連した言葉を書き入れる。
④ その周辺の8つのマスに、テーマに関連したことや発想したことを書き入れる。

使い方としては、発想を広げるという目的で行うことが多いが、第1章で取り上げたファシリテーションマンダラのように、学んだことのまとめや、ふり返りに使うこともできる。

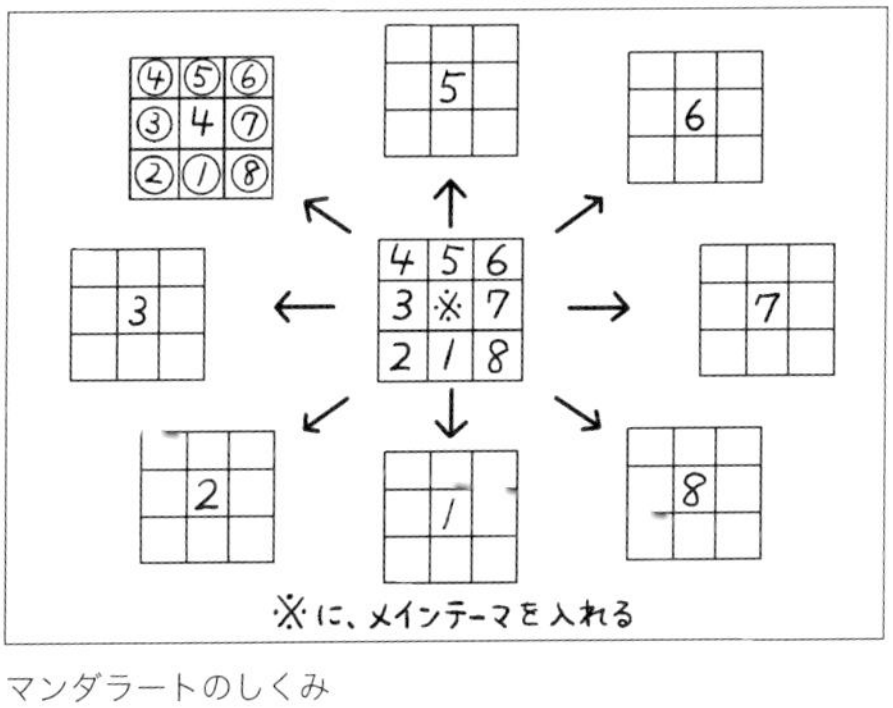

マンダラートのしくみ

6. ルーブリック評価

ワークショップ型、参加型の場づくりをしていると、じゃあ評価はどうするのか？　小テストで知識だけチェックするというのではそぐわないことが多い。そこで、行動そのものを評価するために作られたのが、ルーブリック評価だ。

ルーブリック評価は、パフォーマンス評価のひとつだ。パフォーマンス評価とは、「ある特定の文脈のもとで、様々な知識や技能などを用いて行われる人のふるまいや作品を、直接的に評価する方法」のこと（『パフォーマンス評価〜子どもの思考と表現を評価する〜』松下佳代著　日本標準ブックレット、２００７年より）である。

学習者それぞれのパフォーマンスのレベルを、一定の評価基準に従って判断していく時に使うのが、ルーブリックの評価基準表だ。ルーブリックの評価基準表（以下ルーブリック表）は、「評価項目」×「熟達段階（レベル）」で構成されていて、評価項目×レベルでつくられたマトリクスの中にそれぞれのレベルにおける具体的な力や活動のようすが文章で表わされている。その文章を学習者のパフォーマンスと照らし合わせながら、表中のどのレベルに位置するかを判断していく。こうすることによって、パフォーマンスの質を数値化することが可能になる。

ルーブリック評価の活用の仕方は様々だが、次のステップが明示されているため学習者自身が現在の自分の状況を把握することで、学習者の自主性をうながすことにもつながる評価だと、近年では教育の世界でも取り上げられている。

ルーブリック評価を研修の設計という視点から見ると、どのような評価項目を立て、どの程度の幅のレベル設定をするかを考えるのが面白いところ。研修の設計図が描けていて、しかも参加者の様子がある程度把握できていないと表をつくれない。このため、研修設計者はルーブリック表を作成するというプロセスを経るだけでも得るものがあるのではないか。

日能研本部での例をご紹介すると、子ども向けのテストの記述問題の一部をルーブリック評価している他、「社員ルーブリック」というものがある。「社員ルーブリック」は、項目立てとレベル設定について、社員の意見を反映させてつくられたものだ。社員は日常的に、各項目について自分がどのレベルにいるのかを把握しており、次のレベルに行くためには何をすべきかを日々に考えるための指針となっている。また、社員ルーブリックを介して、共に働いている仲間同士が日常的に話し合うことも期待してつくられている。

熟達段階（レベル）	評価項目１	評価項目２	評価項目３
5			
4			
3			
2			
1			

一般的なルーブリックのマトリクス

＜日能研社員ルーブリック＞

機能（評価項目）		自分が成長する
要素（キーワード）		目標をもって行動する ふり返り 仲間とつながる
	8	
	7	□当たり前にとらわれることなく、物事の本質、意図、背景を探る姿勢を持ち、さらに良くするための創意工夫をすることができる。 □自ら新たなイベントや仕掛けの立案をしたり、新たなコンセプトを打ち出したりすることができる。 □自分から終わりや限界を作ることなく、変化し続ける自分でいられる。
	6	□慣習や、経験にとらわれることなく、「今、ここ」という状況と向き合い、状況に応じた行動を主体的にとることができる。 □ファシリテーターとして、対話を促進したり、適切な介入を行ったりすることで、シナジーが生まれやすい空間をつくることができる。
	5	□長期的（年単位）な目標、そこから逆算した中期的・短期的な目標と具体的な行動案を考え、実行に移すことができる。 □意図・ねらいを明確にして目標と具体的な行動案を考え、実行に移すことができる。 □自分で枠を作ることなく、役割や立場を超えて学んだり、フィードバックしあったりすることができる。
	4	□中期的（数か月単位）な目標、そこから逆算した短期的な目標と具体的な行動案を考え、実行に移すことができる。 □仲間へ率直なフィードバックをすることができ、仲間からのフィードバックを素直に受けとめることができる。
	3	□短期的（週単位、1月単位）な目標と行動案を考え、実行に移すことができる。
	2	□過去の自分と現在の自分を比較して、自分の変化・成長に気がつくことができる。 □自らが立てた目標の達成に向けて、行動案を考えることができる。
	1	□自ら目標を立てることができる。 □自分は何が「わからない」のかを認識している。

日能研社員ルーブリック「自分が成長する」の一部抜粋

おわりに

とても得難い経験でした。日能研の高木幹夫代表から「社員全員をファシリテーターに」と聞いたときには、また随分オーバーなというかハードルの高い目標を掲げたものだと正直思いました。でも、船長さんが行き先を明確に示さないと、船員はどちらに向かって船を漕ぎ出したら良いか分かりませんよね。その実現は非常に難しいと思いましたが、最初の10人の参加者の皆さんと約1年間学びの場を共有して、これは意外といけるのかもしれないとも感じるようになってきました。

2010年、30年働いたキープ協会を退職しフリーになった私は非常勤で日能研の社員研修のお手伝いをすることになりました。研修を一緒につくるスタッフの皆さんとはこれまでも様々な場面でご一緒していましたので、研修チームを作ることには心配はありませんでした。

「研修参加者のことをよく分かっているスタッフ」が研修設計&実施側にいるこ

とは非常に強いことです。キープ協会にいたときにも様々な企業研修を行ってきましたが、クライアントの会社の方とここまで一緒に設計し、一緒に実施する機会はありませんでした。今回は「学びの場の作り方」の基本的な考え方を共有することができるスタッフとのチームワークでしたから、とてもやりやすい研修でした。ただ、「社員全員をファシリテーターに」というハードルは高かったのです。だから、様々なチャレンジをしました。1期の研修がおおよそ1年間。その後2期、3期、4期と続いて、研修参加者の顔ぶれも、その時の社内の「当たり前」も変化し、ただPDCAを回して少しづつ修正していけば良い研修ができるという訳にはいきませんでした。こうした状況の変化に合わせて研修設計もその都度大胆に修正してゆきました。結構楽しいチャレンジでもあったのです。

とにかくあれこれチャレンジした研修でした。あれこれチャレンジした分共有できる様々な工夫も数多く出来てきたので「この社内研修の経験と、そこから生まれた工夫を整理しておくべきだ」「本にまとめて、日能研の社内の人にとって今後も使える『道具』として残すだけではなく、社外の研修で悩む人にもぜひ役立てていただくものにしよう」とこの本作りを提案したのでした。

２０００年頃に文部科学省の「野外教育企画担当者セミナー」（6年間で60回近く実施）で全国から集まっていただいた約40人の講師陣に私が語り続けた合言葉

は、「隠してる場合じゃない」でした。講師の皆さんが各地で実践していた40通りの体験的な学びの流儀を、ひとつの研修で共有することで得られる成果はとても大きいものでした。今回の日能研の社員研修での成果も隠さず公開することが大切だと思ったのです。

この本作りには2年間もの時間を要しました。その結果この本のベースになった研修の最終回から3年余りたってからの刊行となり、何か旬ではない報告になってしまいました。しかし研修の工夫は数年で古びるようなものではないので、この本の中の様々な工夫は読み手の皆さんの場でいきいきと活躍するものと信じています。また、研修から数年たって社内の雰囲気が随分と変わってきたという実感を、研修を共に設計実施してきた社員の皆さんが感じていた（つまりこの研修の成果が見えてきた）ことは、この本作りへの力強いエンジンとなりました。

最後に、この本作りに最後まで根気よく付き合ってくれたみくに出版社長の安修平さん、細かい細かいイラストの訂正にも辛抱強く答えてくれた杉沢杏さんに心より感謝申し上げます。

研修は音楽のライブと同じです。それも私達の研修の場合は参加型のライブです。参加者次第で同じ設計（作詞作曲）をしていても、全く演奏の仕方を変えないといけない場面がたくさんあります。つまり、この本を手にしていただいている皆様の場にピタリと合わせる研修を行うためには、編曲の作業がどうしても必要になってきます。今回編曲の手引きまではさすがに書けませんでした。何かお手伝い出来ることがあるかもしれませんので、研修づくりのご相談などありましたら、どうぞ巻末の連絡先までご一報ください。

2019年3月

著者を代表して　川嶋　直

参考資料

ファシリテーション・トレーナー・トレーニングの運営の参考にした書籍（書名五十音順）

『えんたくん革命　1枚のダンボールがファシリテーションと対話と世界を変える』　川嶋直、中野民夫著　みくに出版　2018年
『学習を支える認知カウンセリング　心理学と教育の新たな接点』　市川伸一　ブレーン出版　1993年
『Creative O.D. 人間関係のための組織開発シリーズ　全5巻』　柳原光監修・著作　プレスタイム　2003年
『KP法　シンプルに伝える紙芝居プレゼンテーション』　川嶋直著　みくに出版　2013年
『効果10倍の〈学び〉の技法　シンプルな方法で学校が変わる！』　吉田新一郎、岩瀬直樹著　PHP新書　2007年
本書は、2019年3月に『シンプルな方法で学校は変わる　自分たちに合ったやり方を見つけて学校に変化を起こそう』の書名で増補改訂版が、みくに出版より刊行されている。
『考具　考えるための道具、持っていますか？』　加藤昌治著　CCCメディアハウス　2003年
『参加型ワークショップ入門』　ロバート・チェンバース著、野田直人監訳　明石書店　2004年
『読書がさらに楽しくなるブッククラブ　読書会より面白く、人とつながる学びの深さ』　吉田新一郎　新評論　2013年
『人間関係トレーニング　第2版　私を育てる教育への人間学的アプローチ』　津村俊充、山口真人編　ナカニシヤ出版　2005年（日能研での通称「赤本」）

『脳科学を活かした授業をつくる　子どもが生き生きと学ぶために』　本田恵子　みくに出版　2006年
『パフォーマンス評価―子どもの思考と表現を評価する―』　松下佳代著　日本標準ブックレット　2007年
『ファシリテーション　実践から学ぶスキルとこころ』　中野民夫、森雅浩、鈴木まり子、冨岡武、大枝奈美著　岩波書店　2009年
『ファシリテーション革命　参加型の場づくりの技法』　中野民夫著　岩波アクティブ新書　2003年
『プロセス・エデュケーション　学びを支援するファシリテーションの理論と実際』　津村俊充　金子書房　2012年
『「学び家」で行こう　学習習慣、その幻想から抜け出す』　高木幹夫　みくに出版　2014年
『問題解決ファシリテーター「ファシリテーション能力」養成講座』　堀公俊著　東洋経済新報社　2003年
（日能研での通称「黒本」）
『ワークショップ――新しい学びと創造の場』　中野民夫著　岩波新書　2001年

その他、ファシリテーションやワークショップの場づくりの参考にした書籍

参考にし、また刺激を受けた書籍や論文、セミナーなどは数多いが、ここではOGNのメンバーがとくに活用した書籍を紹介する（書名五十音順）。

『インタープリテーション入門　自然解説技術ハンドブック』　キャサリーン・レニエ、ロン・ジマーマン、マイケル・グロス著、食野雅子、ホーニング睦美訳　小学館　1994年
『グループのちからを生かす　成長を支えるグループづくり』　プロジェクトアドベンチャージャパン著　C.S.

L．学習評価研究所（みくに出版） ２００５年
『参加のデザイン道具箱』ＰＡＲＴ１～ＰＡＲＴ４ （一財）世田谷トラストまちづくり 他 １９９３年～２００２年
『自由学校の設計 きのくに子どもの村の生活と学習』 堀真一郎著 黎明書房 ２００９年
本書は、『増補・自由学校の設計――きのくに子どもの村の生活と学習』として新装版が2019年1月に刊行されている。
『森林ＮＰＯ・ボランティア団体のための参加体験型森林環境教育活動・組織づくりハンドブック～（財）キープ協会の事例から～』 （公財）キープ協会企画・編集 （公社）国土緑化推進機構 ２０１１年
『大学教員のためのルーブリック評価入門』 ダネル・スティーブンス、アントニア・レビ著、佐藤浩章監訳、井上敏憲、俣野秀典訳 玉川大学出版部 ２０１４年
『たった一つを変えるだけ クラスも教師も自立する「質問づくり」』 ダン・ロススタイン、ルース・サンタナ著、吉田新一郎訳 新評論 ２０１５年
『日本型環境教育の提案 改訂新版』 （公社）日本環境教育フォーラム編著 小学館 ２０００年
『入門 組織開発 活き活きと働ける職場をつくる』 中村和彦 光文社新書 ２０１５年
『ファシリテーション・グラフィック 議論を「見える化」する技法』 堀公俊、加藤彰著 日本経済新聞出版社 ２００６年
『プロセス・コンサルテーション 援助関係を築くこと』 Ｅ・Ｈシャイン著、稲葉元吉、尾川丈一訳 白桃書房 ２０１２年
『ワークショップと学び１ まなびを学ぶ』『ワークショップと学び２ 場づくりとしてのまなび』『ワークショップと学び３ まなびほぐしのデザイン』 苅宿俊文、佐伯胖、高木光太郎著 東京大学出版会 ２０１２年

執筆者紹介

武石 泉（たけいし いずみ）

1988年日能研入社。教室スタッフを経て、採用や研修のサポート、体験学習のプログラムに携わる。在職中に桜美林大学大学院大学アドミニストレーション専攻修了。親業訓練協会シニアインストラクター、ジャパンGEMSセンター認定アソシエイト、NPO法人体験学習研究会インストラクター、キャリアコンサルタント（国家資格）、Be-Nature School主催ファシリテーション講座第一期修了生。

川瀬 雅子（かわせ まさこ）

1997年日能研入社。モデレーター（授業担当）として授業を実践後、教材開発部門へ。そこで体験学習のプログラム開発の機会を得る。そのうちのひとつ「学習応援教室」を通して、社内に体験学習を広めた。その後、社内の人材育成や、日能研の低学年講座「ユーリカ！きっず」の開発・実践に携わっている。ジャパンGEMSセンター認定アソシエイト、NPO法人体験学習研究会インストラクター。

川嶋 直（かわしま ただし）

1953年生まれ。公益社団法人日本環境教育フォーラム理事長。「KP法」「えんたくん」などのファシリテーションの技法を駆使してセミナー・ワークショップなどを全国で行っている。2010年から体験学習やファシリテーションに関する社外アドバイザーとして日能研に関わっている。日能研体験的学び室顧問。著書に『就職先は森の中　インタープリターという仕事』（小学館）、『KP法 シンプルに伝える紙芝居プレゼンテーション』（みくに出版）、『えんたくん革命 １枚のダンボールがファシリテーションと対話と世界を変える』（共著、みくに出版）など。

日能研紹介

1953年創業。私学進学を目指す小学生のための学習塾。生徒の進学後の成長を考え、子ども自身が自ら学ぶ力を育てる授業を目指す。首都圏、関西、九州、東海、札幌に150教室を展開している。全国で約３万人の小学生が通室している日本最大規模の進学塾。本書で紹介した研修プログラムは、主に東京、神奈川、千葉で教室を運営する日能研グループの中心である株式会社日能研（日能研本部）で行われている。
http://www.nichinoken.co.jp/

本書に記された内容についてのお問い合わせは、以下までお願いします。

NPO法人体験学習研究会
http://www.csel.jp　e-mail：info@csel.jp　電話：045-475-0608

本書は、以下の環境対応紙を使用しています。
カバー：ミセスB-F―森林認証紙
帯　：ミセスB-F―森林認証紙
表紙　：ブンペル―森林認証紙
見返し：里紙―古紙再生紙＋非木材紙(竹パルプ)
本　文：グラディアCoC―森林認証紙

RICE INK
バイオマス
登録No.080041
P12H0101301A
この印刷物は、リサイクル印刷版を使って印刷しています。

この印刷物は森林認証紙と、地産地消・輸送マイレージに配慮したライスインキを使用し、印刷版はクローズドループ・リサイクルによるアルミ材を使用しています。
この印刷物1冊あたりの原材料・生産工程におけるCO_2排出量は710.3g－CO_2です。

社員全員をファシリテーターに
学び合う会社に育てる研修設計
日能研ファシリテーション・トレーナー・トレーニングのすべて

2019年5月1日　初版第1刷発行

著　者　武石 泉　川瀬 雅子　川嶋 直
発行者　安 修平
発　行　株式会社みくに出版
〒150-0021　東京都渋谷区恵比寿西2-3-14
電話03-3770-6930　FAX.03-3770-6931
http://www.mikuni-webshop.com/
印刷・製本　サンエー印刷

ISBN978-4-8403-0741-3　C0034